Josef v. Sand

Maria Magdalena

Vom Leben und Sterben meiner Schwester

INHALT

1. Das Verlangen nach Aufarbeitung _____ 7

2. Die Illusion vom Volksvermögen _____ 45

3. Die Illusion vom zweiten Wirtschaftswunder _____ 73

4. Aufbau Ost _____ 99

5. Goldene Nasen _____ 125

6. Gefühlte Wahrheiten _____ 141

7. Erfolgsgeschichten _____ 175

8. Nach der Wende ist vor der Wende _____ 203

9. Epilog _____ 215

    Dank _____ 220
    Anmerkungen _____ 222
    Literaturverzeichnis _____ 246
    Personenregister _____ 250
    Über den Autor _____ 254

*»Wenn die Tatsachen nicht
mit der Theorie übereinstimmen –
umso schlimmer für die Tatsachen.«*

(Georg Wilhelm Friedrich Hegel zugeschrieben)

1. Das Verlangen nach Aufarbeitung

*»Die Treuhand ist wie ein Schibboleth,
das man aufruft, und alle sagen:
Ja, wie wahr!«*

Uwe Steimle ist so etwas wie die Stimme und das Gesicht des Ostens. Der Kabarettist aus Dresden kann nicht nur den eintönigen Singsang und die grämliche Physiognomie seines ehemaligen Staatschefs Erich Honecker täuschend echt imitieren. Auch behauptet er selbst von sich, er sei der »Seismograf des Volkes« und »schaue dem Volk aufs Maul«. Mit einem Oldtimer-Wartburg 312 aus den 1960er-Jahren tuckert er seit 2013 regelmäßig durch seine sächsische Heimat und stellt in einer regionalen Fernsehserie *Steimles Welt* vor. Der Mitteldeutsche Rundfunk (MDR) rühmt an seinem TV-Star dessen »Mission«, die »der eines inoffiziellen Ostbeauftragten« gleiche. Die Erfindung des Begriffs »Ostalgie« hat sich Steimle schon 1992 patentieren lassen.[1]

Nach dem Untergang der DDR verortete sich Steimle, wie viele Ostdeutsche, erst einmal im linken politischen Spektrum. Das 1963 geborene »Arbeiterkind«, als das er sich selbst charakterisiert, fühlte sich am besten durch die Nachfolger der SED vertreten, die sich erst in PDS umbenannten und heute als Die Linke firmieren. 2009 entsandte ihn die Linksfraktion des sächsischen Landtags zur Wahl des Staatsoberhaupts in die Bundesversammlung. Mutmaßlich – die Abstimmung war ja geheim – hat Steimle dem Kandidaten der Linken, dem Schauspieler Peter Sodann, seine Stimme gegeben. Auf keinen Fall würde er für Horst Köhler votieren, hatte Steimle schon vorab verkündet: Der CDU-Mann, der sich zur Wiederwahl stellte, sei nämlich »für die Abwicklung der Wartburg-Werke verantwortlich« gewesen.[2]

Horst Köhler hatte einst, was ihm viele Ostdeutsche bis heute nicht vergessen, als Staatssekretär im Bonner Finanzministerium die Wirtschafts- und Währungsunion zwischen der Bundesrepublik und der DDR entscheidend mitgestaltet. Vor allem war er der oberste Aufsichtsbeamte über die Treuhandanstalt, die im Osten weithin als Totengräberin der dortigen Wirtschaft verabscheut wird. In kleinem Kreis, vor dem Präsidialausschuss der Treuhandanstalt, hatte Köhler am 23. Januar 1991 argumentiert: »Es muss auch gestorben werden.« Damit sprach er die unvermeidliche Stilllegung wirtschaftlich nicht lebensfähiger DDR-Betriebe an. Ihm sei dabei, erläutert Köhler, das Goethe-Wort »Stirb und werde« durch den Kopf gegangen – aus dem Untergegangenen werde neues Leben entstehen.[3]

Für den Beschluss des Treuhand-Vorstands, die unrentable Wartburg-Produktion im Automobilwerk Eisenach (AWE) Ende März 1991 einzustellen, konnte Köhlers pietätlos klingender Satz nicht der Auslöser sein. War doch die Entscheidung, wie die Protokolle beweisen, über das Ende des Wartburg-Werks im Treuhand-Vorstand bereits Mitte Januar gefallen und einen Tag vor Köhlers Äußerung noch einmal bekräftigt worden.[4]

Der Wartburg 1.3, das neueste Modell aus dem AWE, war zwar, anders als seine stinkenden und qualmenden Zweitaktervorgänger, mit einem Viertaktmotor von VW ausgestattet. Aber die Ostdeutschen plünderten lieber ihre Sparbücher für gebrauchte Westautos: 800 000 Fahrzeuge, oft schrottreif und überteuert, wurden 1990 in die »neuen Bundesländer« verhökert. An die sieben Milliarden DM flossen allein zu diesem Zweck aus dem armen Osten in den reichen Westen – Investitionskapital, das hinterher fehlte.[5]

Um die Eisenacher Mittelklasselimousine überhaupt noch verkaufen zu können, wurde sie für 7800 DM angeboten, obwohl sie in der Herstellung 14 400 DM kostete – die Differenz legte die Treuhand drauf.[6] Wäre der Wartburg, wie noch im Dezember 1990 vom Treuhand-Vorstand geplant, auch nur bis Mitte 1991 weiter produziert worden, hätte dies, selbst bei reduzierten Stückzahlen, weitere 75 Millionen Mark an Subventionen gekostet.[7] »Sozialplan billiger«, notierte ein Sitzungsteilnehmer handschriftlich über die Diskussion im Vorstand.[8] »Im Falle einer bis Ende 1991 fortgesetzten Produktion«, legte Treuhand-Vorstandsmitglied Klaus-Peter Wild dar, wäre »mit Stützungen von mindestens 150 Millionen DM zu rechnen« gewesen.[9]

In Eisenach gab es schon einen Hoffnungsschimmer. Opel plante eine hochmoderne Autofabrik, am anderen Ende der Stadt. Die damalige General-Motors-Tochter mochte weder Gebäude noch Maschinen des AWE in Besitz nehmen, denn die waren für eine rationelle Autoproduktion unbrauchbar. Aber für die Facharbeiter und Ingenieure bestand die Aussicht, von Opel übernommen zu werden. Bis dort die Fahrzeugherstellung anlaufen würde, womit man ab Mitte 1992 rechnete, sollten Qualifizierungs- und Umschulungsmaßnahmen die Zeit überbrücken.

Der Treuhand-Vorstand beklagte, dass die darüber »mit der Geschäftsleitung von AWE geführten Gespräche … leider zum Teil inhaltlich unzutreffend im Unternehmen übermittelt worden« seien.[10] So war das Klima von vornherein vergiftet. Die angekündigte Stilllegung des Wartburg-Werkes löste einen Sturm der Entrüstung aus. Mehrfach demonstrierten Tausende Automobilwerker in der Stadt, am 25. Januar blockierten sie die Autobahn an der Auffahrt Eisenach-West. Die geplante Teilnahme an der Grundsteinlegung für das neue Opel-Werk am 7. Februar sagte Bundeskanzler Helmut Kohl (CDU), weil er mit Protesten rechnen musste, vorsichtshalber ab.

Der volkseigene Betrieb (VEB) Automobilwerke Eisenach hatte ein DDR-typisches strukturelles Problem: Von den 9500 Mitarbeitern waren nur 2469, wenig mehr als ein Viertel der Belegschaft, in der Fahrzeugherstellung beschäftigt. Die übrigen arbeiteten in firmeneigenen, aber autofremden Betriebsanhängseln wie Kindergarten, Poliklinik, Bauabteilung oder Ferieneinrichtungen.[11] Trotzdem war die Treuhand-Bilanz am Ende positiv: Im Opel-Werk, das im September 1992 mit der Produktion begann, kamen 1900 Wartburg-Werker unter; weitere 1000 Arbeitsplätze wurden bei ausgegründeten Zulieferfirmen geschaffen.[12] 40 Millionen DM wandte die Treuhand auf, um die Mitarbeiter zu entschädigen, die ihre Arbeitsplätze verloren.[13]

Horst Köhler, von Steimle wie von anderen Ostdeutschen persönlich für die Wartburg-Schließung verantwortlich gemacht, wurde 2009 wieder zum Bundespräsidenten gewählt. Dass er ein Jahr später überraschend zurücktrat, weil er Kritik an seinen Äußerungen zu Auslandseinsätzen der Bundeswehr als »ungeheuerlich« empfand, ist eine andere Geschichte. Uwe Steimle, damals nach eigener Aussage ein »bekennender Linker«, mutierte seither zu einem rechten Sprücheklopfer. Schon zur Jahreswende 2014/2015, kaum dass der mehrfach wegen krimineller Delikte vorbestrafte Dresdner Rechtsextremist Lutz Bachmann fast ein Jahr vor der »Flüchtlingskrise« Tausende »Patriotischer Europäer gegen die Islamisierung des Abendlandes«, kurz Pegida, mobilisiert hatte, biederte sich Steimle der fremdenfeindlichen und rassistischen Organisation mit einer Art Liebeserklärung an: Er hege, sagte er, für Pegida »zärtliche Gefühle«. Den SPD-Minister Heiko Maas beschimpfte er nach dessen Kritik an Pegida als »Flachzange« und »Arsch«, die ZDF-Moderatorin Marietta Slomka verunglimpfte er als Vertreterin der angeblich »ferngesteuerten« öffentlich-rechtlichen Medien, indem er ihren Vornamen zu »Marionetta« verballhornte.[14]

In der rechten Wochenzeitung *Junge Freiheit* behauptete Steimle, Deutschland sei ein »Besatzungsgebiet der USA«, ein Schmähwort aus dem Repertoire der »Reichsbürger«-Szene.

Steimles Heimatsender fand, dass dessen Auslassungen »für den MDR nicht akzeptabel« seien, scheute aber Konsequenzen. Steimles Beliebtheit beim ostdeutschen Publikum ist so groß, dass der MDR sich nicht traut, seinen Quotenbringer aus dem Programm zu verbannen.[15]

Steimle hat, wie viele seiner ostdeutschen Landsleute, den politischen Standort gewechselt. Wie einst die Linke als regionale Kümmererpartei auf dem Gebiet der ehemaligen DDR Protestwähler anzog, sammeln nun Rechtspopulisten die Stimmen der Wutbürger ein. 420 000 Wähler verlor die Linke bei der Bundestagswahl 2017 an die Alternative für Deutschland (AfD). Ein Zehntel derer, die vier Jahre zuvor für die Linke gestimmt hatten, entschied sich nun für die AfD, die in Sachsen sogar die dort seit 1990 dominierende CDU überflügelte. Das Wahlergebnis löste, wie der aus Dresden stammende Soziologe Wolfgang Engler sagt, »einen gesellschaftlichen Schock« aus, »als dessen Folge sich ein neuer Umgang mit Ostdeutschland« abzeichne: »Die öffentliche Wahrnehmung der Ostdeutschen hat sich seither verändert.«[16]

Auch bei der Wahl des Europäischen Parlaments am 26. Mai 2019 hat die AfD den Osten Deutschlands wieder gewonnen, sogar noch deutlicher als bei der Bundestagswahl. In Sachsen und Brandenburg wurde sie stärkste Partei, in den anderen drei Ostländern landete sie auf dem zweiten Platz. Die politische Landkarte bildet exakt das Gebiet der alten DDR ab.

Und es ist nicht nur das Wahlverhalten, das verstört. Rechtsextremistische Umtriebe lenken immer wieder den Blick auf Ostdeutschland. Ortsnamen wie Bautzen, Clausnitz, Freital oder Heidenau gerieten wegen fremdenfeindlicher Ausschreitungen in die Schlagzeilen. Die Orte stehen für Szenen aufgebrachter Menschen mit wutverzerrten Gesichtern, die meist Ordinäres plärren, gegen Flüchtlinge und die Kanzlerin hetzen, die Ausländer attackieren und Asylbewerberheime anzünden, die sich von Humanität, zivilisierten Formen der Auseinandersetzung und auch vom politischen System der repräsentativen Demokratie verabschiedet haben.

Nach dem gewaltsamen Tod eines Deutschen am 26. August 2018 in Chemnitz formierte sich umgehend eine Kampfgruppe aus Neonazis, Hooligans, AfD-Anhängern und angeblich »besorgten Bürgern«. Gemeinsam führten der Thüringer AfD-Chef Björn Höcke und Pegida-Gründer Bachmann einen »Trauermarsch« an, in den sich neben notorischen Rechtsradikalen ungehemmt auch Menschen aus der gesellschaftlichen Mitte einreihten. »Der Tod des 35 Jahre alten Deutschen wirkt im Nachhinein wie eine Zäsur für das Land«, schrieb der *Spiegel* über die Exzesse von Chemnitz: »Die Demonstrationen und Gegendemonstrationen in den Wochen danach, die rechtsextremen Parolen, die Hitlergrüße, die Gewalt, die Debatten und politischen Entscheidungen verraten viel über den Zustand der Republik. Über die tiefe Spaltung und die große Wut, die da brodelt. Über Menschen, die der Demokratie nicht mehr trauen, und über einen Staat, der nicht da ist, wenn er gebraucht wird.«[17]

So stellt sich drängender denn je die Frage: Was ist los in »Deutsch-Nahost«?, wie Uwe Steimle das Land zwischen Zinnowitz und Zwickau nennt. Deutschland, das wird nun sichtbar, ist drei Jahrzehnte nach der Wiedervereinigung noch immer nicht so zusammengewachsen, wie sich Politiker in Berlin und in den ostdeutschen Landeshauptstädten das gerne schönreden.

Warum haben AfD, Pegida und ähnliche Organisationen im Osten so großen Zulauf? Wieso halten einer aktuellen Umfrage zufolge nur 42 Prozent der Ostdeutschen die in Deutschland praktizierte Demokratie für die beste Staatsform, während 77 Prozent der Westdeutschen davon überzeugt sind?[18] Wer solche Fragen einem Ostdeutschen stellt, bekommt meist auf Anhieb eine klare Antwort: Weil es den Menschen im Osten materiell schlechter gehe als im Westen, weil man sich im eigenen Land als Fremder fühle, weil der Osten vom Westen nach dem Mauerfall ausgeplündert, plattgemacht, kolonialisiert worden sei. Das kollektive Gefühl der Kränkung suche sich eben ein Ventil.

Das Böse, das an allem Übel schuld sein soll, hat einen Namen: Treuhandanstalt. Die von der damaligen konservativ-liberalen Bonner Regierung unter Kanzler Kohl gesteuerte Institution, die zwischen 1990 und 1994 die rund 8500 ehemals »volkseigenen Betriebe« der DDR zu privatisieren hatte, habe das Land deindustrialisiert und massenhaft Arbeitsplätze vernichtet. Die Treuhand sei »das Symbol eines brutalen, ungezügelten Kapitalismus«, sagte 2015 die damalige Ostbeauftragte der Bundesregierung, Iris Gleicke von der SPD. Sie habe »vielen, wenn nicht den meisten Ostdeutschen traumatische Erfahrungen beschert«.[19] Um ihre These zu untermauern, gab Gleicke eine Studie in Auftrag, die die »Wahrnehmung und Bewertung der Arbeit der Treuhandanstalt« untersuchen sollte.[20]

Der im November 2017 veröffentlichte Bericht brachte das erwartbare Ergebnis. Für die Ostdeutschen ist die Treuhandanstalt eine »erinnerungskulturelle Bad Bank«, schreiben die Autoren, die Bochumer Zeithistoriker Constantin Goschler und Marcus Böick. Alle schlechten Erfahrungen des Übergangs von der Plan- zur Marktwirtschaft würden ihr angelastet. Vielen Ostdeutschen erscheine sie »in diesem Wahrnehmungshorizont als zentrales (Negativ-)Symbol einer umfassenden, regelrecht schockartigen Überwältigung ›des‹ Ostens durch ›den‹ Westen«.[21]

Fast 30 Jahre sind vergangen, seit die Treuhandanstalt ihre Tätigkeit als Privatisierungsanstalt für die volkseigene Wirtschaft der DDR aufnahm. Vor 25 Jahren verschwand die Institution unter diesem Namen von der Bildfläche. Ihre Nachfolgerin, die Bundesanstalt für vereinigungsbedingte Sonderaufgaben (BvS), erledigte die noch verbliebenen Aufgaben. Daneben wurden Tochtergesellschaften zur Verwaltung von Liegenschaften und stillgelegten Bergwerksbetrieben weitergeführt, von denen nur noch eine, die Bodenverwertungs- und -verwaltungs GmbH, zuständig für land- und forstwirtschaftliche Flächen, aktiv ist. »Während das Thema bis in die Gegenwart in Ostdeutschland in einer Perspektive ›von unten‹ durchaus präsent und hochgradig emotional besetzt blieb, fiel es in Westdeutschland weitgehend dem Vergessen anheim«, schreiben Goschler und Böick.[22] Jetzt, durch den Wahlschock und die rechtsextremen Auswüchse, findet es auch im Westen wieder Aufmerksamkeit.

Das Thema Treuhand habe »sein Erregungspotenzial ungeschmälert behalten«, konstatiert der emeritierte Theologieprofessor Richard Schröder, der in der letzten, demokratisch gewählten DDR-Volkskammer Vorsitzender der SPD-Fraktion war. »Weil es dazu bisher kaum wissenschaftliche Untersuchungen gibt, können sich hier die Emotionen ohne allzu große Rücksicht auf die Tatsachen austoben.«[23] Als »dominantes Erzählszenario«, stellen die Bochumer DDR-Chronisten in ihrer Studie fest, manifestiere sich »die Vorstellung einer radikalen und unkontrollierten Abwicklung beziehungsweise Entwertung der DDR, ihrer zuvor volkseigenen Betriebe sowie im weiteren Sinne auch ihrer Gesellschaft, Kultur und Identität«.[24]

Ob die Wahrnehmung der Wirklichkeit entspricht, untersuchten die Wissenschaftler nicht. Ihre Untersuchung, schreiben sie,

»will und kann die Arbeit der Treuhandanstalt nicht ... als ›erfolgreich‹ oder ›gescheitert‹ bewerten«; dies müsse »letztlich Aufgabe der nunmehr einsetzenden zeithistorischen Forschungen« sein.[25] Der Politik empfahl sie, die Geschichte der Treuhandanstalt und der Transformationsphase in Ostdeutschland umfassend und so schnell wie möglich aufzuarbeiten. »Ansonsten wird sich die Mythenbildung vor allem im Osten verfestigen, und die Traumata der Nachwendezeit werden unbewältigt bleiben«, sagt der 1983 im sachsen-anhaltinischen Aschersleben geborene Geschichtsforscher Böick.[26]

Der Ruf nach »Aufarbeitung« wird seither immer lauter erhoben. Thüringens Ministerpräsident Bodo Ramelow von der Linken, der 1990 als Gewerkschaftssekretär aus Hessen in den Osten kam, fordert eine »wissenschaftliche Aufarbeitung« der Treuhand-Aktivitäten. »Aus der Zeit, in der die Treuhand das Zepter führte«, stamme das heute noch unter Ostdeutschen verbreitete »Gefühl, sie würden wie Bürger zweiter Klasse behandelt«, und »an dieses Gefühl knüpft die AfD an.«[27] Das Gefühl, Deutsche zweiter Klasse zu sein, hatten DDR-Bürger freilich schon, als es noch zwei deutsche Währungen gab: Am Schwarzen Meer oder in anderen östlichen Urlaubsregionen, wo auch Westdeutsche Ferien machten, wurden sie von den Einheimischen oft herablassend behandelt, weil sie das falsche Geld im Portemonnaie hatten.

Die Bundestagsfraktion der Linken will sogar einen neuen parlamentarischen Untersuchungsausschuss einsetzen lassen, obwohl es bereits 1993/1994 einen solchen gegeben hat. Unterstützt wird der Antrag nur von der AfD. Was der Ausschuss herausfinden soll, nimmt der Linken-Fraktionsvorsitzende Dietmar Bartsch schon mal vorweg: »Der Schaden, den die Treuhand angerichtet hat«, sei »bis heute eine wesentliche Ursache für den ökonomischen Rückstand des Ostens und für politischen Frust vielerorts«.[28] Wenn das Urteil schon vor der Beweiserhebung feststeht, wozu braucht man dann noch eine Verhandlung? Die Erben der SED versuchen weiter an der Legende zu stricken, die DDR-Wirtschaft sei ja gar nicht so desaströs gewesen. Der jetzige Ostbeauftragte der Bundesregierung, der Thüringer Christian Hirte (CDU), reagierte denn auch »fassungslos« auf den Vorstoß der Linken, dass »heute ausgerechnet die Partei nach Aufarbeitung ruft, die den Scherbenhaufen DDR-Wirtschaft hinterlassen hat«.[29]

Auch die alte DDR-Nomenklatura meldet sich wieder zu Wort. In einem Berliner »Erzählsalon« schwadronieren regelmäßig Mitverantwortliche des DDR-Desasters über das angebliche Versagen der Treuhand. Hans Modrow, der letzte SED-Regierungschef, erregt sich über »Liquidatoren«, die große Unternehmen für eine Mark verkauft, aber »30 Millionen Euro für sich kassiert« hätten. Seine ehemalige Wirtschaftsministerin Christa Luft schimpft, die Treuhand habe »die größte Vernichtung von Produktiveigentum in Friedenszeiten« betrieben.[30] Ehemalige Kombinatsdirektoren wie Eckhard Netzmann, vormals Chef von Walzwerken, Zementfabriken und Kraftwerksanlagenbau, trauern vermeintlichen Überlebenschancen ihrer Industriebetriebe nach, die ihnen absichtlich verwehrt worden seien: »Die großen Konzerne aus dem Westen haben sich die Filetstücke rausgesucht.«[31]

Besonders leidenschaftlich setzt sich die sächsische Staatsministerin für Gleichstellung und Integration, Petra Köpping von der SPD, für eine »Aufarbeitung« ein. Sie hat im September 2018 eine, wie es im Untertitel heißt, *Streitschrift für den Osten* veröffentlicht. Darin berichtet sie von ihren Gesprächen mit ostdeutschen Bürgern. Einer habe ihr wütend entgegengehalten: »Sie immer mit Ihren Flüchtlingen. Integriert doch erst mal uns!« Köpping machte den Ausspruch zum Titel ihres Buches. In fast allen Gesprächen sei es um »Lebensbrüche« gegangen, schreibt sie. Obwohl seit der Einheit »fast 30 Jahre vergangen sind, offenbaren sich unbewältigte Demütigungen, Kränkungen und Ungerechtigkeiten, die die Menschen bis heute bewegen«.[32]

Köppings Buch wurde in Ostdeutschland zum Bestseller. Im Zentrum ihrer Kritik steht die Treuhandanstalt, »für uns Ostdeutsche Sinnbild des knallharten, über Nacht hereingebrochenen Turbokapitalismus«. Die Treuhand, behauptet Köpping, habe im Interesse westdeutscher Unternehmen »potenzielle Ostkonkurrenz beiseite geräumt«.[33] Nur beiläufig erwähnt sie die wahren Ursachen für den Kollaps der DDR-Wirtschaft: die überstürzte, aber unaufhaltsame, weil von den DDR-Bürgern gewünschte Währungsunion, den desolaten Zustand der ostdeutschen Industrie, die Auflösung des Handelssystems zwischen den sozialistischen Staaten sowie den Zusammenbruch des Ostexports wegen Zahlungsunfähigkeit der bisherigen Handelspartner.

Die Einäugigkeit mag an Petra Köppings Biografie liegen, die 1990 ebenfalls einen Knick bekam, wenn auch nicht durch die Treuhand. Seit 1980 war sie im Rat des Kreises Grimma im Bereich Handel und Versorgung tätig. Nebenbei absolvierte sie ein Fernstudium an der Akademie für Staats- und Rechtswissenschaften in Potsdam-Babelsberg, der Eliteschule des SED-Regimes. 1986 trat sie in die SED ein.

Bei den Kommunalwahlen im Mai 1989, als die SED landesweit die Ergebnisse fälschen ließ, wurde sie zur Bürgermeisterin der Gemeinde Großpösna bei Leipzig gewählt. Wenige Wochen später gab sie ihr Parteibuch zurück – nach eigenem Bekunden, weil sie sich von ihren Genossen »total im Stich gelassen fühlte«, als Tausende DDR-Bürger über die offene Grenze zwischen Ungarn und Österreich in den Westen flohen und plötzlich auch in Köppings Gemeinde Kita-Erzieherinnen abhandengekommen waren. Bei der demokratischen Bürgermeister-Neuwahl im Mai 1990 trat sie nicht wieder an, weil sie, wie sie sagt, »mit Politik nichts mehr zu tun haben wollte«.[34] Stattdessen verdingte sie sich als Außendienstmitarbeiterin der Deutschen Angestellten-Krankenkasse. Als sie von Bürgern dazu gedrängt worden sei, kandidierte sie 1994 erfolgreich für ihr altes Amt in Großpösna. 2001 wurde sie zur Landrätin des Kreises Leipziger Land gewählt und blieb es bis zur Kreisreform 2008. Sie trat 2002 in die SPD ein, wurde 2009 erstmals in den sächsischen Landtag gewählt und ist seit 2014 Ministerin.

»Wenn sich manche fragen, warum die Demokratieunterstützung in Ostdeutschland niedriger ist als im Westen, der kommt an der Politik der Treuhand, der Art und Weise ihrer Transformation der ostdeutschen Wirtschaft, der Nebenwirkungen auf die Gesellschaft und an ihren Skandalen nicht vorbei«, meint Köpping.[35] Sie forderte eine »Wahrheitskommission«, die das »Unrecht der frühen Nachwendezeit« ergründen soll. Mit Begriffen wie Wahrheitskommission, kritisierte der Ostbeauftragte Hirte, rede man »ohne Not Assoziationen mit der Brutalität und Unterdrückung des Apartheid-Regimes in Südafrika oder des Völkermordes in Ruanda herbei«. Dies zeige, dass es Köpping nicht um Aufarbeitung gehe, sondern um die Vertiefung von Vorurteilen. »Die Larmoyanz, welche die SPD vor sich herträgt, bestätigt nur das falsche Image des Jammer-Ossis und schadet uns als attraktivem Standort im Wettbewerb der Regionen.«[36] Inzwischen spricht Köpping nicht mehr von einer Wahrheitskommission. »Ich hänge nicht an dem Begriff«, sagt sie, »ich verfolge einen versöhnlichen Ansatz.«[37]

1. DAS VERLANGEN NACH AUFARBEITUNG

Wie versöhnlich ist es, wenn Köpping eine Vorbedingung für den Dialog stellt? Sie verlangt ein »›Geständnis der westdeutschen Politiker‹«, dass sie »die schnelle Währungsunion, die Ausrichtung der Treuhand und viele andere Instrumente der Nachwendezeit ... nicht ›zum Wohle‹ Ostdeutschlands« eingesetzt hätten, sondern »um westdeutsche Bürger vor den Konsequenzen der Wiedervereinigung zu schützen«.[38] Der Vorwurf ist absurd: Die schnelle Währungsunion war die Reaktion auf den Massenexodus Ostdeutscher gen Westen und auf deren dringendem Verlangen nach der D-Mark. Köpping hat eine feste Meinung, mit den Fakten nimmt sie es nicht so genau. So behauptet sie in ihrem Buch, die Treuhand-Politik habe dazu geführt, »dass 85 Prozent der von der Treuhand verwalteten Betriebe an westdeutsche Eigentümer gingen«.[39] Viele Seiten weiter korrigiert sie die Zahl und ordnet sie auch korrekt zu: »Bis 1994 fielen 80 Prozent des von der Treuhand verwalteten ehemals ostdeutschen Produktivvermögens an Westdeutsche, 14 Prozent an Ausländer und sechs Prozent an DDR-Bürger.«[40]

Die Prozentsätze beziehen sich nicht auf die Zahl der Betriebe, sondern auf die Kaufpreise. Um große Unternehmen zu erwerben, fehlte Ostdeutschen das Kapital. Aber bei der »kleinen Privatisierung« von 22 340 Geschäften, Gaststätten und Hotels, 1734 Apotheken, 475 Buchhandlungen und 481 Kinos sind fast ausschließlich Ostdeutsche Eigentümer geworden.[41] Beim Verkauf von rund 3000 kleineren und mittelgroßen Betrieben an leitende Mitarbeiter (»Management-Buy-out«, MBO) kamen fast durchweg ostdeutsche Manager zum Zug.[42] Aber solche Fakten ignorieren Treuhand-Kritiker. Lieber rühren sie mit Übertreibungen, Pauschalisierungen und Falschinformationen Affekte auf.

Köpping redet, nicht anders als die AfD, den Leuten populistisch nach dem Mund. Sie versucht, den Frust, der Wähler zur AfD treibt, auf ihre parteipolitischen Mühlen umzuleiten. Sie tritt mit anderen ostdeutschen Politikern in einen Wettstreit, Menschen in ihrem Selbstmitleid zu bestärken, statt sie zu ermutigen und zu eigenen Anstrengungen anzuspornen. Statt zu versöhnen, spaltet sie das Land.

Aufarbeitung ist ohnehin ein problematischer Begriff. »Aufarbeitung«, sagt der Historiker Ilko-Sascha Kowalczuk, »ist im Gegensatz zur Geschichtswissenschaft ein geschichtspolitisches Anliegen. Es geht nicht um Differenzierung, sondern um Anklage, Demaskierung, Entblößung, darum, mit Geschichtsbildern etwas zu legitimieren. Deshalb stehen Aufarbeitung und Wissenschaft in ständiger Konfrontation miteinander.«[43] Kowalczuk, 1967 im Osten Berlins geboren, ist wissenschaftlicher Mitarbeiter in der Stasi-Unterlagen-Behörde. Aus politischen Gründen konnte er erst in den 1990er-Jahren studieren. Warum kommt die Wut auf die Treuhand gerade jetzt, 25 Jahre nach ihrer Schließung, wieder hoch? Kowalczuk glaubt, dass es »nichts mit neuem Problembewusstsein zu tun« habe, sondern dass »bestimmte Alterskohorten dazu neigen, auf die Vergangenheit zurückzuschauen«.[44]

Zum Beispiel junge Rentner: Wer heute um die 65 ist, war zu Zeiten der Treuhand etwa Mitte 30. Obwohl diese Altersgruppe nicht am härtesten von Arbeitslosigkeit betroffen war – dieses Schicksal erlitten vor allem ältere Jahrgänge –, erlebte sie in den Folgejahren unsichere und prekäre Arbeitsverhältnisse, die sich künftig in geringeren Rentenansprüchen niederschlagen. Der Publizist Axel Schmidt-Gödelitz, der aus dem Landgut seiner Familie zwischen Leipzig und Meißen eine west-östliche Begegnungsstätte gemacht und dort viele Lebensschilderungen gehört hat, benennt einen Grund für die zeitverzögerten Hassausbrüche. Viele Ostdeutsche hätten in den 1990er-Jahren »zwar gemurrt, aber nicht aufgemuckt«, weil sie »darauf bedacht sein mussten, ihre Familien über Wasser zu halten«. Wer jetzt aus dem Berufsleben ausscheide, stelle fest, »wie gering die Rente aufgrund der löchrigen Erwerbsbiografie ausfällt, so dass es auf Grundsicherung hinausläuft. Das löst nackte Ängste aus.« Und viele merkten, »dass man eher Gehör findet, wenn man Krach macht und mit Pegida marschiert«.[45]

Seit ihrer Gründung muss die Treuhandanstalt als Sündenbock für alles herhalten, was in Ostdeutschland schiefläuft. Die Politik schob ihr von vornherein die Verantwortung zu, die sie selbst nicht übernehmen wollte. Die Treuhandanstalt, sagt der Soziologe Raj Kollmorgen, diene »als Projektionsfläche für Frust und Enttäuschung«. Sie habe »die Krisenerfahrungen vieler Ostdeutscher aufgefangen, die man auf die damalige Bundesregierung hätte projizieren müssen«. Kollmorgen, Professor an der Hochschule Zittau/Görlitz, ist Spezialist für die Erforschung postsozialistischer Transformation und des politischen Populismus. Die Treuhandanstalt sei »so etwas wie ein Schibboleth«, ein Codewort, »das man aufruft, und alle sagen: Ja, wie wahr!« So werde »die Geschichte der eigenen Wertschätzung oder Missachtung mit dem Wirken der Treuhand und ihrer Manager verbunden, die man zu 90 Prozent als aus dem Westen stammend identifiziert hat, obwohl es gar nicht so war«.[46]

Der 1963 in Leipzig geborene Wissenschaftler würde es »begrüßen, wenn die Menschen die Chance bekämen, davon zu erzählen, was ihnen widerfahren ist, wie ihre Lebensleistung entwertet wurde, welche Brüche sie bewältigen mussten, welche Ungerechtigkeiten auftraten und wie das, was die Treuhandanstalt jedenfalls in der Wahrnehmung vieler Beschäftigter gemacht hat, ökonomisch hochgradig irrational war«. Und sie müssten für ihre Erzählungen »offene Ohren finden«. So könnten »ganze Bevölkerungsgruppen eine Selbstwertschätzung aufbauen, die über viele Jahre infrage gestellt war«. Dann könne das Reden über die Vergangenheit eine soziale Integrationsfunktion haben und »die Leute bei unserer freiheitlich-demokratischen Grundordnung halten«. Einerseits.

Andererseits sieht Kollmorgen auch die Gefahr, dass dabei Gräben zwischen Ost und West wieder aufgerissen werden. Er »habe da selbst ambivalente Erfahrungen gemacht«, sagt er. Wenn den Ostdeutschen zugehört werde und man feststelle, »dass sie weder zu DDR-Zeiten noch danach falsch gelebt haben« und dass »aus ganz vielfältigen Gründen, die oft mit der Ost-West-Problematik nichts zu tun haben, nach 1990 wirklich einiges schiefgelaufen ist«, dann führe das Gespräch jedenfalls nicht notwendig zu einer neuerlichen Spaltung. Würde jedoch vorgetragen, »nur die Westdeutschen sind für die Krise nach 1989/1990 verantwortlich« und »auch heute noch stehen wir als Ostdeutsche unter der Fuchtel der Westdeutschen, stehen in der zweiten, dritten, vierten Reihe und sind ihnen vollkommen ausgeliefert«, dann geriete die Debatte »zur ausschließlich unkritischen Entschuldung des eigenen Tuns oder Unterlassens« und wäre höchst unproduktiv. »Es wird also sehr darauf ankommen, wie man das diskutiert.«

Kollmorgen erforscht seit vielen Jahren, wie die Ostdeutschen ihre gesellschaftliche und persönliche Situation in Bezug auf die Vereinigungsdynamik beurteilen. Dabei stellte er »eigentümliche Wellenbewegungen der Unzufriedenheit« fest. »Nach der Revolutions- und Vereinigungseuphorie« sei die Gemütsverfassung zunächst einmal abgestürzt »infolge der hochschnellenden Arbeitslosigkeit und der Anpassungsprozesse sowie der westdeutschen Hegemonie bei der Gestaltung der deutschen Einheit«. Nach einer Phase der »Stabilisierung« bis zum Ende der 1990er-Jahre habe sich der Unmut wieder verschärft und 2003/2004 im Zusammenhang mit den Reformen auf dem Arbeitsmarkt und im Sozialsystem, der »Agenda 2010«, einen neuen »Peak der Unzufriedenheit« erreicht. Diese »Enttäuschungsdynamik« halte bis heute an und verzeichne seit 2015, dem Höhepunkt der Flüchtlingsmigration, einen weiteren Anstieg.

Die wesentlichen Gründe sieht Kollmorgen darin, dass sich Arbeit und Einkommen nicht so entwickelt haben, wie den Menschen in Ostdeutschland bei der Wiedervereinigung versprochen worden war. »Sie registrieren, dass sie nicht den Level des westdeutschen Durchschnitts erreichen, und sie haben den Eindruck, dass sich der Rückstand verfestigt.«

In der Tat liegt Ostdeutschland bei Lohnniveau und Wirtschaftskraft weiterhin zurück, wie der Jahresbericht der Bundesregierung zum Stand der Deutschen Einheit 2018 wieder ausgewiesen hat. Die effektiv gezahlten Löhne sind 18 Prozent niedriger als die im Westen, das Bruttoinlandsprodukt (BIP) erreicht nur 73,2 Prozent des Westwerts. Kein einziges ostdeutsches Unternehmen ist im Börsenleitindex DAX-30 notiert, und von den 500 größten deutschen Unternehmen haben nur 36 ihren Sitz im Osten.[47] Das bedeutet auch weniger Forschungs- und Innovationsaktivitäten sowie deutlich niedrigeres Steueraufkommen.[48]

Das ist die eine Seite der Medaille. Auf der anderen Seite sieht man, dass die Kaufkraft je Einwohner in Ostdeutschland nur um 11,4 Prozent geringer ist, weil die Lebenshaltungskosten niedriger sind.[49] Vergleichbare regionale Unterschiede gibt es auch in anderen Industriestaaten.

Unpopuläre Vorschläge, wie der Rückstand zu verringern sei, sind aber auch nicht willkommen. Als das Leibniz-Institut für Wirtschaftsforschung Halle (IWH) Anfang März 2019 anregte, die Wirtschaftsförderung im Osten auf die Städte und »Leuchtturm-

Projekte« zu konzentrieren, weil nur dort zukunftsträchtige Arbeitsplätze entstünden und nicht auf dem Land, folgte reflexhaft der Aufschrei der ostdeutschen Ministerpräsidenten. Sachsens Regierungschef Michael Kretschmer (CDU) nannte die Analyse »absolut unseriös« und »Gebrabbel«.[50] Sein sachsen-anhaltischer Kollege und Parteifreund Reiner Haseloff geißelte die Empfehlungen als »undemokratisch, unsozial, politisch unhaltbar«.[51] Thüringens Ministerpräsident Ramelow äußerte sich »empört«: Auch auf dem Land lebten »Menschen, die ihre Heimat lieben«.[52]

Das ist allerdings kein ökonomisches Argument. »Die Jobs der Zukunft«, betonte IWH-Präsident Reint E. Gropp, »entstehen im Dienstleistungssektor, in der Forschung und Entwicklung, in der Digitalisierung. Und diese Unternehmen siedeln sich nun mal in größeren Städten an, nicht auf dem Land.«[53] Die bisherige Subventionspolitik habe negative Konsequenzen gehabt. Sie habe Unternehmen verleitet, nicht benötigte Arbeitsplätze zu erhalten. Deshalb seien Firmen im Osten noch immer weniger produktiv als im Westen. »Es besteht ein direkter Zusammenhang zwischen der Subventionspolitik und der niedrigen Produktivität«, sagt Gropp.[54] Trotz der Subventionen hält die Landflucht an, auch in Ostdeutschland zieht es die Menschen in die urbanen Regionen. Der ländliche Raum leidet darunter, dass gut ausgebildete junge Leute, vor allem Frauen, fortgehen – mit der Folge, dass außer den Älteren frustrierte junge Männer zurückbleiben. In manchen Dörfern etwa der Lausitz kommen auf 100 Männer kaum mehr als 50 Frauen.

Wer in einer strukturschwachen Gegend wohnt, pocht gern auf »gleichwertige Lebensverhältnisse«. Der Begriff steht sogar im Grundgesetz, allerdings an einer entlegenen Stelle, in Artikel 72 Absatz 2, und es geht dabei auch nur um die Abgrenzung der Gesetzgebungskompetenzen zwischen Bund und Ländern, also um die Frage, wann der Bund Aufgaben regeln darf, die eigentlich den Ländern vorbehalten sind. Es gibt innerhalb Deutschlands in vielen Bereichen recht große Unterschiede, aber die Schwelle zum staatlichen Eingreifen ist ziemlich hoch, wie das Bundesverfassungsgericht wiederholt entschieden hat.[55]

Viele Ostdeutsche, konstatiert der Politologe Klaus Schroeder, Leiter des Forschungsverbunds SED-Staat an der Freien Universität Berlin, »vergessen, dass auch im Westen die Einkommensunterschiede zum Teil erheblich sind«.[56] Im bundesweit wohlhabendsten Landkreis Starnberg bei München ist das durchschnittlich verfügbare Pro-Kopf-Einkommen der Privathaushalte mit 34 987 Euro mehr als doppelt so hoch wie in Gelsenkirchen, mit 16 203 Euro pro Kopf das Schlusslicht im Einkommensranking, noch hinter allen ostdeutschen Städten.[57] Schroeder erinnert daran, dass die DDR »ein zentralistisches System« war, »wo im ganzen Land gleiche Bedingungen herrschten, gleiche Löhne, gleiche Leistungen«. Daher hätten die Menschen im Osten »bis heute nicht akzeptiert, dass es beim Wohlstand regionale Unterschiede gibt«. »Die Zuwächse an ›Zivilisationskomfort‹, die objektiv beachtlich sind«, schreiben der Jenaer Soziologe Heinrich Best und der Hallenser Politologe Everhard Holtmann, werden »bis heute in Teilen der ostdeutschen Bevölkerung als defizitär gewertet«, weil »ein Maßstab von Verteilungsgerechtigkeit angelegt« werde, der sich »an einer zu DDR-Zeiten vorgeblich besser gewährten Grundsicherheit« oder »ausschließlich am westdeutschen Vergleichsniveau« orientiere.[58]

Positive Entwicklungen werden kaum zur Kenntnis genommen. Die Arbeitslosigkeit zum Beispiel ist in den vergangenen Jahren deutlich gesunken: Während sie 1999 im Osten bei über 17 Prozent lag, zehn Prozentpunkte über der Quote im Westen, betrug sie 2018 nur noch 6,9 Prozent – der Abstand zum Westen verringerte sich auf 2,1 Prozentpunkte. Und im Mai 2019 waren es 6,3 gegenüber 4,6 Prozent, eine Differenz von 1,7 Prozentpunkten.[59] Auch die Löhne legen im Osten stärker zu als im Westen. In den »alten« Bundesländern stiegen sie 2017 gegenüber dem Vorjahr um 2,3 Prozent, in den »neuen« um 3,9 Prozent, bei ungelernten Arbeitskräften dank Mindestlohn sogar um 7,9 Prozent. Die Tariflöhne haben 98 Prozent des Westniveaus erreicht, die tatsächlich gezahlten immerhin 82 Prozent.[60]

Die Unterschiede zwischen Ost und West »verschwimmen immer mehr«, stellte das Institut für Arbeitsmarkt- und Berufsforschung der Bundesagentur für Arbeit bereits 2015 fest: »Entlang der ehemaligen innerdeutschen Grenze liegt die Arbeitslosigkeit in einigen ostdeutschen Kreisen mittlerweile auf oder sogar unter dem Niveau der westdeutschen Nachbarkreise.«[61]

Vor allem Thüringen hat stark aufgeholt und liegt, wie der Jahresbericht der Bundesregierung dokumentiert, »längst im gesamtdeutschen Mittelfeld«. Wirtschaftsminister Wolfgang Tiefensee (SPD) weist darauf hin, dass es in diesem Bundesland »mehr Industriearbeitsplätze pro 1000 Einwohner als in Nordrhein-Westfalen, Hessen und Niedersachsen« gibt. »Die Arbeitslosenquote liegt unter Hamburg, Bremen, Nordrhein-Westfalen und Saarland, und das zeigt eigentlich, dass wir im Vergleich der Bundesländer Schritt für Schritt vorankommen.«[62] In Sachsen und Brandenburg sind die Arbeitslosenquoten bis Mai 2019 auf 5,4 beziehungsweise 5,7 Prozent gesunken. In Bremen, dem Bundesland mit der höchsten Arbeitslosigkeit, sind zehn Prozent der Erwerbspersonen ohne Job.

Die Älteren, die in den frühen 1990er-Jahren als damals über 45-Jährige von den Umwälzungen besonders betroffen waren, sind längst im Ruhestand. Ihnen geht es vergleichsweise gut, die gesetzlichen Altersrenten sind im Osten sogar höher als im Westen: Ostmänner erhielten 2018 eine durchschnittliche Rente von 1198 Euro, Westmänner 1095 Euro. Die Durchschnittsrente von Ostfrauen betrug 928 Euro, die von Westfrauen 622 Euro.[63] Das liegt zum einen daran, dass die Punktwerte für die geringeren Beiträge zur DDR-Altersversicherung – zehn Prozent für Renten- *und* Krankenversicherung bis zu einer Bemessungsgrenze von 600 Ostmark – mit einem Umrechnungsfaktor multipliziert werden. Zum andern verfügen die meisten der heutigen Ostrentner über längere Erwerbsbiografien, Frauen waren in der DDR häufiger berufstätig als in der alten Bundesrepublik.[64]

Die Ostdeutschen, sagt der ehemalige Bundestagspräsident Wolfgang Thierse (SPD), müssten »doch auch anerkennen, dass sie Teil des bundesdeutschen Sozialstaats geworden sind, ohne vorher entsprechend einzahlen zu müssen«. Auch dadurch, dass die Renten- und Sozialleistungsansprüche ehemaliger DDR-Bürger mit Transferzahlungen aus westdeutschen Versicherungsbeiträgen finanziert wurden, sei das Sozialsystem in eine Schieflage geraten, was schließlich zu den Hartz-IV-Reformen geführt habe. »Das wird immer verdrängt«, sagt Thierse, »Polen und Tschechen mussten sich am eigenen Schopf aus dem Sumpf ziehen.«[65] Er plädiert für eine Aufarbeitung der Fakten, wobei man jedoch beide Geschichten erzählen müsse, Fehler nicht beschönigen dürfe, aber auch festhalten solle, was gut gelaufen ist.

Mancher prominente Ostdeutsche ist der Nabelschau überdrüssig. Wolfgang Böhmer ist einer von ihnen. Den ehemaligen CDU-Ministerpräsidenten in Sachsen-Anhalt »nervt das empörte Zurückschauen ein bisschen, das jetzt in Mode gekommen ist«. Er hält nichts davon, »sich heute hinzustellen und nachträglich aufzulisten, was damals auch hätte anders gemacht werden können«, und plädiert dafür, die Debatte zu beenden: »Selbst wenn wir sagen, dies war damals ein Fehler und jenes auch – das ändert doch heute nichts mehr. Vom Standpunkt des Besserwissers eine verspätete Abrechnung zu machen ist aus meiner Sicht keine ernsthafte zeitgeschichtliche Aufarbeitung. So sind für mich die dauernde Befindlichkeitsdiskussion und das Gefühl, zu kurz gekommen zu sein, eine Form von Selbstmitleid, die mir unwürdig erscheint. Wir als Ostdeutsche haben Milliarden bekommen, wir haben sicher auch Fehler gemacht. Und nun ist es, wie es ist. Wenn wir uns aber vor Augen führen, wie viel Geld von West nach Ost transferiert wurde, dann ist es nicht angemessen, sich aufs Jammern zu verlegen.«[66]

Auf rund zwei Billionen Euro, das sind 2000 Milliarden, addieren sich bis heute die Transferleistungen in Richtung Osten; nach Abzug von Rückflüssen wie Steuern und Sozialbeiträge bleiben netto etwa 1,6 Billionen Euro.[67] Dennoch grassiert ein »Viktimismus«, indem sich viele Ostdeutsche zu Opfern stilisieren. Wer als Opfer auftritt, baut auf das Mitgefühl und Verständnis seiner Mitmenschen. Wer Handlungen eines Opfers kritisiert oder infrage stellt, gilt als unsensibel und herzlos. Daher kann der Opferstatus auch eine Strategie sein, um Vorteile zu erlangen. Aber solches Verhalten beleidigt diejenigen, die wirklich ohne eigenes Verschulden schwere Zeiten erlitten haben.

Der Politikwissenschaftler Herfried Münkler findet, es gebe »nichts Schlimmeres als Opfernarrative, weil sie die Berechtigung verleihen, bei nächster Gelegenheit mal so richtig draufzuhauen«.[68] »Integriert doch erst mal uns!« bedeutet ja auch: Warum kümmert ihr euch um die Fremden? Man solle doch die Flüchtlinge im Mittelmeer »absaufen« lassen, riefen Teilnehmer einer Pegida-Demonstration im Juni 2018 in Dresden. Marianne Birthler, ehemalige Wächterin über die Stasi-Akten, warnt davor, »dieses Opferbild zu zementieren«.[69] 20 Prozent der Ostdeutschen seien offenbar keine Demokraten und hätten Mühe, sich an Sachdebatten konstruktiv zu beteiligen.[70]

Es komme sehr darauf an, »wie man eine solche Opferrolle ausbuchstabiert«, sagt der Soziologe Kollmorgen.[71] »Wenn man auf der Verliererseite ist, kann man in einem Opfernarrativ versinken. Aus einer Scheiternserfahrung kann man sich aber auch berappeln und hochgradig produktiv werden.« Wenn das Opfernarrativ alles beherrsche, könne es gefährlich werden für die soziale Ordnung und demokratische Verhältnisse. Man müsse daher »gegensteuern und aufpassen, dass die Auseinandersetzung mit der Treuhand dieses Opfernarrativ nicht stärkt«. Dieser Gefahr könne man nur begegnen, »indem man immer wieder klarmacht, welche Rolle ostdeutsche Akteure sowohl in der Konzipierung, in der Planung, Durchsetzung und in der langfristigen Wirkung der Treuhand gespielt haben«. Und die sei ganz erheblich gewesen: »Zu sagen, die Ostdeutschen hätten nie Chancen erhalten, in diesen Privatisierungs- und Reprivatisierungsprozessen tätig zu werden, das ist, mit Verlaub, schlicht Humbug.«

Der Historiker Michael Lühmann, Jahrgang 1980, spricht gar von »ostdeutschen Lebenslügen«.[72] Lühmann, der in seiner Vita ironisch schreibt, von »Oktober 1989 bis Februar 1990 friedlicher Revolutionär auf Leipzigs Straßen« gewesen zu sein, ist jetzt Wissenschaftlicher Mitarbeiter am Göttinger Institut für Demokratieforschung. Nach den Wahlerfolgen der AfD habe »die Erzählung von den abgehängten Regionen jenseits der alten Grenze ... wieder Hochkonjunktur«; der Ostdeutsche werde »als Opfer einer Transformation inszeniert, der er ungefragt beiwohnte, weshalb sich früher oder später der Hass entladen musste«. Die Auffassung, dass die Ost- von den Westdeutschen »überrannt und geplündert« worden »und bis heute gegenüber dem Westen benachteiligt« seien, erscheine zwar »mit Blick auf Lohnentwicklungen, Eigentumsquoten und Eigentumshöhen richtig und beklagenswert«. Aber unschuldig sei »der Ostdeutsche« an den Geschehnissen nicht, »ebenso wenig wie er nicht erst im Zuge der herbeigeschriebenen ›Flüchtlingskrise‹ radikalisiert worden« sei.

An diesen beiden zentralen Erkenntnissen hat sich die Diskussion der vergangenen 30 Jahre vorbeigemogelt und tut es aktuell wieder. Ostdeutsche haben, entgegen landläufiger Vorstellung, durchaus aktiv an der wirtschaftlichen Umgestaltung nach 1990 mitgewirkt, und der Rechtsradikalismus ist keine Folge gebrochener Berufsbiografien. Wohlmeinende Ossi-Versteher in den Medien und populistische Politiker nicht nur der AfD haben die Klischees jahrelang bedient. Das vorliegende Buch tritt den Legenden mit nachprüfbaren Fakten entgegen, ohne dass dabei übersehen wird, dass Erinnerungen auch von Emotionen bestimmt werden. Anhand von zum Teil erst seit Kurzem zugänglichen Dokumenten wird aufgezeigt, was man heute wissen *kann*, wenn man es wissen *will*.

Die These der Soziologin Naika Foroutan, Ostdeutsche seien eine ähnlich unterdrückte Minderheit wie Migranten, erweist sich bei nüchterner Betrachtung als ebenso an den Haaren herbeigezogen wie die schräge Behauptung der Hallenser Hochschulpfarrerin Christiane Thiel, sie fühle sich »fast rassistisch benachteiligt« und die Ostdeutschen seien »ausgeraubt worden nach 1989«.[73] Wolfgang Thierse widerspricht der Pastorin entschieden. Dabei zeigt sich, wie zwei ostdeutsche Kulturen zusammenprallen: Die im sächsischen Freiberg geborene Christiane Thiel bekennt, sie habe »nicht zu denen« gehört, »die für eine Wiedervereinigung

1989 auf die Straße gegangen sind«. Sie habe »an eine Veränderbarkeit des Sozialismus geglaubt«, und »das Ende dieser Idee« habe sie »sehr bekümmert«. Der Kulturwissenschaftler Thierse hingegen wurde einst aus dem DDR-Staatsdienst entlassen, weil er sich weigerte, eine die Ausbürgerung Wolf Biermanns befürwortende Erklärung zu unterschreiben.

Gewiss, sagt Thierse, bestehe eine »ökonomisch soziale Ungleichheit« zwischen West und Ost in Deutschland, seien Wirtschaftskraft, Einkommen, Renten »noch schmerzlich verschieden«. Vor allem gebe es »eine West-Ost-Ungleichheit der Sicherheiten und Gewissheiten« nach der »ostdeutschen Erfahrung eines Systemwechsels, eines radikalen Umbruchs und eines vielfachen Entschwindens der eigenen Lebenserfahrungen und Lebensleistungen«. Dies habe wehgetan und erzeuge »Vorwürfe und autoritäre Erwartungen, die sich an ›die da oben‹, an den Westen richten«. Das sei verständlich. »Aber wir sollten diese Emotionen und Haltungen nicht noch verstärken und die negative Selbstwahrnehmung vieler Ostdeutscher bestätigen.«[74] Vielen Ostdeutschen fehle der »absolute Durchsetzungswille«, konstatierte der frühere Bundespräsident Joachim Gauck, ein gebürtiger Rostocker.[75] Sie hätten sich eine Wettbewerbsmentalität wie ihre Landsleute aus dem Westen nicht auf natürlichem Wege antrainieren können. So seien sie, wie Thierse es ausdrückt, »mit einem Rucksack an Minderwertigkeitskomplexen« in die Einheit gegangen. Nun sei es an der Zeit, den Ostdeutschen in Wirtschaft, Medien und Kultur »gleiche und faire Chancen zu geben«.[76]

Sicherlich sind Ostdeutsche in Führungspositionen unterrepräsentiert. Fragwürdig sind jedoch die darüber kursierenden Zahlen. Nach einer Studie der Universität Leipzig aus dem Jahr 2016 sollen in den 100 größten ostdeutschen Unternehmen nur

25 Prozent der Firmenchefs Ostdeutsche, 60 Prozent Westdeutsche, 15 Prozent Ausländer sein.[77] Immer wieder verbreiten Medien, gestützt auf diese Studie, dass nur 1,7 Prozent Ostdeutsche gesamtdeutsche Spitzenpositionen in Politik, Verwaltung, Wirtschaft, Wissenschaft und Kultur einnähmen, obwohl ihr Anteil an der Bevölkerung 17 Prozent beträgt.[78] Der Soziologe Kollmorgen zweifelt diese »kommagenaue Zahl« an, deren Nennung »fast amüsieren« müsse. Die Recherche habe sich nämlich auf wenige Sektoren beschränkt, die Elitepositionen seien willkürlich definiert. In Wahrheit gebe es »keine validen empirischen Befunde zur gegenwärtigen Zusammensetzung der bundesdeutschen Eliten«, die letzte repräsentative Erhebung stamme aus dem Jahr 1995. Kollmorgen schätzt, »in Rücksicht auf die bisherigen Einzelbefunde und insofern mit gehörigem Mut«, den Anteil Ostdeutscher in Spitzenpositionen auf etwa sechs bis neun Prozent – immer noch zu wenige, aber immerhin eine »signifikante Minderheit«.[79]

Könnte eine Ostquote helfen? Die Linke fordert sie, jeder zweite Ostdeutsche wünscht sie laut einer Umfrage.[80] Altbundespräsident Gauck schüttelt nur den Kopf: »Geht's noch? Ich möchte keine Ossiquote.«[81] Dabei stellt sich zunächst einmal die Frage: Wer ist heute überhaupt noch eine Ostdeutsche, ein Ostdeutscher? Laut der Leipziger Studie sind damit »jene Menschen gemeint, die bis 1990 in der DDR aufgewachsen sind oder dort den größeren Teil ihres Lebens verbracht haben«. Dazu zählten auch »junge Menschen, die nach 1975 in der DDR beziehungsweise in den neuen Bundesländern geboren wurden und durch ihr Umfeld ›ostdeutsch‹ sozialisiert wurden und demnach eine ›ostdeutsche Herkunft‹ haben«.[82]

In einer parlamentarischen Anfrage nach dem Anteil Ostdeutscher in Führungspositionen fasste die Linksfraktion im Landtag von Mecklenburg-Vorpommern den Begriff noch enger. Für sie ist ostdeutsch nur, »wer vor dem 31. Dezember 1975 auf dem Gebiet der DDR geboren wurde und dort 1989 oder kurz zuvor gelebt hat«. Nach dieser Definition würden weder einstige »Republikflüchtige« noch Aussiedler und Ausgebürgerte als Ostdeutsche gelten. Auch Angela Merkel, deren Eltern 1954 wenige Wochen nach ihrer Geburt in die DDR zogen, gälte demzufolge nicht als Ostdeutsche, und ebenso nicht der 1943 in Breslau geborene, aber in Thüringen aufgewachsene Wolfgang Thierse.

Und was ist mit denen, die seit 30 Jahren auf dem Gebiet der ehemaligen DDR leben? Seit 1990 sind 3,7 Millionen Menschen aus Ostdeutschland weggezogen, aber es kamen im gleichen Zeitraum 2,45 Millionen Menschen aus dem Westen.[83] Kurios findet Thierse, dass die Ostdeutschen in der Politik, »wo sie doch ihresgleichen wählen konnten«,[84] erst einmal Westdeutsche wie Kurt Biedenkopf und Georg Milbradt in Sachsen oder Bernhard Vogel in Thüringen als Ministerpräsidenten holten, später auch Erwin Sellering in Mecklenburg-Vorpommern. Von den sechs amtierenden Landesbischöfen der evangelischen Kirche stammen fünf aus dem Westen, einer ist erst 2019 wiedergewählt worden. Wer ist daran schuld? Warum hat kein Ostdeutscher kandidiert? Alle 25 Präsidenten der obersten Gerichte in Ostdeutschland sind Westdeutsche. Wem will man dies vorwerfen? Gewählt wurden sie, in den Ländern unterschiedlich geregelt, von Gremien wie Richterwahlausschüssen, in denen ausschließlich Ostdeutsche abstimmten.

Überwiegend westdeutsch ist auch das in Ostdeutschland tätige Spitzenpersonal der AfD. Der Parteivorsitzende Alexander Gauland wurde zwar in Chemnitz geboren, flüchtete aber schon 1959 als Abiturient in die Bundesrepublik und machte in der hessischen CDU Karriere, bis es ihn nach Brandenburg zog. Die auf dem »Flügel«, der Rechtsaußen-Plattform der AfD, angesiedelten Landeschefs Björn Höcke (Thüringen), Andreas Kalbitz (Brandenburg) und Martin Reichardt (Sachsen-Anhalt) kamen aus dem Westen.

Die »Flüchtlingsproblematik«, berichtet Petra Köpping in ihrem Buch, sei bei ihren Gesprächen mit Bürgern »fast in allen Fällen recht schnell nicht mehr ... das alles entscheidende Thema« gewesen; es sei »um etwas viel tiefer Liegendes, etwas Grundlegenderes« gegangen, nämlich »unbewältigte Demütigungen, Kränkungen und Ungerechtigkeiten« der »Nachwendezeit«.[85] Der Bogen, den Köpping von der Ausländerfeindlichkeit zur DDR-Transformation schlägt, ist atemberaubend. Es leuchtet nicht ein, warum Menschen, die einmal unverschuldet arbeitslos wurden, deshalb fast 30 Jahre später gegen die »Islamisierung des Abendlandes« demonstrieren und gegen Geflüchtete hetzen. Viele, meint Köpping, hätten sich »von der Stimmung anstecken« lassen, dass man »das Recht habe, gegenüber anderen Gruppen von Menschen ungerecht zu werden, weil man sich selbst ungerecht behandelt fühlt«.[86]

Eine solche Argumentation sei »Küchenpsychologie«, entgegnet Richard Schröder. Köpping wolle »mit ihrer These offenbar Ostdeutsche entlasten«. Proteste gegen die Flüchtlingspolitik der Kanzlerin wären demnach kein Ausdruck von Fremdenfeindlichkeit, sondern eine Spätfolge der als traumatisch erlebten »Entwürdigungen der Nachwendezeit«. »Im Klartext« hieße das: »Am Ausländerhass ist mittelbar die Treuhand schuld.«[87]

Die Vorstellung, dass AfD-Wähler ökonomisch Abgehängte seien, widerspreche allen empirischen Befunden, sagt die an der Universität Jena lehrende Soziologin Silke van Dyk. Beim Einkommen unterschieden sich AfD-Wähler kaum vom nationalen

Durchschnitt. »Statt die Wähler rechter Parteien pauschal durch die Notwehr-These zu entlasten, sollten wir ernst nehmen, dass viele genau deshalb die AfD gewählt haben, weil sie die rassistische Programmatik gutheißen.«[88] Doch wie kommt es, dass Deutschland drei Jahrzehnte nach der Vereinigung politisch derart gespalten ist? Dass man auf der Landkarte der Wahlergebnisse exakt die alte Grenze wiedererkennt?

Als »hochaktuelle literarische Auseinandersetzung mit unserem zerrissenen Land« bewirbt der Ullstein Verlag den Roman *Mit der Faust in die Welt schlagen* von Lukas Rietzschel. Der 1994 in Ostsachsen geborene Autor schildert das Erwachsenwerden zweier Brüder in der Lausitz zwischen 2000 und 2015, und er beschreibt die Tristesse der Provinz, die öde Langeweile und die Perspektivlosigkeit, die in Hass auf alles Fremde umschlägt. Eine Antwort, warum Jugendliche in die rechtsradikale Szene abgleiten, gibt der Roman nicht.

Man würde gern den Hallenser Psychiater und Psychoanalytiker Hans-Joachim Maaz befragen, wie er die heutige Gefühlslage in Ostdeutschland beurteilt. Seit seinem 1990 erschienenen Bestseller *Der Gefühlsstau* gilt er als Fachmann für ostdeutsche Befindlichkeiten. In dem Buch untersuchte Maaz die Auswirkungen staatlicher Repression auf die Psyche der DDR-Bürger. »Wir waren ein gefühlsunterdrücktes Volk«, schrieb er. »Wir blieben auf unseren Gefühlen sitzen, der Gefühlsstau beherrschte und bestimmte unser ganzes Leben. Wir waren emotional so eingemauert, wie die Berliner Mauer unser Land abgeschlossen hatte.« 2010 wurde das Buch neu aufgelegt, 2018 erschien es in dritter Auflage.[89] Wenn man sich damit beschäftigt, was Maaz sonst so publiziert oder öffentlich äußert, stößt man auf eine bizarre Ferndiagnose, die er über Angela Merkel angestellt hat. Das Verhalten der Kanzlerin in der »Flüchtlingskrise«, sagte er in einem Interview, sei »vollkommen irrational« gewesen. Es gebe bei ihr »eine narzisstische Grundproblematik«, sie habe ein »künstlich aufgeblasenes Selbstbild«, es handle sich bei ihr um einen »Fall von seelischer Verpanzerung«. Wenn jedoch »die Anerkennung plötzlich wegfällt und in Kritik umschlägt«, prognostiziert der Seelendoktor, dann »kommt die Einsamkeit, vielleicht der Alkohol und ein psychischer Zusammenbruch«.[90]

Das ist Pseudowissenschaft, Psycho-Hokuspokus. Mit dem Habitus des Experten will Maaz seine persönliche politische Einstellung, die Ablehnung merkelscher Asylpolitik, unters Volk bringen. Vollends klar wurde dies, als er im März 2018 als einer der prominentesten Unterstützer der »Erklärung 2018« beigetreten ist. In diesem Manifest, initiiert von der früheren CDU-Bundestagsabgeordneten Vera Lengsfeld aus Thüringen, die offen mit AfD und Pegida sympathisiert, beklagten die Unterzeichner, dass Deutschland durch eine angebliche »illegale Masseneinwanderung beschädigt« werde. Maaz befand sich da in illustrer rechter Gesellschaft von »Besorgnis erregenden Bürgern« *(Tagesspiegel)* wie Henryk M. Broder, Thilo Sarrazin oder Uwe Tellkamp. »In die Unterzeichnerliste«, fand der ehemalige Deutschlandradio-Intendant Ernst Elitz, könnten »Pegida, AfD und jede andere Sekte ihren Mitgliederstamm umstandslos hineinkopieren«.[91] Als Ratgeber für eine Lösung fällt Maaz also aus, da er selbst zum Teil des Problems geworden ist.

Neben Maaz nimmt ein anderer Autor die Deutungshoheit über den Osten für sich in Anspruch. Der Soziologe Wolfgang Engler, den sein Hamburger Berufskollege Sighard Neckel einmal den »Propagandisten der ostdeutschen Selbstethnisierung« nannte,[92] scheint dem Psychologen Maaz inzwischen den Rang als Volks-

1. DAS VERLANGEN NACH AUFARBEITUNG

erklärer abzulaufen. Engler war zu DDR-Zeiten wissenschaftlicher Mitarbeiter am Ostberliner Institut für Schauspielregie, leitete ab 1987 den Theoriebereich der Hochschule für Schauspielkunst Ernst Busch und war bis 1991 deren Prorektor für Gesellschaftswissenschaften. Von 2005 bis 2017 war er Rektor dieser Hochschule. In mehreren Veröffentlichungen[93] versuchte Engler, »die ostdeutsche Erfahrung von innen zu rekonstruieren«, wie er in seiner »Vorrede« zu dem Buch *Die Ostdeutschen* erläutert.[94] Als »schweres Handicap« des Buches empfand der Regisseur und ehemalige DDR-Bürgerrechtler Konrad Weiß, dass Engler dabei »die Auseinandersetzung mit dem politischen System der DDR« vermied. »Ganz selbstverständlich« habe er »die ›führende Rolle‹ der Marxisten vorausgesetzt und akzeptiert«.[95]

Zusammen mit der Journalistin Jana Hensel hat Engler 2018 ein Gesprächsbuch veröffentlicht, in dem die beiden erklären wollen, »wer wir sind«.[96] Sie kommen, natürlich, auch auf die Treuhand zu sprechen. »Treuhand«, empört sich Engler, »was für ein Euphemismus! Hier konnte man fast wie unter einem Brennglas beobachten, wie sich eine Gesellschaft in ihre Bestandteile auflöst.«[97] Die Ostdeutschen, sagt Engler, hätten 1989/1990 »für das Modell des organisierten Kapitalismus optiert, für den ›rheinischen Kapitalismus‹ – und dies just in dem Augenblick, als es damit peu à peu bergab ging. Die Ostdeutschen bekamen etwas, das sie so nicht bestellt hatten. Das hatten sie so nicht im Blick, als sie ins Menü schauten.«[98]

»Seriöse wissenschaftliche Untersuchungen« zur Treuhandanstalt, schrieb der Historiker Constantin Goschler im Januar 2017, hätten sich »mangels Aktenzugang bislang kaum anstellen« lassen.[99] Denn die Treuhand-Akten waren gesperrt – nicht weil, wie Petra Köpping argwöhnt, »die damalige CDU/FDP-Bundesregierung einen Großteil der Dokumente als Verschlusssachen eingestuft hat«, sondern weil es das Bundesarchivgesetz so vorschreibt. Behördenakten bleiben grundsätzlich 30 Jahre lang unter Verschluss und werden dann dem Bundesarchiv übergeben. Völlig abwegig ist Köppings Unterstellung, Treuhand-Mitarbeiter hätten »vielfach« selbst festlegen können, »was mit welchen Schutzfristen weggeschlossen werden sollte«.[100] Es war Richard Schröder, der mit einigen Mitstreitern beim damaligen Bundesfinanzminister Wolfgang Schäuble darauf drängte, die 30-Jahre-Schutzfrist, die noch nicht abgelaufen ist, zu verkürzen; dies geschah dann durch eine Vereinbarung zwischen der Treuhand-Nachfolgerin BvS und dem Bundesarchiv. Seit April 2016 sind vier Archivare damit beschäftigt, das papierene Erbe der Treuhand für die Nachwelt aufzubereiten. Vier weitere bearbeiten die Unterlagen der von der Treuhand liquidierten Unternehmen, soweit das Bundesarchiv dafür zuständig ist. Drei zusätzliche Mitarbeiter werden das Team im Laufe des Jahres 2019 verstärken. Die Menge des Materials ist gigantisch: 45 Kilometer Schriftgut haben Treuhand und BvS produziert, 170 000 Akten, etwa zwölf Kilometer, will das Bundesarchiv übernehmen, 22 500 Akten sind schon archivisch bearbeitet und nutzbar gemacht, für die Erschließung weiterer 62 500 Akten werden voraussichtlich noch etwa fünf Jahre benötigt.[101]

Für das vorliegende Buch standen erstmals sämtliche Protokolle und Tischvorlagen der Vorstands- und Verwaltungsratssitzungen der Treuhand zur Verfügung, mehrere Hundert Aktenordner. Außerdem wurden Dutzende von Akten mit Schriftwechseln, Berichten und Vertragsunterlagen über ausgewählte, zumeist umstrittene Vorgänge ausgewertet.

Das Institut für Zeitgeschichte hat, nach mehrjährigen konzeptionellen Vorarbeiten, Mitte 2017 begonnen, die Geschichte der

Treuhandanstalt akribisch zu erforschen. Für das Projekt sind vier Jahre veranschlagt.[102] Es soll »erstmals auf breiter Quellengrundlage Struktur und Arbeitsweise der Treuhandanstalt untersuchen und ihre Stellung im politischen Kräftefeld der Bundesrepublik sowie ihren Aktionsradius vor Ort näher bestimmen.«[103] Petra Köpping meldete schon mal Zweifel an der Objektivität der Forscher an. »Ohne jede Ausschreibung«, monierte sie, sei das Projekt »an das als eher politisch konservativ geltende Institut für Zeitgeschichte« vergeben worden.[104] Richard Schröder belehrte sie, dass für das Bundesarchiv das »Jedermannprinzip« gilt: »Seine Akten sind jedermann zugänglich und dürfen niemandem exklusiv übergeben werden«, weshalb Ausschreibungen »dabei selbstverständlich gar keine Rolle« spielen.[105]

Marcus Böick hat 2018 ein voluminöses Buch über die Treuhand veröffentlicht, allerdings ohne Zugriff auf die Treuhand-Akten.[106] Im Zentrum seiner Analyse stehen Selbstzeugnisse ehemaliger Treuhand-Mitarbeiter. Zu Wort kommen Manager und Beamte, westdeutsche Aufbauhelfer und ostdeutsche Kader. Böick will mit schwarz-weißen Bewertungen aufräumen, stattdessen die Grautöne hervorheben und Stereotype abbauen. So hofft er, »dass wir bei der Aufarbeitung von den Klischees und Zerrbildern, die in den Neunzigerjahren entstanden sind, ein Stück weit wegkommen«.[107] Damals wurde der Buchmarkt, so Böick und Goschler, »mit einer schnell anwachsenden Kaskade an Treuhand-Skandalgeschichten versorgt«.[108] Autoren waren meist westdeutsche Linke oder ostdeutsche Verteidiger des SED-Regimes. Daneben gab es Erlebnisberichte von Betroffenen und Akteuren. Die einen schilderten den Zusammenbruch ihres Unternehmens und den Verlust ihres Arbeitsplatzes als »authentische Zeugen«, wie Richard Schröder einräumt, aber zu bedenken gibt: »Die Opfer eines Erdbebens wissen über dessen Ursachen zumeist wenig. Dazu muss man schon die Geologen fragen.« Die Autoren auf der Gegenseite – Politiker, Beamte, Treuhand-Manager – stünden unter dem »Generalverdacht der Schönfärberei«.[109]

Bereits 1991 gab Heinz Suhr, damals Pressesprecher von Bündnis 90/Die Grünen im Bundestag, mit einem »eilig zusammengestellten Kompendium« (Böick) tatsächlicher oder vermeintlicher Skandale, die er zur »alltäglichen Katastrophe« aufblies, den schrillen Ton vor.[110] »Mit Verve«, so Böick, griff der frühere *Konkret*-Kolumnist Otto Köhler »in seinem Pamphlet« die Treuhand und ihre Präsidentin Birgit Breuel »frontal an« und versprach die laut Klappentext »erste wirklich umfassende Abrechnung«[111]. Die »wahre Geschichte der Treuhand« behauptet der Journalist Dirk Laabs zu erzählen.[112] Zahlreiche ostdeutsche Publizisten aus dem Umfeld der PDS, des *Neuen Deutschland* und der *Jungen Welt* arbeiteten sich »in ihren Polemiken ... am vermeintlich unfähigen westdeutschen Personal und an Hintermännern ab«.[113] Zu dieser Kategorie zählen etwa Ralph Hartmann, ehemaliger DDR-Botschafter und Sektorenleiter im SED-Zentralkomitee, oder Klaus Huhn, langjähriger Sportchef des *Neuen Deutschland*, Sportfunktionär und Inoffizieller Mitarbeiter der DDR-Staatssicherheit.[114] Einer der »hartnäckigsten und ausdauerndsten Kritiker in der gesamtdeutschen Wissenschaftslandschaft«[115] ist der Wirtschaftshistoriker Jörg Roesler, der nach dem Ende der DDR seine Anstellung an der Akademie der Wissenschaften verlor und jetzt Mitglied der Historischen Kommission der Linken ist. »Der Zeitzeuge, so ein oft kolportierter Spruch, ist der ärgste Feind des Historikers«, weiß Roesler und knüpft daran die rhetorische Frage: »Was, wenn man beides in einer Person ist?«[116] Das hält ihn nicht davon ab, seine ideologisch verengten Urteile unentwegt zu publizieren. Derlei Veröffentlichungen haben das Negativimage der Treuhandanstalt geprägt. Die Autoren folgten der Empfehlung, die ein Journalist in John Fords Western *Der Mann, der Liberty Valance erschoss* ausspricht: »Wenn die Legende zur Tatsache wird, drucke die Legende.«

Differenziert, mit flapsiger Sprache, abgewogen in der Analyse, schilderte 1997 der Publizist Michael Jürgs Entstehung und Wirken der Treuhand. Er recherchierte umfassend, nutzte auch intensiv eine 15-bändige, von der Treuhand 1994 herausgegebene Dokumentation.[117] Jürgs benannte Ursache und Wirkung des Treuhand-Bashings: Erst hätten die DDR-Wirtschaftslenker das Land »mit geschlossenen Augen und beharrlich die Wirklichkeit verleugnend in die Katastrophe« gesteuert. »Aus dem Glauben an die eigene Stärke« seien dann »Wut über die angebliche Plattmacherei der Treuhändler und eine tiefe Frustration des Volkes über seine eigene unwürdige Situation« entstanden.[118]

Auch Wissenschaftler verschiedener Disziplinen haben, von der breiten Öffentlichkeit meist unbeachtet, das Wirken der Treuhand unter die Lupe genommen. Als Standardwerk ragt die 2005 von dem Konstanzer Politik- und Verwaltungswissenschaftler Wolfgang Seibel veröffentlichte Institutionengeschichte der Treuhandanstalt und ihrer Nachfolger heraus.[119] »Am Anfang des wirtschaftlichen und politischen Neubeginns in Deutschland im Jahre 1990«, schreibt Seibel, standen »vor allem fundamentale Illusionen«. Einerseits gab es die irrigen »Vorstellungen der ostdeutschen Bevölkerung über die Realitäten des Wirtschaftskreislaufs und die Möglichkeiten staatlicher Steuerung«. Verstärkt worden seien sie, andererseits, »durch die illusionäre Einschätzung der maßgeblichen westdeutschen Politiker, dass die wirtschaftlichen und sozialen Friktionen des Übergangs von der Plan- zur Marktwirtschaft in Ostdeutschland durch die Ausgleichsmechanismen des westdeutschen Sozialstaates und der föderativen Strukturen aufgefangen werden könnten«.[120]

Illusionen blühten hüben wie drüben: Illusionen über das »volkseigene Vermögen«, die Werthaltigkeit der DDR-Wirtschaft, auf der einen und Illusionen über ein »zweites Wirtschaftswunder« auf der anderen Seite. Und je größer die Illusionen waren, desto größer wurde die Enttäuschung.

2. Die Illusion vom Volksvermögen

»Die Idee mit den Anteilsscheinen war erschreckend naiv, hat aber bis heute glühende Anhänger.«

Gerd Gebhardt sagte den Zusammenbruch der DDR fast auf das Jahr genau voraus. Mit Matthias Platzeck, einem Kollegen in der Potsdamer Bezirkshygieneinspektion, diskutierte er schon seit Längerem, ob der Sozialismus eine Überlebenschance habe oder doch »eine gigantische Irrlehre« sei. Mitte der 1980er-Jahre, als sie sich wieder einmal über die Zukunft der Planwirtschaft unterhielten, habe Gebhardt, wie sich der spätere brandenburgische Ministerpräsident Platzeck genau erinnert, gesagt: »Wir müssen nicht abhauen, das geht nur noch vier, fünf Jahre gut.«[1]

Der »Physiker für Selbstorganisation und Wandlungsdynamik«, wie Gebhardt sein wissenschaftliches Profil auf seiner Homepage vorstellt, hatte in seiner Dissertation auch Energieverbrauch und -effizienz in der DDR analysiert. Dabei war er 1984 zu dem Schluss gekommen, dass die sozialistische ostdeutsche Republik ihre »hyperbolische Singularitätszeit« 1988 mit einem »Evolutionsbruch« erreichen und in eine schwerwiegende Systemkrise stürzen würde. Die Staatssicherheit stellte ihn daraufhin unter Rundumüberwachung und ergriff Maßnahmen zu seiner »Zersetzung«.[2] Schon vor Honeckers Sturz brachte Gebhardt im Oktober 1989 für eine Gruppe Gleichgesinnter Gedanken zu Papier, wie es in einer zu reformierenden DDR mit der Wirtschaft weitergehen sollte. Die Überschrift lautete: »Zukunft durch Selbstorganisation. Vom Subjekt-Monopolismus verwalteter Subalterner zur Subjektpluralität von Wirtschaftssubjekten«. Das »klingt sehr kompliziert«, räumt Gebhardt ein, bedeute aber schlicht: »Initiative ergreifen und nicht warten, bis neue Kommandos kommen.«[3]

Am 6. Dezember 1989 ließen Gebhardt und seine Mitstreiter die »Freie Forschungsgemeinschaft Selbstorganisation für Wissenskatalyse an Knotenpunkten« registrieren. Mit von der Partie waren der Theologe und Kirchenhistoriker Wolfgang Ullmann, der im September 1989 die Bürgerrechtsbewegung »Demokratie Jetzt« mitbegründet hatte, der Verfahrenstechnikingenieur und promovierte Mathematiker Matthias Artzt, ferner ein Softwareentwickler, ein Wissenschaftshistoriker und ein Galeriedirektor. Der einzige Finanzfachmann in der Gruppe war Hans-Jürgen Blüher, seit April 1989 Direktor des Genossenschaftsverbands der Banken für Handwerk und Gewerbe in der DDR.

In den Folgemonaten diskutierten sie, auch mit westlichen Experten, wie die beiden Volkswirtschaften in Deutschland zusammenwachsen könnten. Zu einer Zeit, als die meisten DDR-Bürger noch an eine eigenständige Zukunft ihres Staates glaubten, war ihnen bereits klar, dass es über kurz oder lang zur Einheit kommen würde. Darauf wollten sie sich einstellen. Vor allem wollten sie verhindern, dass das DDR-Vermögen, wie groß oder klein es auch sei, den westdeutschen Kapitalisten oder SED-Bonzen in die Hände fiele. So kamen sie auf die ebenso schlichte wie verlockende Idee, dieses Vermögen unter allen DDR-Bürgern aufzuteilen. Jeder der 16 Millionen Ostdeutschen sollte einen 16-Millionstel-Anteil an den volkseigenen Betrieben erhalten. Gebhardt nahm den Begriff des »Volkseigentums« wörtlich, obwohl er wusste, dass es sich um einen ideologischen Etikettenschwindel handelte.

»Volkseigentum« waren nach der poetischen Definition in Artikel 12 der DDR-Verfassung, »die Bodenschätze, die Bergwerke, Kraftwerke, Talsperren und großen Gewässer, die Naturreichtümer des Festlandsockels, Industriebetriebe, Banken und Versicherungseinrichtungen, die volkseigenen Güter, die Verkehrswege, die Transportmittel der Eisenbahn, der Seeschifffahrt sowie der Luftfahrt, die Post- und Fernmeldeanlagen«. Der ursprüngliche Nachsatz »Privateigentum daran ist unzulässig« wurde von der noch ausschließlich von Vertretern der SED und ihrer Satellitenparteien besetzten DDR-Volkskammer am 12. Januar 1990 gestrichen. Volkseigentum waren auch alle nach 1945 von der sowjetischen Besatzungsmacht im Zuge einer »Bodenreform« (»Junkerland in Bauernhand«) entschädigungslos enteigneten Bauernhöfe und die bei einer »Industriereform« requirierten Produktionsmittel, ebenso die später von der DDR-Führung gegen eine meist lächerlich geringe Entschädigung verstaatlichten Betriebe und der konfiszierte Grund- und Immobilienbesitz von Geflüchteten und Ausgereisten.

Zur sozialistischen Ideologie gehörte die Ausrottung des Unternehmertums. Tausende von Firmen haben daher zwischen 1946 und 1954 ihre Stammhäuser im Osten verlassen und ihre Betriebe im Westen neu aufgebaut. Die Deindustrialisierung der DDR begann nicht mit der Wiedervereinigung, sondern bereits mit der Teilung. Die kommunistische Herrschaft vertrieb namhafte Firmen: Siemens, Osram und Knorr-Bremse von Berlin nach München, Audi von Zwickau nach Ingolstadt, Wella vom Vogtland nach Darmstadt, Zeiss und Schott von Jena nach Oberkochen beziehungsweise Mainz. Der Dresdner Motorenentwickler und Flugzeugbauer Hermann Golle hat in einem Buch den Aderlass und Technologietransfer beschrieben, »wie das westdeutsche Wirtschaftswunder von der SED-Politik profitierte«.[4]

Seit 1978 waren die volkseigenen Betriebe in Kombinaten zusammengefasst, westlichen Konzernen ähnlich, die aber an der kurzen Leine von Partei und Regierung geführt wurden. Sie unterstanden den für die jeweilgen Branchen zuständigen Industrieministerien, das Sagen hatte letztlich Günter Mittag, im SED-Politbüro für die Wirtschaft zuständig. 1989 gab es 173 zentralgeleitete Kombinate und 259 weitere, die auf der Ebene der 15 DDR-Bezirke geführt wurden.[5] Auf die Frage, was das Volkseigentum denn sei, soll eine Textilarbeiterin einmal den Mitgliedern einer ausländischen Delegation beim Betriebsrundgang erklärt haben: »Das Volkseigentum gehört uns allen, aber nehmen darf sich keiner was davon.« Diese Anekdote erzählte Christa Luft, Wirtschaftsministerin in der im November 1989 vom bisherigen Dresdner SED-Bezirkschef Hans Modrow gebildeten Regierung.[6] Das Volk identifizierte sich nicht mit dem Eigentum, das angeblich ihm gehörte, denn es wurde vollständig vom Staat kontrolliert.

Ministerrat und Volkskammer teilten sich seit Dezember 1989 die Macht mit einem runden Tisch, der auf Initiative von Oppositionellen und auf Einladung der Kirchen eingerichtet worden war. Hier saßen sich eine gleich große Zahl von Vertretern der Parteien der »Nationalen Front« und der »Massenorganisationen« auf der einen sowie der verschiedenen Gruppen der Bürgerbewegung auf der anderen Seite gegenüber.

Am Abend des 12. Februar 1990, es war der letzte Tagesordnungspunkt der 12. Sitzung des runden Tisches, legte Gerd Gebhardt dem Gremium ein dreiseitiges Papier vor. Die Überschrift lautete: »Vorschlag der umgehenden Bildung einer ›Treuhandgesellschaft‹ (Holding) zur Wahrung der Anteilsrechte der Bürger mit DDR-Staatsbürgerschaft am ›Volkseigentum‹ der DDR«. Weil »statt einer deutschen Fusionslösung eine baldige Angliederung der DDR an die Bundesrepublik Deutschland wahrscheinlich geworden« sei, hieß es in der Begründung, müsse man dafür Sorge tragen, »dass das im Volksbesitz befindliche Eigentum ... nicht herrenlos wird und einfach verlorengeht«.[7] Zu diesem Zweck solle die Treuhandgesellschaft beleihbare »Anteilsscheine im Sinne von Kapitalteilhaber-Urkunden an alle DDR-Bürger emittieren«. Investoren aus der ganzen Welt sollten eingeladen werden, sich mit ihrem Kapital an Joint-Venture-Gesellschaften zu beteiligen; die Anteilsquoten der einheimischen Bürger oder Belegschaften sollten mindestens über der Sperrminorität liegen.

Die Initiatoren glaubten, es sei »zu erwarten, dass bei einem grundsätzlichen ›Ja‹ zu diesem Vorschlag sofort Kapitalanbieter Schlange stehen werden«. Dann werde der Wirtschaftsaufschwung sofort beginnen, und übersiedlungswillige DDR-Bürger würden »nicht leichtfertig diesen Vermögensanteil aufs Spiel setzen«. Denn seit der Grenzöffnung am 9. November 1989 waren bereits Hunderttausende in den Westen gezogen. Der runde Tisch nahm das Papier einstimmig an. In den folgenden Tagen gab es ein breites Medienecho. »Spektakulärer Vorschlag« titelte das SED-Bezirksblatt *Berliner Zeitung*.[8] »Die Idee mit den Anteilsscheinen war erschreckend naiv, hat aber bis heute glühende Anhänger«, sagt Richard Schröder.[9]

In anderen Staaten des früheren Ostblocks, wo diese Methode der Privatisierung praktiziert wurde, ist sie krachend gescheitert. In Tschechien wurde die »Couponprivatisierung« bei einem Teil der Betriebe angewandt. Gegen eine bescheidene Verwaltungsgebühr konnte jeder erwachsene Bürger ein Couponheft mit Investitionspunkten erwerben und diese Punkte in Anteile an Staatsfirmen umwandeln. Die Punktehefte konnten auch einem der vielen neu entstandenen Investitionsfonds anvertraut werden.[10]

Diese vermeintliche Vermögensstreuung bringe »weder unternehmerische Sanierungskonzepte noch das dringend benötigte Kapital ein«, mahnte der Marburger Ökonom Helmut Leipold.[11] Einige wenige professionelle Couponaufkäufer bereicherten sich und schafften das zusammengeraffte Vermögen auf geheime Auslandskonten. Die Substanz der Unternehmen wurde ausgehöhlt, »untertunnelt«, wie die Tschechen sagen. Der OECD-Report 1998 stellte fest, »dass die durch die Gutscheinprivatisierung hervorgebrachten Eigentumsstrukturen effiziente Unternehmenskontrolle und Unternehmensstrukturierung behindern«, weshalb die Methode »nicht zur Nachahmung empfohlen werden« könne.[12]

Noch schlimmer waren die Auswüchse in Russland und einigen anderen früheren Sowjetrepubliken, wo der überwiegende Teil der staatlichen Unternehmen mittels »Voucher« in Privatbesitz überführt wurde. Beabsichtigt war, wie in der DDR, eine breite Klasse von Kapitaleigentümern zu schaffen, stattdessen ermöglichte die »Gutscheinprivatisierung« den Aufstieg superreicher Oligarchen.[13]

Solche Folgen sah Gerd Gebhardt nicht vorher, als er Flugblätter tippte (»Fordern Sie Ihren Vermögensteil von einem 16-Millionstel des Volkseigentums«) und eine »Vermögens-Anteils-Urkunde« skizzierte. Niemand wusste, was dieses Volkseigentum eigentlich wert war. »Der springende Punkt war«, gab Christa Luft zu bedenken, »dass vor der Distribution des volkseigenen Vermögens seine Bewertung stehen musste.« Eine seriöse Berechnung war indes nicht möglich. »In einem politisch und ökonomisch selbständigen Staat mag ein solches Projekt über einen etliche Jahre umfassenden Zeitraum gelingen«, dozierte die Ökonomieprofessorin: »Mit erlaubter nationaler und internationaler Handelbarkeit von Grund und Boden, Immobilien, Kapitalgütern, Wohnungen usw. bilden sich Marktwerte heraus. Erst sie umreißen letztlich das Quantum des Verteilbaren, über das auch verfügt werden kann.«[14]

Der Einwand konnte die Freie Forschungsgemeinschaft Selbstorganisation nicht beirren. Nach internationalen Angaben, behauptete sie, ohne eine Quelle zu nennen, habe das Volkseigentum »insgesamt einen Wert von etwa 100 000 DM pro Kopf«. Wenn man jeweils 25 Prozent für »unverteilbares Staatseigentum (Straßen, Eisenbahn usw.)«, gemeinnützige Zwecke und »Ausgleichszahlungen für widerrechtlich in Volkseigentum überführtes Eigentum« abziehe, würden immer »noch 25 000 DM pro Kopf als privatisierbare Werte« bleiben. »Das aber sollten Sie sich nicht nehmen lassen! Es sichert Ihre Zukunft!«[15]

25 000 DM pro Kopf würden bei 16 Millionen Bürgern eine Summe von 400 Milliarden DM ergeben – eine Fantasiezahl, die durch nichts belegt war und angeblich nur ein Viertel des Gesamtwerts des Volkseigentums ausmachte. Als Gewährsmann führte die Gruppe neben anderen den Münchner Finanzdienstleister Albrecht Graf Matuschka an, einen eloquenten Selbstdarsteller, dessen Firma in schlechtem Ruf stand, weil, wie der *Spiegel* damals schrieb, seine »Show« besser sei »als die geschäftlichen Ergebnisse«.[16] Seine Propaganda für die Anteilsscheinidee bescherte Matuschka Medienpräsenz und Aufmerksamkeit bei Ostdeutschen, konnte aber nicht verhindern, dass seine Unternehmensgruppe 1991 knapp am Konkurs vorbeischrammte und zu weiten Teilen liquidiert werden musste.[17]

Die SED, die sich im Dezember 1989 den Namenszusatz PDS (Partei des Demokratischen Sozialismus) gegeben hatte, brachte ebenfalls eine ominöse Zahl in Umlauf, die den Wert des Volkseigentums beziffern sollte. Ministerpräsident Modrow, der behauptete, seine Regierung kenne »die Substanz der DDR ziemlich genau«, nannte am 13. Februar 1990 eine Summe: »Das Netto-Nationalvermögen der DDR beträgt 1,4 Billionen Mark, darunter in Staatseigentum 980 Milliarden Mark und 6,2 Millionen Hektar unbelastete landwirtschaftliche Nutzfläche.« Gemeint waren DDR-Mark, was bei einer Währungsumstellung von eins zu zwei einen Betrag von 700 Milliarden DM ergeben würde.[18]

So wurden Illusionen geweckt, die bis heute in vielen ostdeutschen Köpfen herumspuken.

Am runden Tisch kannte niemand das Gutachten, das der kurzzeitige SED-Generalsekretär Egon Krenz am 24. Oktober 1989 in Auftrag gegeben hatte, um dem Politbüro »ein ungeschminktes Bild der ökonomischen Lage der DDR mit Schlussfolgerungen vorzulegen«. Eine Woche später lag die Analyse als geheime Verschlusssache vor. Verfasst hatten das 24-Seiten-Papier fünf Experten, die schon jahrzehntelang verantwortliche Positionen innehatten: Gerhard Schürer, seit 1965 Leiter der Staatlichen Plankommission beim Ministerrat der DDR, der Devisenbeschaffer Alexander Schalck-Golodkowski, Leiter des geheimnisumwitterten Bereichs Kommerzielle Koordinierung, Außenhandelsminister Gerhard Beil, Finanzminister Ernst Höfner und Arno Donda, seit 1963 Chef der DDR-Statistik.[19] Das »Schürer-Papier« wurde erst im Sommer 1990 publik.

Lothar de Maizière, in der ersten Modrow-Regierung seit November 1989 einer von drei Stellvertretern des Ministerpräsidenten, berichtete später, bei einer Kabinettssitzung seien 28 nummerierte Exemplare des Gutachtens verteilt und nach Lektüre wieder eingesammelt worden.[20] Er habe »selbst bei den Verhandlungen zur Wirtschafts-, Währungs- und Sozialunion« seine Kenntnisse »nicht unmittelbar auf den Tisch gelegt«, weil er befürchtet habe, »dass dann die Reichshauptbedenkenträger noch mehr zunehmen, als sie ohnehin schon da waren«.[21] Er habe Angst gehabt, der Westen könnte angesichts der verheerenden Zahlen die Vereinigung ablehnen.

Schürer hatte seit 1978 immer wieder versucht, die Wirtschaftspolitik der DDR zu korrigieren. Er hatte frühzeitig erkannt, dass das von SED-Generalsekretär Erich Honecker verkündete Dogma der Einheit von Wirtschafts- und Sozialpolitik in den Ruin führen musste. Großzügige Subventionen für den Konsum, um die DDR-Bevölkerung bei Laune zu halten, ließen keinen Spielraum für dringend notwendige Investitionen. Der Irrsinn wurde etwa daran deutlich, dass Hühner mit Brot statt mit Körnern gefüttert wurden, weil der staatlich verordnete Brotpreis niedriger war als der Preis für das Getreide. Doch Schürers Einwände wurden von Honecker brüsk zurückgewiesen, und der Planungschef fügte sich. Selbst unter Ministern kursierten Witze: »Was machen wir, wenn die ganze Welt sozialistisch ist? – Wir belassen die kleine Schweiz als kapitalistische Enklave, damit wir wissen, wie viel die Dinge wirklich kosten.«

Aus Angst vor politischen Unruhen wagte die DDR-Führung nicht, die Preise für Mieten, Grundnahrungsmittel, Dienstleistungen und Verkehrsmittel anzuheben, die teilweise noch auf Vorkriegsniveau lagen. Der Volksaufstand vom 17. Juni 1953 traumatisierte die SED bis zuletzt. Verunsichert von den Auflösungserscheinungen der DDR fragte Staatssicherheitsminister Erich Mielke am 31. August 1989 seine Generäle: »Ist es so, dass morgen der 17. Juni ausbricht?«[22]

Nun, im Oktober 1989, legten Schürer und seine Co-Autoren dar, dass die Verschuldung der DDR im kapitalistischen Ausland, dem »Nichtsozialistischen Wirtschaftsgebiet« (NSW), eine Höhe erreicht habe, »die die Zahlungsfähigkeit der DDR in Frage stellt«. Die Auslandsverschuldung, die 1970, im Jahr vor Honeckers Machtantritt, erst zwei Milliarden »Valutamark« – so der DDR-amtliche Sprachgebrauch für die D-Mark – betragen hatte, sei bis 1989 auf 49 Milliarden Valutamark (etwa 26 Milliarden US-Dollar) gestiegen. Dies liege daran, dass die Sozialpolitik seit 1971 »nicht in vollem Umfang auf eigenen Leistungen beruht« habe. »Allein ein

Stoppen der Verschuldung« würde 1990 »eine Senkung des Lebensstandards um 25–30 % erfordern und die DDR unregierbar machen«.[23]

Auch die Inlandsschulden – die Gutachter nannten sie »Verbindlichkeiten des Staatshaushaltes gegenüber dem Kreditsystem« – waren von zwölf Milliarden Ostmark im Jahr 1970 auf 123 Milliarden Ostmark 1988 geklettert. Durch zusätzlich erforderliche Kreditaufnahmen, so die Prognose, werde die Gesamtverschuldung im folgenden Jahr 140 Milliarden Ostmark betragen. Planungschef Schürer und seine Co-Autoren räumten damit erstmals ein, dass der Staatshaushalt, der offiziell stets einen leichten Überschuss ausgewiesen hatte, manipuliert war. Die Auslandsschulden wurden später nach unten korrigiert. Alexander Schalck-Golodkowski und seine engste Vertraute, die langjährige Vizefinanzministerin Herta König, informierten den neuen Regierungschef Modrow am 14. November 1989 über geheim gehaltene Devisenreserven, von denen Schürer nichts wusste und die auch der Staatlichen Zentralverwaltung für Statistik nicht gemeldet worden waren. Dadurch verminderte sich die Auslandsverschuldung auf 20,6 Milliarden US-Dollar.[24]

Schürer und seine Genossen forderten für SED-Verhältnisse revolutionäre Wirtschaftsreformen. Zum Beispiel hielten sie »eine Umstrukturierung des Arbeitskräftepotenzials« für erforderlich, unter anderem durch einen »drastischen Abbau von Verwaltungs- und Bürokräften«, was nichts anderes als Arbeitslosigkeit bedeutete.[25] Die »Erhöhung der Einnahmen« sei »direkt an höhere Leistungen zu binden«, und es müssten »grundlegende Veränderungen in der Subventions- und Preispolitik erfolgen«. Klein- und Mittelbetriebe sollten aus den Kombinaten wieder ausgegliedert werden. Die »Rolle des Geldes als Maßstab für Leistung, wirtschaftlichen Erfolg oder Misserfolg« sei zu erhöhen wie auch der »Wahrheitsgehalt der Statistik und Information« generell zu gewährleisten.

Schürers Zahlenwerk führte dem SED-Politbüro den Ernst der Lage vor Augen. Zugleich sahen sich Krenz und seine Genossen einem wachsenden Druck aus der Bevölkerung ausgesetzt, die auf erleichterte Reisen ins westliche Ausland pochte. Die Politbürokraten sannen deshalb auf eine Lösung, die beide Probleme beheben sollte. Man wollte sich die stückchenweise Öffnung der Mauer vom Westen bezahlen lassen und damit den Haushalt sanieren. Zu diesem Zweck schickte Krenz den erprobten Devisenbeschaffer Schalck-Golodkowski in geheimer Mission nach Bonn. Am 6. November 1989 traf er dort Kanzleramtsminister Rudolf Seiters und Innenminister Wolfgang Schäuble. Schalck-Golodkowski erbat langfristige Kredite in Höhe von zehn Milliarden DM und Bereitstellung zusätzlicher Kreditlinien in freien Devisen von jährlich zwei bis drei Milliarden DM. Dabei deutete er an, dass das Politbüro im Gegenzug die Reiserestriktionen nach und nach lockern könnte. Doch die Bonner Gesprächspartner schickten den Bittsteller ohne Zusage wieder nach Hause.

Nachdem Politbüromitglied Günter Schabowski durch sein Herumgestottere bei einer vom Fernsehen live übertragenen Pressekonferenz am 9. November 1989 versehentlich die Maueröffnung ausgelöst hatte, hielt die DDR-Führung kein Faustpfand mehr in der Hand. Modrow lamentierte in einer Dienstbesprechung mit Stasi-Generälen, früher habe »jeder Grenzübergang der DDR 'zig oder hundert Millionen gebracht. Jetzt haben wir 93 Übergänge, also 63 dazu, und nun versuchen wir mühsam nachzuklagen, ob wir daraus noch irgendetwas Ökonomisches auf die Beine bringen können.«[26]

Der ostdeutsche Staat war nicht nur maßlos verschuldet, auch die Industriesubstanz stellte keinen Wert dar. Die meisten DDR-Betriebe waren, weil Geld für Investitionen fehlte, in einem jämmerlichen Zustand. Ein Viertel der Anlagen war älter als 20 Jahre, in der Bundesrepublik waren es nur sechs Prozent. Obwohl Gerd Gebhardt als wissenschaftlicher Mitarbeiter der Potsdamer Bezirkshygieneinspektion umweltbezogene Gesundheitsrisiken in den Unternehmen zu begutachten hatte und deshalb, wie er selbst sagte, »die Industrie sehr gut von innen kannte«, will er das Offensichtliche nicht wahrhaben. Die DDR-Fabriken, findet er noch heute, seien nicht maroder gewesen als etwa die in Mittelengland oder im Rust Belt der USA: »Schrotthaltigkeit alter Industrieregionen ist ein normales Phänomen.«[27]

Die Idee der Anteilsscheine ging zudem von der Annahme aus, dass die DDR-Betriebe schuldenfrei seien. Tatsächlich waren die Unternehmen jedoch mit einer DDR-spezifischen Art von Krediten belastet. Der Staat schröpfte die Betriebe, wo er konnte. Zum Gesamthaushalt der DDR, 1988 knapp 270 Milliarden Mark, trugen die Kombinate unter anderem durch »Produktionsfondsabgaben« und »Nettogewinnabführungen« drei Viertel bei. Die Einkommensteuer machte nur fünf Prozent des Haushaltsvolumens aus.[28] Die Unternehmen konnten daher keine Rücklagen bilden. Wenn sie investieren wollten, mussten sie bei der Staatsbank Kredite aufnehmen. 1989 betrugen deren Forderungen gegen die volkseigenen Betriebe insgesamt über 200 Milliarden DDR-Mark. »Wäre die Bevölkerung durch Anteilsscheine Eigentümer dieser Betriebe geworden, hätte sie auch die Schulden am Hals gehabt«, schreibt Richard Schröder. »Denn erben kann man immer nur ganz oder gar nicht.«[29] Der DDR-Ökonomieprofessor Rudolf Streich hielt in einer Talkshow des DDR-Fernsehens Gerd Gebhardt vor: »Die kostenlose Abgabe von irgendwelchen Anteilsscheinen, die keinen klar bemessbaren Kapitalanspruch verkörpern, das halte ich für eine Illusion, das ist – nehmen Sie es mir nicht übel – Stuss.«[30]

Unterdessen machten sich auch SED/PDS-Genossen der Modrow-Regierung Gedanken, wie es mit den volkseigenen Betrieben weitergehen sollte. Eine »Arbeitsgruppe Wirtschaftsreform« wurde eingesetzt und zu deren Leiter Wolfram Krause berufen. Früher war Krause stellvertretender Vorsitzender der Plankommission gewesen, aber 1978 wegen kritischer Äußerungen zur staatlichen Wirtschaftspolitik aus dieser Position entlassen und auf einen unbedeutenden Posten in der Berliner SED-Bezirksleitung abgeschoben worden. Anders als die Freie Forschungsgemeinschaft Selbstorganisation, die die Betriebe privatisieren und privates Eigentum fördern wollte, favorisierte die Arbeitsgruppe der Regierung eine Lösung, bei der die volkseigenen Betriebe als Staatsunternehmen weitergeführt werden sollten. Es sollte lediglich ein Schatzamt eingerichtet werden, um das Vermögen der Betriebe zu verwalten. »Da eine Privatisierung im großen Rahmen nicht zu unseren Zielen gehörte, hatte es auch einer speziellen Behörde dafür nicht bedurft«, erläuterte Christa Luft.[31]

Gleichwohl beauftragte der DDR-Ministerrat am 22. Februar 1990 Wolfram Krause, der mittlerweile zum Staatssekretär im Wirtschaftsministerium avanciert war, einen Gesetzentwurf für eine Treuhandgesellschaft zu erarbeiten. Eile war geboten, weil eine Ostberliner Regierungsdelegation bei einem offiziellen Besuch in Bonn am 13. und 14. Februar 1990 mit ihrer Forderung nach einem Lastenausgleich von zehn bis 15 Milliarden DM abgeblitzt war. Damit, so die Vorstellung der Modrow-Regierung, hätten die nach dem Zweiten Weltkrieg von der DDR allein geleisteten Reparationen gegenüber der Sowjetunion teilweise kompensiert werden sollen. Statt einer Finanzhilfe gab Bundeskanzler Helmut Kohl den Gästen aus Ostberlin die Botschaft mit auf den Heimweg, dass die baldige Vereinigung der beiden deutschen Staaten nicht mehr aufzuhalten sei.

Jetzt mussten schnellstens Vorkehrungen getroffen werden, dass »das Volksvermögen nicht in falsche Hände« gerät, darin waren sich SED-Erben und Bürgerbewegte einig.[32] Die Feinde waren auch schon identifiziert: Aus Ostdeutschland stammende Fabrik- und Gutsbesitzer, die jetzt in der Bundesrepublik lebten, seien begierig, ihre enteigneten früheren Betriebe und Ländereien wiederzubekommen. Nach 1945 aus der sowjetischen Besatzungszone aufgrund der »Bodenreform« vertriebene Landwirte würden ihre Äcker von den jetzigen Besitzern zurückfordern, und nun im Westen ansässige Alteigentümer von Häusern und Grundstücken würden Restitutionsansprüche geltend machen.[33] Schon am 26. Februar lag Krauses Gesetzentwurf auf dem Kabinettstisch. Er kombinierte Vorschläge der Freien Forschungsgemeinschaft Selbstorganisation mit denen der »Arbeitsgruppe Wirtschaftsreform«. Es sei eine Ironie der Geschichte, meint der Historiker Marcus Böick, »dass die Treuhandanstalt als Minimalkompromiss zwischen ostdeutschen Oppositionellen und SED/PDS-Reformkräften entstand«.[34]

Die Idee mit den Anteilsscheinen griff Krause jedoch nicht auf.[35] Bürgerrechtler warfen der Modrow-Regierung deshalb vor, sie habe den Eigentumsanspruch der DDR-Bürger verraten und so letztlich deren Enteignung zu verantworten. Christa Luft schilderte die Zwickmühle, in der man sich befunden habe: »Der begeistertste Befürworter der Anteilsscheinoption, unser Ministerkollege Ullmann, konnte zur Praktikabilität seiner faszinierenden Idee wenig beitragen. Auch die damit verbundenen ökonomischen Konsequenzen waren sein Thema nicht. Ebenfalls nebulös blieben die Auskünfte seiner Berater Dr. Matthias Artzt und Dr. Gerd Gebhardt.«[36]

Am 1. März 1990 fasste der Ministerrat der DDR den »Beschluss zur Gründung der Anstalt zur treuhänderischen Verwaltung des Volkseigentums (Treuhandanstalt)« und verabschiedete die »Verordnung zur Umwandlung von volkseigenen Kombinaten, Betrieben und Einrichtungen in Kapitalgesellschaften«. Dies war die Geburtsstunde der Treuhandanstalt, einer rein ostdeutschen Erfindung.

Die drei Bürgerrechtsgruppen, die sich zur Volkskammerwahl am 18. März 1990 im Bündnis 90 zusammengeschlossen hatten – Neues Forum, Demokratie Jetzt, Initiative Frieden und Menschenrechte –, warben mit dem Versprechen, »dass das Volksvermögen nun wirklich in die Hände des Volkes gelegt wird«, dessen »Wert bei mindestens 25 000 DM pro Kopf der Bevölkerung« liege. Auch die im Herbst wiederbegründete DDR-SPD, die sich schon als Wahlsieger sah – Umfragen im Februar sagten ihr mehr als 54 Prozent vorher –, mochte da nicht zurückstehen. Bei einer SPD-geführten Regierung solle jeder DDR-Bürger Anteilsscheine »im Nennwert von 40 000 DDR-Mark an Investmentgesellschaften« erhalten, verkündete die Partei fünf Tage vor der Wahl.[37]

Doch die DDR-Wähler gaben nichts auf vage Geldversprechen, sondern setzten auf schnelle Einheit und westdeutschen Lebensstandard. Die SPD erhielt nur 21,9 Prozent der Stimmen, Bündnis 90 kam auf gerade mal 2,9 Prozent. Überraschender Wahlsieger wurde die Allianz für Deutschland, ein Bündnis von Ost-CDU, der ehemaligen Bürgerrechtsgruppe Demokratischer Aufbruch und der Deutschen Sozialen Union (DSU), die sich als

»Zwillingspartei der bayerischen CSU« verstand; gemeinsam erreichten diese Parteien 48 Prozent. Auf die Frage, wie er sich den Triumph der Konservativen erkläre, hielt Otto Schily, einst Mitbegründer der Grünen, nun Bundestagskandidat der SPD, düster lächelnd eine Banane in die Fernsehkamera. So platt und peinlich der Auftritt auch war, für den er sich später entschuldigte: Die Symbolik traf den Nagel auf den Kopf. Jeder verstand sofort, was gemeint war: Die CDU hatte gewonnen, weil sie den Ostdeutschen versprochen hatte, was sie begehrten – Wohlstand, Luxus, Bananen.

Der Kabarettist Peter Ensikat bekannte, sich damals für seine Landsleute »geschämt zu haben, weil sie über geschenkte Plastiktüten und Bananen in Verzückung gerieten wie die Ureinwohner eines afrikanischen Dschungels über die Glasperlen der weißen Kolonisatoren«. Aus den Freiheitskämpfern seien schon kurze Zeit nach dem Mauerfall »gewöhnliche Wirtschaftsflüchtlinge« geworden.[38]

Egal, ob die Anteilsscheine eine utopische Idee waren oder nicht: Sie stießen bei DDR-Bürgern auf geringes Interesse. »Wir waren vielleicht ein bisschen weltfremd«, räumt Gebhardt ein, »denn die Begierde nach der D-Mark war größer. Über deren Folgewirkungen wurde damals geschwiegen.«[39] Christa Luft kam zum selben Befund: »Ein Großteil der DDR-Bürger stand unter D-Mark-Narkose und hatte für das Thema ›Eigentumsübertragung‹ kein erkennbares Interesse mehr.«[40]

Am 19. März 1990, einen Tag nach der Volkskammerwahl, nahm die Treuhandanstalt ihre Arbeit auf. Ihr Chef wurde Peter Moreth, ein langjähriger Funktionär der Blockpartei LDPD (Liberal-Demokratische Partei Deutschlands) und bislang einer von Modrows Stellvertretern im Ministerrat. Dem Direktorium gehörten neben Wolfram Krause als stellvertretendem Vorsitzenden der ehemalige Vizeminister für Leichtindustrie, Paul Liehmann, sowie der frühere stellvertretende Finanzminister Siegfried Zeißig an.[41] Ein Verwaltungsrat für die Treuhandgesellschaft wurde nicht berufen, sodass das Direktorium keiner Kontrolle unterlag.

Ihre Mitarbeiter rekrutierten die Direktoren vornehmlich aus den ehemals SED-dominierten Ministerien für Industrie und Wirtschaft sowie aus der Plankommission. Ein späterer Treuhand-Mitarbeiter lästerte: »Modrow, der ›gute Mensch aus Dresden‹, hat den Bürgern der DDR in sechs Monaten größeren Schaden zugefügt als Genosse Mittag in sechs Jahren. Er stopfte die von ihm gegründete Treuhandanstalt vom Boden bis zum Keller mit Planwirtschaftlern voll, die das richtige Parteibuch in der Tasche trugen. Selbst wenn sie guten Willens waren, konnten sie mit dem Problem der ›Sanierung‹ des Volksvermögens unter marktwirtschaftlichen Bedingungen und dem Auftrag der Privatisierung nicht fertigwerden. Mancher wird auch seine klammheimliche Freude gehabt haben, den Beginn der Marktwirtschaft ein wenig verzögern zu können.«[42] Als die Bürgerrechtlerin Edelgard Jeske, Mitglied des Neuen Forums, das Mitarbeiterverzeichnis der Treuhandanstalt aufschlug, bekam sie »den Eindruck, dass wir das Handbuch der DDR-Nomenklaturkader auf dem Tisch hatten«.[43]

Die Zentrale der neuen Behörde wurde in Räumen des ehemaligen Außenhandelsministeriums Unter den Linden gegenüber der sowjetischen Botschaft untergebracht. Der bisherige Hausherr Gerhard Beil, der für einen leitenden Posten bei der Treuhand im Gespräch gewesen war, zog es vor, einen Beratervertrag mit dem westdeutschen Krupp-Konzern zu schließen; seine einjährige Tätigkeit als Türöffner zu sowjetischen Politikern und Unternehmen wurde ihm mit 810 000 DM honoriert.[44]

Noch brauchte die Treuhand nicht viel Platz, sie hatte anfangs nur 91 Mitarbeiter, die sich zehn Schreibmaschinen und drei Kopierer teilten; von der Öffentlichkeit wurde sie kaum beachtet, viel zu tun hatte sie auch nicht. Die Modrow-Regierung wollte prinzipiell an einer staatlich gelenkten Wirtschaft festhalten, ihr ging es zuvörderst darum, an Investitionen, frisches Geld und moderne Technik zu kommen, die man aus dem Westen erhoffte.[45]

Bis zur Währungsunion am 1. Juli 1990 wurden 3600 der insgesamt rund 8500 der Treuhand unterstellten Betriebe in Aktiengesellschaften oder Gesellschaften mit beschränkter Haftung umgewandelt.[46] Dabei wurden ziemlich planlos besonders wertvolle Teile aus den alten Strukturen herausgelöst und die großen Kombinate aufgeteilt. Die Aufsichtsräte und Geschäftsführungen der Unternehmen besetzten die Treuhand-Direktoren mit alten Genossen: entlassenen Kombinatsleitern, Ex-Ministerialen oder früheren Parteisekretären.[47] Mehr als 1600 Altkader wurden als »Beauftragte der Treuhandanstalt« berufen – und am 1. August 1990 von der dann amtierenden Treuhand-Leitung wieder entpflichtet.[48]

Brigitta Kauers, die schon in der Ur-Treuhand dabei war, blieb. Sie hatte in Kiew Ökonomische Kybernetik studiert und später in der Staatlichen Plankommission gearbeitet. Im März 1990 hatte sie sich auf eine Stelle bei der Treuhand beworben und war froh, einen Job bekommen zu haben. Treuherzig erzählte sie bei einer Podiumsdiskussion, was sie anfangs zu tun hatte: »Eine Aufgabe war, gehen Sie mal in die Staatsbibliothek West ... und informieren Sie sich ..., wie die Bundesrepublik Deutschland mit ihren Bundesbeteiligungen umgeht.« Ihr sei jeden Morgen »ganz blümerant« gewesen, was auf sie zukommen würde und ob sie die gestellten Aufgaben erfüllen könnte. »Aber bange machen galt nicht. Es stand ja immer die Gefahr im Raum, wenn du jetzt sagst, du kannst das nicht, dann feuern die dich.«[49] Brigitta Kauers war bis 1994 bei der Treuhand, unter anderem in der Pressestelle, anschließend bei der Treuhand-Nachfolgerin BvS und im Bundesfinanzministerium.

Als Lothar de Maizière, der Wahlsieger vom 18. März, seine Koalitionsregierung aus Allianz für Deutschland, SPD und dem Bund Freier Demokraten bildete, lebte der Gedanke, das Volksvermögen unter den Bürgern zu verteilen, noch einmal auf. Harald Ringstorff von der SPD drängte darauf, und obwohl de Maizière bezweifelte, dass die Privatisierung mit einem Plus abschließen würde, schlug er einen Kompromiss vor: Wenn etwas übrig bleibe, könne man das gern verteilen.[50]

So sah denn die Koalitionsvereinbarung vom 12. April 1990 vor, dass eine »Treuhandgesellschaft«, die »nach dem Muster einer Unternehmensbeteiligungsgesellschaft der BRD« arbeiten solle, »Aktien und Anteilsscheine ausgeben« könne. Zum Erwerb von Anteilsscheinen solle berechtigt sein, wer vor dem 7. Oktober 1989 Bürger der DDR war und es unverändert blieb oder binnen drei Monaten nach Inkrafttreten des Gesetzes in die DDR zurückkehren würde. Die Anteilsscheine sollten fünf Jahre lang nicht handelbar sein und bei Übersiedlung in die Bundesrepublik zurückveräußert werden müssen. Da innerhalb dieser Zeitspanne eine signifikante Verbesserung der Wirtschaftslage in Ostdeutschland erwartet werden könne, würden die Anteilsscheine beträchtlich im Wert steigen und ihren Inhabern einen Anreiz zum Bleiben bieten.[51]

Sowohl im Staatsvertrag zwischen der DDR und der BRD vom 18. Mai 1990 über die Schaffung einer Währungs-, Wirtschafts- und Sozialunion (Artikel 10 Absatz 6) als auch im Treuhand-Gesetz vom 17. Juni 1990 (Paragraf 5 Absatz 2) fand sich ein entsprechender

Passus: »Nach einer Bestandsaufnahme des volkseigenen Vermögens und seiner Ertragsfähigkeit sowie nach seiner vorrangigen Nutzung für die Strukturanpassung der Wirtschaft und für die Sanierung des Staatshaushalts wird die Deutsche Demokratische Republik nach Möglichkeit vorsehen, dass den Sparern zu einem späteren Zeitpunkt für den bei der Umstellung 2 zu 1 reduzierten Betrag ein verbrieftes Anteilsrecht am volkseigenen Vermögen eingeräumt werden kann.«

Denn die Umtauschkurse, zu denen am 1. Juli 1990 private Ostguthaben in Westmark umgerechnet wurden, waren nach Alter des Besitzers gestaffelt. DDR-Bürger zwischen 15 und 59 Jahren konnten bis zu 4000, Kinder und Jugendliche bis zu 2000 und Senioren ab 60 Jahren bis zu 6000 DDR-Mark im Verhältnis eins zu eins tauschen, darüber hinausgehende Beträge zum Kurs eins zu zwei. Wer sein Erspartes nur zum schlechteren Kurs wechseln konnte, sollte für die Verluste nach Möglichkeit aus dem Treuhand-Vermögen entschädigt werden. Derselbe Wortlaut fand sich später im Einigungsvertrag in Artikel 25 Absatz 6 wieder.

Es war nur eine Kann-Bestimmung und eine diffuse Ankündigung, von der sich de Maizière und seine Minister leicht ausrechnen konnten, dass sie niemals eingelöst werden musste. Selbst wenn die Betriebe einen Wert dargestellt hätten, wäre er von der Strukturanpassung und der Haushaltssanierung aufgefressen worden. Der Münchner Wirtschaftsprofessor Hans-Werner Sinn behauptete gleichwohl, der Einigungsvertrag habe den quasi bindenden »Auftrag für den Gesetzgeber« enthalten, »das volkseigene Vermögen in verbriefter Form zuzuführen«. Das stand mitnichten in dem deutsch-deutschen Abkommen. Sinn hat allerdings recht, dass die ausgegebenen Aktien womöglich wertlos gewesen wären: »Man kann auch Aktienanteile an Schrott haben.«[52] Tatsächlich hätte am

Ende jeder DDR-Bürger 6875 DM allein dafür bezahlen müssen, die von der Treuhand übernommenen Altschulden der volkseigenen Betriebe abzutragen, von den Sanierungskosten ganz zu schweigen.

Gleichwohl versuchte Treuhand-Chef Moreth Ende April 1990, die Idee der Geldverteilung noch einmal aufleben zu lassen. In einem Interview erklärte er, dass sich westdeutsche und ausländische Unternehmen auch nach Vollzug der Wirtschafts- und Sozialunion nicht beliebig an den Kombinaten und volkseigenen Betrieben beteiligen könnten: »Wir teilen dieses Volksvermögen auf. An die Bürger der DDR geht sicher die Hälfte. Nur der Rest steht zum Verkauf.«[53] Solche Traumtänzerei war freilich inzwischen von den realistischen Einsichten überholt, Moreth musste gehen. Lothar de Maizière bescheinigte dem geschassten Treuhand-Chef zwar, »im Rahmen der Möglichkeiten hier ein anständiger Mann« zu sein, aber er sei halt »fest verhaftet in sozialistischen Denkmustern«.[54] Vize Krause wurde kommissarischer Nachfolger Moreths.

Krause rechnete noch einmal nach. Ende Mai äußerte er, dass die Anstalt in der zweiten Jahreshälfte 1990 einen Liquiditätsbedarf von etwa 50 Milliarden DM haben werde. Aus Bonn kam ein Aufschrei: Die Ostberliner Treuhänder sollten nicht kostspielig Kredite gewähren, sondern zügig privatisieren. Schließlich ermächtigte die Bundesregierung die Treuhand aber doch, den Unternehmen Liquiditätskredite bis Ende März 1991 über insgesamt 28 Milliarden DM zu verbürgen.[55] Dennoch war klar, dass viele DDR-Betriebe selbst damit nicht gerettet werden konnten. Klaus Reichenbach, seit 1969 Mitglied der Blockpartei CDU, der immer »das Gemeinsame« mit der SED betont hatte[56] und nun de Maizières Staatskanzleichef war, gab salopp die Größenordnung der Stilllegungen vor: »Man muss die 25 Prozent der Betriebe, die nicht überlebensfähig sind, krachen lassen.«[57]

Reichenbach stützte sich auf eine von Experten des Wirtschafts- und des Finanzministeriums erstellte Übersicht. Danach galten 31 Prozent der Betriebe als rentabel, 42 Prozent arbeiteten mit Verlust, wurden aber als sanierungsfähig angesehen, 27 Prozent als konkursreif.[58] Diese Zahlen zitiert auch Modrow gern.[59] Aufgrund neuerer Erhebungen kam der Ministerrat am 20. Juni 1990 jedoch zu der Einschätzung, dass zwar 34 Prozent der Betriebe voraussichtlich rentabel und 27 Prozent sanierungsfähig, aber 39 Prozent akut konkursgefährdet seien. Das kam der späteren Treuhand-Bilanz schon recht nahe.

Die Modrow-Regierung hatte es versäumt, die DDR-Wirtschaft auf die Wirtschafts- und Währungsunion vorzubereiten. Die Treuhand wurde nicht sofort auf Dezentralisation der Mammutkombinate und marktwirtschaftlichen Wettbewerb ausgerichtet, sondern sollte möglichst die alten Strukturen bewahren. Deshalb musste die Regierung de Maizière der Institution neue Vorgaben machen, in einem neuen Treuhand-Gesetz, das nicht die Verwaltung des Volkseigentums regle, sondern dessen zügigen Verkauf. An der Vorbereitung des Gesetzes waren mehrheitlich Ostdeutsche beteiligt. Der sechsköpfigen Arbeitsgruppe, die de Maizière Ende Mai 1990 berief, gehörten nur zwei Westdeutsche an. Der eine war Thomas de Maizière, ein Cousin des DDR-Ministerpräsidenten. Er hatte gerade eine Auszeit von der Politik genommen, nachdem er zuvor in der Westberliner Senatskanzlei und als Pressesprecher der CDU-Fraktion im Abgeordnetenhaus gearbeitet hatte. Nun absolvierte er das Young Leader Program des American Council on Germany, als ihn der Ruf zur Mithilfe ereilte. Der zweite Westdeutsche war Fritz Holzwarth, Leiter der wirtschaftspolitischen

Abteilung des Konrad-Adenauer-Hauses, der Bonner CDU-Zentrale.

Bemerkenswert war die Zusammensetzung der ostdeutschen Riege. Neben Wolfram Krause, dem kommissarischen Leiter der Modrow-Treuhand, und Günther Krause (CDU), dem Parlamentarischen Staatssekretär beim Ministerpräsidenten, bereiteten zwei SED-Professoren das neue Treuhand-Gesetz vor: Ludwig Penig, Lehrer an der Akademie für Staats- und Rechtswissenschaften in Potsdam-Babelsberg, der Kaderschmiede für die sozialistische Staatsverwaltung, und Stephan Supranowitz, in den 1970er-Jahren stellvertretender DDR-Justizminister, seit 1982 Leiter des Amtes für Rechtsschutz des Vermögens der DDR. Die Aufgabe dieser dem Ministerrat angegliederten und eng mit der Stasi verbundenen Behörde bestand unter anderem darin, den »Eigentumswechsel« von Kunst- und Wertgegenständen, die das Ministerium für Staatssicherheit aufspürte und konfiszierte, durch juristische Tricks zu legalisieren.[60]

Am 6. Juni 1990 brachte de Maizière den Entwurf des Treuhand-Gesetzes in der Volkskammer ein. Der Abgeordnete Jochen Steinecke von den Liberalen sagte als Berichterstatter des federführenden Wirtschaftsausschusses, das Gesetz sei »eine Weichenstellung für die wirtschaftliche Zukunft des Wirtschaftsraumes DDR«. Alle wüssten, »dass nach der Vereinigung – zumindest befristet – die Region strukturschwach bleiben wird – sowohl regional als auch sektoral«.[61] Am 17. Juni 1990 wurde das Treuhand-Gesetz von der Volkskammer verabschiedet.

Der westdeutsche Industriemanager Detlev Rohwedder, der Anfang Juli 1990 von der Regierung de Maizière zum Vorsitzenden des Verwaltungsrats der Treuhand berufen wurde, machte gleich nach Amtsantritt klar, dass das Volksvermögen eine Schimäre war. »Die Formel vom Volkseigentum sollte in der DDR wie in allen sozialistischen Ländern euphemistisch verdecken, dass das Eigentum als Individualrecht abgeschafft war«, sagte er in einem Interview. »Die behauptete Enteignung des Einzelnen durch Privatisierung findet also nicht statt; dem Einzelnen wird dadurch nichts genommen, was er vorher gehabt hätte.« Zudem seien »die Kapitalbedürfnisse für die Strukturanpassung der Wirtschaft und die Sanierung der zerrütteten Staatsfinanzen der DDR« so groß, dass die Bürger der DDR jedenfalls »nicht so bald mit dem Ersatz umgewerteter Spareinlagen rechnen« könnten.[62] Zwei Monate später bekräftigte Rohwedder in der Volkskammer: »Ich glaube, dass die Beanspruchungen der Treuhandanstalt möglicherweise größer sind als die Mittel, die ihr durch Privatisierung und Verkäufe zur Verfügung stehen.«[63]

Die Menschen in der DDR rieben sich verwundert die Augen, weil ihnen die staatlich gelenkten Medien ein falsches Bild der ökonomischen Wirklichkeit vorgegaukelt hatten. Aufgrund der ständigen Erfolgsmeldungen etwa von der Mikroelektronik hatten sie, wie Rohwedder erkannte, »die Vorstellung, dass dieser mit Milliarden Ostmark gepäppelte Industriezweig Weltniveau« habe: »Die Leute sahen doch noch Honecker vor sich, wie er den ersten Chip in die Hand gedrückt bekommt.«[64] Tatsächlich hat die DDR bis zum Mauerfall nicht einen einzigen Ein-Megabit-Chip produziert. Das Exemplar, das Honecker im September 1988 stolz dem sowjetischen Parteichef Michail Gorbatschow überreichte, war eine aus dem Westen beschaffte Attrappe.[65] In Japan war die Massenproduktion von einer Million Megabit-Chips pro Monat bereits 1986 aufgenommen worden. Die Zahl der 256-Kilobit-Chips, die die DDR 1989 zu produzieren imstande war, betrug gerade mal 90 000. Das kleine Österreich stellte in jenem Jahr 50 Millionen her.[66] Die Leser des *Neuen Deutschland* konnten auch nicht wissen, dass der 256-Kilobit-Chip, dessen Verkaufspreis in der DDR auf 16 Ostmark festgelegt war, in der Herstellung 536 Ostmark kostete.[67] Auf dem Weltmarkt war er für zwei US-Dollar zu haben.[68]

Rohwedder wird immer wieder als Kronzeuge dafür benannt, dass die von der Treuhand übernommenen DDR-Betriebe insgesamt rund 600 Milliarden Mark wert gewesen seien. Wie diese Zahl in die Welt kam, wird indes kaum einmal erwähnt. Am 19. Oktober 1990 trat Rohwedder, inzwischen Vorstandsvorsitzender der Treuhand, vor der Bundeswirtschaftskammer in Wien auf. Dort wollte er, natürlich in werbender Absicht, vor potenziellen Investoren eine Zahl zum Verkaufswert der Betriebe nennen, die Privatisierungskosten der Treuhand standen dabei nicht zur Debatte. Die Schulden der Betriebe, ihre ökologische Sanierung, die Sozialpläne für die Entlassung von Arbeitnehmern und die laufenden Geldspritzen zur Vermeidung von Betriebspleiten sollten ja nicht die Käufer bezahlen. Schnoddrig verkündete der Treuhand-Präsident, »der ganze Salat« sei wohl um die 600 Milliarden Mark wert.

Der »Zahlen-Salat« sei »reichlich salopp angerichtet« worden, warnte bereits damals der *Spiegel*. Das Nachrichtenmagazin erläuterte, wie Rohwedder auf den ominösen Betrag gekommen war: »Das Milliardenvermögen ergibt sich aus der schlichten Umrechnung einer zweifelhaften Schätzung aus Modrow-Zeiten über das Betriebsvermögen der Treuhand: 750 Milliarden Ost-Mark, umgerechnet zum Kurs 1:3 macht 250 Milliarden D-Mark. Der Rest seien die Grundstücke.« Der *Spiegel* kommentierte die Luftnummer: »Auf so dubios kalkulierte Vermögenswerte gibt keine Bank Kredit.«[69]

Es war also schon im Oktober 1990 öffentlich bekannt, mit welchem Hexeneinmaleins der Wert der DDR-Betriebe hochgerechnet wurde. Der inzwischen zum Finanzvorstand der neuen Treuhand avancierte Wolfram Krause berichtete später, Rohwedder habe bei seiner Wiener Rede auf eine Zahl zurückgegriffen, die das DDR-Statistikamt aufgrund der Abschlussbilanzen der von der Treuhand übernommenen Unternehmen zum 31. Dezember 1989 in DDR-Mark erfasst und mittels grober Hilfsrechnungen und angenommener »Umrechnungskoeffizienten« in D-Mark ausgedrückt habe; die »Passivseite« der Unternehmensbilanzen sei dabei nicht exakt berechnet worden. Krause betonte: »Angesichts der Unzulänglichkeiten der DDR-Bilanzen fehlte eine wirkliche Vergleichbarkeit mit einer handelsrechtlichen Bewertung.«[70]

Noch im selben Jahr gab Rohwedder eine Schätzung der Gesamtkosten der Privatisierung in Auftrag. Sie lag im Februar 1991 vor und belief sich auf 400 Milliarden Mark, denen der zu erwartende Privatisierungsgewinn gegenüberstand. Als im Jahr 1992 endlich die Eröffnungsbilanz zum 1. Juli 1990 vorlag, kam man auf ein voraussichtliches Defizit von 260 Milliarden DM – was am Ende ziemlich exakt eintraf. »Doch dies alles«, beklagt Richard Schröder, »wird nie zitiert, weil man sich darüber nicht empören und bejammern kann.«[71]

3. Die Illusion vom zweiten Wirtschaftswunder

»Eine politische Führung, die in Ostdeutschland Wahlen gewinnen wollte, konnte keine wirtschaftspolitisch rationale Entscheidung fällen.«

Helmut Kohl glaubte selbst nicht, was er versprach. In einer Fernsehrede zum Inkrafttreten der Währungsunion am 1. Juli 1990 erweckte der Bundeskanzler den Eindruck, dass es den Ostdeutschen im bald vereinigten Deutschland innerhalb kurzer Zeit wirtschaftlich genauso gut gehen werde wie ihren westdeutschen Landsleuten. »Durch eine gemeinsame Anstrengung«, prophezeite Kohl, »wird es uns gelingen, Mecklenburg-Vorpommern und Sachsen-Anhalt, Brandenburg, Sachsen und Thüringen schon bald wieder in blühende Landschaften zu verwandeln, in denen es sich zu leben und zu arbeiten lohnt.«[1]

Skeptiker beschwichtigte der Kanzler. »Natürlich«, räumte er ein, »fragen sich viele, was dieser beispiellose Vorgang für sie ganz persönlich bedeutet – für ihren Arbeitsplatz, ihre soziale Sicherheit, für ihre Familien.« Er nehme »diese Sorgen sehr ernst«, versicherte Kohl und rief deshalb die DDR-Bevölkerung auf: »Ergreifen Sie die Chance, lassen Sie sich nicht durch die Schwierigkeiten des Übergangs, die niemand leugnen kann, beirren. Wenn Sie mit Zuversicht nach vorn blicken, wenn alle mit anpacken, werden Sie und wir es gemeinsam schaffen.«[2] Ein Jahr später erneuerte der Kanzler die frohe Botschaft, sogar mit präziser Zeitangabe: Er sei »mehr denn je davon überzeugt, dass wir in den nächsten drei bis vier Jahren in den neuen Bundesländern blühende Landschaften gestalten werden«.

Das Versprechen war, wie Kohl ein paar Jahre später gegenüber Vertrauten zugab, eine glatte Lüge. Er habe natürlich gewusst, erklärte er am 22. Oktober 1999 in einem Gespräch mit Beratern, dass die DDR-Wirtschaft marode sei. Laut einer Abschrift des Gesprächs sagte er wörtlich: »Wir haben die miese Lage bewusst nicht – das war nicht zufällig, wir haben darüber diskutiert – wir haben bewusst, wie wir glaubten, psychologisch richtigerweise, die

Negativzahlen nicht hochgespielt.«[3] Der Kanzler begründete im Folgenden auch, warum er in voller Kenntnis der Lage die Unwahrheit gesagt hatte: Er habe das Selbstwertgefühl der Ostdeutschen nicht schädigen wollen. Ob diese nachträglich für sich reklamierte Sensibilität der wahre Beweggrund für das hochtrabende Versprechen war oder ob Kohl sich von taktischem Kalkül leiten ließ, muss offenbleiben. Sicher ist nur: Gerade das Selbstbewusstsein und der Stolz der ehemaligen DDR-Bürger auf ihre Lebensleistungen litten dann unter den Folgen des falschen Versprechens. Statt blühender Landschaften erlebten sie eine schwere Wirtschaftskrise. Tausende von Betrieben wurden abgewickelt, jeder dritte Werktätige verlor vorübergehend oder für immer seinen Arbeitsplatz. In einem Land, dessen Verfassung ein »Recht auf Arbeit« verbrieft hatte und in dem sich das soziale Leben großenteils im Betrieb und dessen Umfeld abspielte, war dies eine traumatische Erfahrung. Arbeitslosigkeit hatte man im alten System nicht gekannt, deshalb hatte man auch nie gelernt, sich aus eigener Initiative um einen neuen Arbeitsplatz zu bemühen.

Anders als Kohl im kleinen Kreis einräumte, behauptete er jahrelang öffentlich, dass er über die Situation der DDR-Wirtschaft falsch informiert gewesen sei. Als der versprochene Aufschwung Ost ausblieb, berief sich Kohl im Sommer 1998 darauf, dass er sein Versprechen von den blühenden Landschaften unter falschen Voraussetzungen gegeben habe: »Wir hatten in Wahrheit doch gar nicht gewusst, wie bankrott die DDR-Industrie wirklich war. Viele waren der Legende von der DDR als ›zehnter Industrienation der Welt‹ auf den Leim gegangen.«[4] In seinen 2007 erschienenen Erinnerungen an die Jahre 1990 bis 1994 legte er noch einmal nach: »Dass die DDR es über Jahrzehnte geschafft hat, den wahren Zustand ihrer wirtschaftlichen Leistungsfähigkeit zu verdecken, kann man nur als eines der größten Täuschungsmanöver des zwanzigsten Jahrhunderts bezeichnen.«[5]

Konnte der Kanzler wirklich so ahnungslos sein? Hans-Georg Wieck, zwischen 1985 und 1990 Präsident des Bundesnachrichtendienstes (BND), widersprach Kohl vehement: »Die kritische Lage der DDR-Wirtschaft war der Bundesregierung aus eigener Einschätzung und aufgrund der BND-Berichterstattung in vollem Umfang bekannt.« Den Erkenntnissen des BND hätten »die Berichte qualifizierter Überläufer aus der akademischen Lehre und aus dem Management von DDR-Betrieben zugrunde« gelegen. Nur hätten Politik und Wirtschaftsinstitute in der Bundesrepublik seit Jahrzehnten »die gefälschten offiziellen Statistiken übernommen« und seien »von einer starken DDR-Wirtschaft« ausgegangen, obwohl »alle Einzelphänomene, denen man begegnete, sichtbar das Gegenteil belegten«.[6]

Das Täuschungsmanöver hatte auch deshalb Erfolg, weil viele in der Bundesrepublik an die Errungenschaften des real existierenden Sozialismus hatten glauben wollen. Wie im Märchen von des Kaisers neuen Kleidern verschloss man die Augen davor, was jeder hätte sehen können. Die SED hatte erstmals 1958 behauptet, die DDR nehme einen Spitzenplatz unter den zehn führenden Industrienationen der Welt ein. Und noch am 7. Oktober 1989, beim Festakt zum 40. Jahrestag der DDR-Gründung, prahlte Staats- und Parteichef Erich Honecker: »Unsere Republik gehört heute zu den zehn leistungsfähigsten Industrienationen der Welt, zu den knapp zwei Dutzend Ländern mit dem höchsten Lebensstandard.«[7] Diese Legende lebte jahrzehntelang im Osten wie im Westen. Die West-Linken sahen darin den Beweis, dass der Kapitalismus ein Auslaufmodell sei, die DDR-Bürger konnten ein bisschen stolz auf ihr Land sein. Wie es zu der ominösen Zahl gekommen sei, berichtete Doris Cornelsen, ehemals Leiterin der Abteilung DDR und Osteuropa beim Deutschen Institut für Wirtschaftsforschung in Berlin, 1999 bei einer Podiumsdiskussion. Der zehnte Rang sei »ein Produkt der Weltbank« gewesen, die »in ihrem Weltbankatlas immer derartige Vergleiche gemacht« habe. Dort sei die DDR nach ihrer Erinnerung auf den zehnten oder zwölften Platz gekommen, und so sei es jahrelang publiziert worden.[8]

Cornelsens Erklärung wurde 2017 durch den Potsdamer Wirtschaftshistoriker André Steiner korrigiert: Bei der Weltbank sei es nicht um die Industrieproduktion gegangen, sondern um das Bruttoinlandsprodukt, wonach die DDR bei der Weltbank zwischen den Plätzen 15 und 20 rangiert habe. Allerdings nahm die Weltbank ihr Ranking seit 1980 ohne den Ostblock vor, weil die sozialistischen Staaten keine oder nur unvollständige Daten herausrückten. Eine Statistik der UNO, fand Steiner heraus, verglich nur die Zahl der in der Industrie Beschäftigten, die aber nichts über die Produktivität aussagt. Letztlich habe die Staatliche Zentralverwaltung für Statistik (SZS) der DDR mit ihren »Berechnungen und Schätzungen die DDR auf Platz 10 halten« können. Wie sie darauf kam, hielt die SZS geheim. Anscheinend, meint Steiner, traute sie ihren Zahlen selbst nicht.[9] SZS-Präsident Arno Donda, seit 1963 in diesem Amt, räumte 1990 ein, dass »in der Vergangenheit der Einfluss der Agitation nicht zu übersehen war«.[10] Die DDR-Propaganda täuschte eine stabile und aufwärtsstrebende Wirtschaft vor, um die Macht der SED zu sichern. Und in der Bundesrepublik wurde die manipulierte Statistik nicht hinterfragt. Lothar de Maizière wunderte sich: »Das Bild, das die westlichen Institute hatten, basierte im Wesentlichen darauf, dass sie die Statistischen Jahrbücher der DDR abgeschrieben haben und diese für richtig hielten.«[11]

Zu den falschen Vorstellungen über die DDR-Wirtschaft trugen in den 1980er-Jahren auch westdeutsche Medien bei. Die peinlichste Fehleinschätzung mit größter Breitenwirkung leistete sich die *Zeit*. Das Wochenblatt veröffentlichte im Sommer 1986 unter dem Titel »Reisen ins andere Deutschland« eine Folge von neun seitenfüllenden Reportagen aus der DDR, deren absichtsvoll positive Bilanz der DDR-Wirklichkeit viele im Westen verblüffte. Die Exkursion der sechs *Zeit*-Redakteure war vom DDR-Außenministerium organisiert worden, das mit dem Ergebnis denn auch höchst zufrieden war und die *Zeit*-Serie als »gelungenen Beitrag zur Beeinflussung der öffentlichen Meinung in der Bundesrepublik« feierte. Ebenso lobte das Ministerium für Staatssicherheit den Propagandaeffekt: Es handele sich um »die bisher umfassendste Korrektur des DDR-Bildes durch ein großbürgerliches Massenmedium«.[12] Rückblickend räumte der damalige *Zeit*-Chefredakteur Theo Sommer ein: »Was die *Zeit*-Reisenden zu sehen bekamen, war im Wesentlichen – nun: DDR von oben.« Neben viel Bewunderung für angebliche sozialistische Errungenschaften brachte der Wirtschaftsressortleiter Peter Christ immerhin auch die Erkenntnis mit, dass die DDR »etwa vier bis sieben Jahre hinter der Entwicklung der führenden westlichen Industriestaaten zurück« liege. Wie sie es schaffen wolle, »den Anschluss an das technische und damit ökonomische Niveau des Westens zu erreichen«, bleibe rätselhaft.[13]

DDR-Bürger wussten aus eigener Anschauung, dass ihnen die SED-Propaganda etwas vorgaukelte, wenn in den Medien die ständig wachsende Leistungskraft der Volkswirtschaft gepriesen wurde. Die Konsumenten wurden täglich Opfer der Mangelwirtschaft. Mal fehlten Zahnbürsten in den Läden, ein anderes Mal Toilettenpapier, fast nie gab es Damenschlüpfer, weil die heimische Produktion lieber exportiert wurde, um Devisen zu generieren. Dafür veröffentlichte der Demokratische Frauenbund Deutschlands Anleitungen zum Selbernähen von Unterhosen. Selten vorrätig waren Puddingpulver, Autoreifen, Kinderschlafanzüge, Fahrradventile, Ersatzteile für Autos. »Es gibt alles, nur nicht immer, nicht überall und schon gar nicht, wenn es gerade gebraucht wird«, spottete der Volksmund. Bildeten sich Schlangen vor einem Geschäft, schloss man sich der »sozialistischen Wartegemeinschaft« an, ohne zu wissen, was im Angebot war. Man kaufte nicht, was man brauchte, sondern man kaufte, was es gerade gab. Das ließ sich wiederum eintauschen gegen Produkte, die man benötigte, aber nicht hatte. Das Anstehen und Ausschauen nach Mangelware führte dazu, dass 1989 jeder Arbeitnehmer durchschnittlich sechs Stunden wöchentlich unentschuldigt seinem Arbeitsplatz fernblieb.[14] »Wenn sich in einem Betrieb herumsprach, dass es irgendwo zwischen 11 und 12 Uhr Bananen geben würde, ging die Hälfte der Arbeiter da hin, die anderen arbeiteten für sie mit, und die einen brachten den anderen dann auch Bananen mit«, berichtete Wolfgang Böhmer, der ehemalige Ministerpräsident von Sachsen-Anhalt. »Das schweißt zusammen. Die DDR-Gesellschaft hatte eine Art Lagermentalität aufgrund des gemeinsam erlebten Mangels.«[15]

Um dem Mangel entgegenzuwirken, mussten selbst die großen Stahl- oder Schiffsbaukombinate nebenbei Waren des täglichen Bedarfs herstellen. »Konsumgüterproduktion« hieß die Erzeugung branchenfremder Artikel.[16] Das führte zu kuriosen Produktionslinien wie Fliegenklatschen aus dem VEB Sprengstoffwerk Gnaschwitz, Hollywood-Schaukeln aus dem Walzwerk Finow oder Flaschenöffner aus der Rostocker Neptun-Werft. »Warum gibt es in Österreich ein Ministerium für Hochseefischerei?«, scherzten DDR-Bürger: »Warum nicht? Schließlich gibt es in der DDR auch ein Ministerium für Handel und Versorgung.« Ebenso spotteten Ostdeutsche zu DDR-Zeiten über die rückständige Technik ihres Landes. Ein Witz ging so: Eine Delegation japanischer Manager hatte in der DDR nicht nur die Kunstschätze in den Ostberliner Pergamon-Hallen, sondern auch den Elektronikhersteller Robotron und den Kameraproduzenten Pentacon besucht. Nach Abschluss der Visite wurden die fernöstlichen Gäste von ihrem Reiseleiter gefragt, was ihnen denn am besten gefallen habe, und sie antworteten: »Ihre Museen – Pergamon, Robotron, Pentacon.«

»Wie erschreckend wenig wir über die Situation in der DDR wussten«, erkannte Horst Köhler am 17. Dezember 1989 bei einem Gespräch in der Ständigen Vertretung der DDR in Bonn. Köhler, Chef der Abteilung »Geld und Kredit« im Bundesfinanzministerium, begleitete Staatssekretär Hans Tietmeyer und Bundesbankvize Helmut Schlesinger, weil bereits feststand, dass er ab Jahresbeginn 1990 Tietmeyers Posten übernehmen würde. Ihre Gesprächspartner, die stellvertretende Finanzministerin Herta König und der Präsident der Außenhandelsbank, Werner Polze, ersuchten inständig um einen Kredit. Dabei deuteten sie an, dass sich die DDR im Gegenzug zu weitgehenden Zugeständnissen im künftigen Verhältnis der beiden deutschen Staaten bereit erklären würde. Köhler »spürte, dass die DDR ökonomisch am Ende, das Angebot ein Offenbarungseid war«.[17]

Die ersten Überlegungen, wie auf die plötzliche Grenzöffnung reagiert werden könnte, stammten von einem Bonner Ministerialbeamten, der später in anderen Zusammenhängen, wegen seiner islamfeindlichen Bestseller, bekannt wurde. Thilo Sarrazin, Leiter des Referats »Nationale Währungsfragen« im Bundesfinanzministerium, hatte von Köhler bereits am Tag nach dem Mauerfall den

Auftrag erhalten, »man müsse doch jetzt überlegen, was man tun könne und was der Bundesfinanzminister dem Bundeskanzler vorschlagen solle, um in der DDR einen Prozess des Wandels in die richtige Richtung zu lenken«.[18]

Anders als die SED-Propaganda stets unterstellte, gab es kein Konzept zur Übernahme des Ostens. Die Grenzöffnung hatte die Regierung in Bonn kalt erwischt. »Wir hatten alle keine verwertbaren Ideen und überhaupt keine Konzeption«, gestand Sarrazin ein.[19] In ihrer Ratlosigkeit griffen die politischen Akteure in Bonn auf einen fast 40 Jahre alten Aufsatz von Ludwig Erhard zurück. Im September 1953 hatte der damalige Bundeswirtschaftsminister unter dem Eindruck des drei Monate zurückliegenden Volksaufstands in der DDR einen kurzen Essay publiziert, in dem er ein Konzept für die »Wiedereingliederung des deutschen Ostens mit den Mitteln und nach den Grundsätzen der Marktwirtschaft« entwarf. Vehement lehnte er eine »verwaltungsmäßige Handhabung« oder staatliche »Organisation« eines künftigen Wirtschaftsumbaus im Osten ab. Solchen Überlegungen gehe »jedes Gefühl, jede Einsicht auf die in einem freien Markt zum Ausgleich und Gleichgewicht hindrängenden Kräfte und die damit entfesselte Dynamik völlig ab«.[20]

Als erste Maßnahme schlug Erhard eine Währungsreform vor, bei der das Preis- und Lohnniveau in der DDR an das der Bundesrepublik angeglichen werden sollte. Die Produktivität sollte energisch und so rasch wie möglich erhöht werden. Rigoros widersprach er allen, die »die Sowjetzone gegenüber der Konkurrenz von außen zunächst abgeschirmt wissen wollen, um der Ostwirtschaft nach einem vorgefassten Plan in einer bestimmten Stufenfolge Zeit und Ruhe zu jener Leistungsangleichung zu geben«.[21] Erhards Aufsatz aus dem Herbst 1953 entwickelte sich zu einer Art strategischer

Blaupause für die Bonner Ministerialbürokratie und die konservativ-liberale Regierung.[22]

Helmut Kohl versprach den Ostdeutschen ein zweites Wirtschaftswunder, eines, wie es die Bundesrepublik in den 1950er-Jahren erlebt hatte. Ein Berater schrieb ihm die historische Parallele in einem Vermerk auf: »Auch Ludwig Erhard hatte 1948 zunächst mit der Währungsreform und sehr kurz darauf mit der Wirtschaftsreform (z. B. Aufhebung der Bewirtschaftung) begonnen. Gegen massive politische Widerstände schaffte er so den Weg von der Hoffnungslosigkeit zum späteren ›Wirtschaftswunder‹.«[23] Das klang wie eine Erfolgsgarantie. Auf die Westdeutschen, die immense Kosten durch die Vereinigung auf sich zukommen sahen, wirkte es beruhigend, und die DDR-Bürger, die das Wirtschaftswunder nur vom Hörensagen kannten, spornte der Vergleich an. Eine Umfrage im September 1990 in Leipzig und Umgebung ergab, dass zwölf Prozent der Befragten »bestimmt« und 51 Prozent »wahrscheinlich« erwarteten, dass es »bald ein Wirtschaftswunder Ostdeutschland« geben werde.[24] Auf Transparenten bettelten ostdeutsche Verehrer in kindlicher Einfalt: »Helmut, nimm uns an der Hand, zeig uns den Weg ins Wirtschaftswunderland!«

Aber Geschichte wiederholt sich nicht – diese banale Erfahrung musste nun noch einmal gemacht werden. Die Vorstellung, man brauche nur Erhards Rezept zu kopieren, war eine Illusion, wie der Wirtschaftshistoriker Werner Abelshauser erkannte: »Unbeeindruckt von den Ergebnissen der wirtschaftshistorischen Forschung erwies sich der Mythos des Jahres 1948 als stark genug, um auch 1990 die wirtschaftlichen Entscheidungen im Vorfeld der deutschen Einigung zu beeinflussen.«[25]

Die Massenabwanderung, die nach der Grenzöffnung einsetzte, zwang die Bonner Regierenden zu raschem Handeln. Als die Mauer am 9. November 1989 fiel, waren in jenem Jahr insgesamt bereits mehr als 220 000 Übersiedler aus der DDR in der Bundesrepublik eingetroffen. Im November kamen weitere 133 429, im Dezember noch einmal 43 221.[26] Es war der damalige Innenminister Wolfgang Schäuble, der, kurz vor Kohls umjubeltem Auftritt in Dresden am 19. Dezember, in einer Kanzleramtsrunde anregte, der Regierung Modrow eine Währungs- und Wirtschaftsgemeinschaft anzubieten. Nur so seien die nach wie vor steigenden Übersiedlerzahlen »unter Kontrolle zu bringen«. Der Vorschlag wurde jedoch »reserviert aufgenommen«, wie sich Schäuble erinnert, und zunächst verworfen. Aber der Druck nahm zu, Meinungsumfragen zeigten, dass bis zu 80 Prozent der Westdeutschen die Übersiedler »mehr und mehr als Last empfanden«.[27]

Als Erste schlug die SPD-Finanzexpertin Ingrid Matthäus-Maier im Januar 1990 öffentlich eine Währungsunion vor, um den Zustrom einzudämmen.[28] Bald darauf, am 7. Februar 1990, bot Kohl dem verdutzten DDR-Ministerpräsidenten Modrow Verhandlungen an. Tags davor war Bundesbankpräsident Karl Otto Pöhl zu Gesprächen mit den Spitzen der DDR-Staatsbank in Ostberlin. Journalisten fragten ihn nach dem Treffen, ob es nun rasch zur Währungsunion käme. »Das halte ich doch für sehr fantastisch, diese Ideen«, sprach Pöhl in die Kameras und fügte hinzu: »Ich glaube, dass das eine Illusion ist, wenn man sich vorstellt, dass durch die Einführung der D-Mark in der DDR auch nur eines der Probleme, die die DDR hat, gelöst würde.« Pöhl wusste nicht, dass in Bonn die Würfel bereits gefallen waren. Finanzminister Waigel hatte ihm vor der Abreise einen verklausulierten Hinweis gegeben, den Pöhl nicht verstanden hatte. Andere Experten warnten ebenfalls. Der Sachverständigenrat zur Begutachtung der gesamtwirtschaftlichen Entwicklung, vulgo Wirtschaftsweise, hatte bereits in einem Gutachten am 20. Januar gemahnt, das Tempo zu drosseln: Der wirtschaftliche Einigungsprozess solle sich stufenweise vollziehen, erst ganz am Ende könne eine gemeinsame Währung stehen.[29]

Nun, nach Kohls Vorpreschen, appellierten die Regierungsratgeber erneut an den Kanzler: »Wir halten die rasche Verwirklichung der Währungsunion für das falsche Mittel, um dem Strom von Übersiedlern Einhalt zu gebieten.«[30] Die Einführung der D-Mark müsse »bei den Bürgern der DDR die Illusion erwecken«, dass mit der Währungsunion »auch der Anschluss an den Lebensstandard der Bundesrepublik hergestellt« werde; davon könne jedoch »keine Rede sein«. Vielmehr werde die einheitliche Währung »den Abstand der Einkommen schlagartig verdeutlichen, Forderungen nach einer Korrektur werden nicht auf sich warten lassen und schwerlich abzuweisen sein. Die Nominallöhne werden dann über die Zunahme der Produktivität hinaus ansteigen. Dies geht zu Lasten des Produktionsstandorts DDR, und der dringend erforderliche Kapitalzustrom aus dem Westen bleibt aus.« Die Wirtschaftsweisen warnten: »Die Konsumenten, die mit der D-Mark eine konvertible Währung erhalten, werden verstärkt Nachfrage nach Konsumgütern in der Bundesrepublik ausüben. Es fließt Kaufkraft aus der DDR-Wirtschaft ab. Die Unternehmen der DDR werden schlagartig einer internationalen Konkurrenz ausgeliefert, der sie gegenwärtig nicht gewachsen sind. Die Erträge der DDR-Unternehmen schrumpfen ... Einkommen und Beschäftigung werden ebenfalls schrumpfen. Dem kurzfristigen Vorteil, dass die Menschen mit der Einführung der D-Mark in der DDR Zugang zu westlichen Märkten erhalten, wird alsbald der Rückschlag folgen, dass mit der tatsächlichen Verwendung dieser Einkommen für Käufe im Westen die eigene

Einkommensbasis geschmälert wird.« Genau so ist es gekommen.

Die Bundesregierung forcierte die Währungsunion jedoch nicht nur wegen der Übersiedler aus dem Osten. Sie steuerte spätestens seit Jahresbeginn 1990 eine rasche Wiedervereinigung an, befürchtete jedoch, dass vor allem wegen der labilen Lage in der Sowjetunion das Zeitfenster zum Ergreifen der Chance recht klein sei. Eine schnelle Währungsunion sollte einen unumkehrbaren Prozess einleiten.

Bei Modrows Bonn-Besuch am 13. Februar wurde vereinbart, eine deutsch-deutsche Expertenkommission für Verhandlungen über die Währungsunion einzusetzen. Staatssekretär Köhler führte das westdeutsche Team an. Leiter der ostdeutschen Delegation war der Mathematiker Walter Romberg, Mitglied der in der DDR neu gegründeten Sozialdemokratischen Partei und seit 5. Februar 1990 Minister ohne Geschäftsbereich in der Modrow-Regierung. Später, im Kabinett von Lothar de Maizière, wurde Romberg Finanzminister. Beim zweiten Treffen der Expertenrunde Ende Februar zitierte Köhler aus Erhards Essay von 1953. Romberg sei »sofort daran interessiert« gewesen, »den ganzen Aufsatz zu lesen«, worauf er, Köhler, ihm eine Kopie gegeben habe. Romberg war wohl erschrocken über die Art, wie in der Ostrepublik Hals über Kopf D-Mark und Marktwirtschaft eingeführt werden sollten, er sprach von einem Sprung ins kalte Wasser. Man sei, habe Romberg erklärt, zu dem Wagnis bereit, aber die Menschen in der DDR müssten »zumindest vorübergehend ›Schwimmhilfen‹ bekommen«.[31] Romberg, erinnert sich Köhler, habe ihm darüber hinaus »von den guten Marktverbindungen der DDR-Firmen nach Osteuropa berichtet«. Zwei Drittel des Außenhandels werde mit den Staaten des Rates für gegenseitige Wirtschaftshilfe (RGW) abgewickelt. Das habe die Hoffnung genährt, dass ostdeutsche Produkte in diesen Ländern weiterhin abgesetzt werden könnten. »Diese Hoffnung stellte sich als Fehleinschätzung heraus«, so Köhler heute.[32]

Im Volkskammerwahlkampf spielte der Umstellungskurs der Währungen eine zentrale Rolle. Der Durchschnittslohn eines Werktätigen in der DDR betrug 1290 Ostmark, ein durchschnittlicher Arbeitnehmer in der Bundesrepublik verdiente 2800 DM. Da in der DDR die Preise für Grundnahrungsmittel, Mieten, Energie, Fahrkarten und Zeitungen teilweise auf Vorkriegsniveau eingefroren waren, war die Binnenkaufkraft der DDR-Mark etwa genauso groß wie die der D-Mark, trotz der hohen Preise für »Luxusgüter« wie Fernseher oder Waschmaschinen.

Alle Parteien in der DDR drängten auf einen Kurs eins zu eins bei Löhnen und Sparguthaben. Ein Sturm der Entrüstung brach daher aus, als am 31. März 1990 ein vertraulicher Beschluss des Zentralbankrats publik wurde, der, abgesehen von einem Sockelbetrag für Kleinsparer, eine Umstellung der Löhne und Renten im Verhältnis eins zu zwei empfahl. In Ostberlin und anderen DDR-Großstädten demonstrierten Hunderttausende. Auf Transparenten war zu lesen: »Ohne 1:1 werden wir nichts eins.« »Die ganze Datenbasis der Währungsunion bestand aus meinen Vermerken«, berichtet Sarrazin noch heute sichtlich stolz.[33] Den Umtauschkurs eins zu eins hält er nach wie vor für alternativlos. Köhler sagt, er sei in dieser Hinsicht skeptischer gewesen, weil sich die »ökonomischen Schätzungen der Produktivitätsverhältnisse zwischen eins zu drei bis eins zu sechs bewegten«. Letztlich, räumt Köhler ein, sei der Kurs eins zu eins aber sozial und politisch unvermeidlich gewesen. Denn eine Umstellung eins zu zwei hätte Löhne und Renten halbiert und unter das Existenzminimum gedrückt. Die durchschnittliche Altersrente ohne freiwillige Zusatzversicherungen betrug 380 Ostmark. »Wie«, fragte sich Köhler, »sollten die Menschen von 190 DM im Monat leben?«[34]

Daneben gab es noch eine andere Sorge. Da jeder DDR-Bürger Deutscher im Sinne des Grundgesetzes war, hätten auch Ostdeutsche in der Bundesrepublik Anspruch auf Sozialhilfe gehabt. Diese betrug für eine Familie zwischen 800 und 1000 DM. Wer etwa von Magdeburg nach Wolfsburg fuhr, dort eine kleine Unterkunft mietete und sich beim Sozialamt anmeldete, hätte Sozialhilfe beantragen können. In den Wechselstuben erhielt man für eine Westmark meist sieben Ostmark. Die westdeutsche Sozialhilfe war also in der DDR rund 7000 Ostmark wert, das Fünfeinhalbfache eines Monatslohns. Wer hätte dafür noch arbeiten sollen? DDR-Bürgern das Wohnrecht in der Bundesrepublik zu verweigern oder ihnen den Sozialhilfeanspruch zu streichen war aus verfassungspolitischen Gründen unmöglich. Man hätte die eben gefallene Mauer durch eine Zollgrenze ersetzen und die Einfuhr von Devisen in die DDR kontrollieren müssen. Obendrein war zu befürchten, dass die DDR hoch qualifizierte Leistungsträger, Ingenieure etwa oder Ärzte, an den Westen verloren hätte. Die Ankündigung der Währungsunion zeigte rasch Wirkung: Die Zahl der Übersiedler ging von 73 729 im Januar 1990 auf 10 686 im Juni zurück.[35]

Der Tauschkurs, der für Löhne und Renten unumgänglich war, war für die Wirtschaft Gift. Finanzexperten sannen deshalb nach Möglichkeiten, den Aufwertungsschock zu mildern. Horst Köhler hätte sich vorstellen können, auf ostdeutsche Produkte einen ermäßigten Umsatzsteuersatz zu erheben. Das aber hätte sofort Gegenwind in Form von Warnungen vor unkontrollierbaren Strukturverzerrungen erzeugt. Im Nachhinein räumt Köhler ein, »hätte auch ich vielleicht mehr Kraft aufwenden müssen«, um diesen

Ausweg aus dem Dilemma weiterzuverfolgen. Aber der enorme Zeitdruck habe der politischen Führung nur wenig Spielraum gelassen.[36]

Ganz so, wie DDR-Bürger gefordert hatten, wurden per Staatsvertrag »Löhne, Gehälter, Stipendien, Renten, Mieten und Pachten sowie weitere wiederkehrende Zahlungen ... im Verhältnis eins zu eins umgestellt«. Schulden wurden halbiert. Dem realen Kurswert hätte ein Umtauschsatz von eins zu vier entsprochen. Durch die Eins-zu-eins-Umstellung vervierfachten sich auch die Preise für DDR-Produkte, die unter diesen Bedingungen weder im eigenen Land noch in den Ländern des bisherigen Ostblocks Abnehmer fanden. »Es waren tragischerweise die DDR-Bürger selbst, die mit ihren Demonstrationen gegen eine Währungsumstellung unterhalb der Parität bei den Löhnen eine flüchtige Wohlstandsillusion gegen eine nachhaltige Depression eintauschten«, konstatiert der Politik- und Verwaltungswissenschaftler Wolfgang Seibel.[37]

Für den ehemaligen Vizechef der DDR-Staatsbank, Edgar Most, glich die Währungsumstellung ökonomischem Selbstmord. Ende April 1990 war Most als Ehrengast des Deutschen Bankentages nach Bonn eingeladen. Er saß direkt neben Kohl und versuchte, »die vier Stunden, die er praktisch an mich gefesselt war«, zu nutzen, um ihn davon zu überzeugen, dass der beabsichtigte Umtauschkurs falsch war.[38] Doch Kohl sei unbelehrbar gewesen, habe am Ende »so ungefähr gesagt: Wissen Sie, Herr Most, ich bin Politiker, treffe politische Entscheidungen, und Sie sind Wirtschafter, Sie werden es schon lösen. Da dachte ich, wo bist du gelandet? Das war wie in der DDR.«[39]

Die DDR-Mark war eine reine Binnenwährung. Realistische Wechselkurse gab es nicht. Für den Außenhandel galt die Valutamark, die mit einer D-Mark gleichgesetzt wurde. Der Handel im RGW wurde mit Transferrubel abgewickelt, eine Einheit entsprach zuletzt 4,67 Valutamark. Importe aus dem nichtsozialistischen Wirtschaftsgebiet wurden mit einem »Richtungskoeffizienten« multipliziert, der 1989 bei 4,4 lag. Alle Aktiva, die zu DDR-Zeiten aufgewertet worden waren, hätten nun entsprechend um denselben Faktor reduziert werden müssen, damit man zu realistischen Werten gelangt wäre, erläuterte Most.[40]

Kohls Gleichsetzung der Währungsunion von 1990 mit der Währungsreform von 1948 folgte reinem Wunschdenken. Der wichtigste Unterschied hätte sofort ins Auge springen müssen: 1948 waren die Besitzer von Sachvermögen und damit auch die Betriebe begünstigt worden, die Verbraucher, die nur geringe Kopfquoten in bar erhielten, dagegen benachteiligt – jetzt war es umgekehrt. Auch hatte es die angeblich konsequente Marktöffnung 1948 gar nicht gegeben: Gegen die freie Wareneinfuhr aus Westeuropa oder den USA schützten den einheimischen Markt seinerzeit außer Zöllen auch der Umstand, dass die neue D-Mark zehn Jahre lang nur bedingt konvertibel war. Außerdem war die neue Währung 1949 gegenüber dem Dollar um ein Fünftel und gegenüber dem britischen Pfund um fast ein Drittel abgewertet worden. Der Wirtschaftsaufschwung in den drei Westzonen und in der 1949 gegründeten Bundesrepublik beruhte vor allem darauf, dass ein großer Mangel an Waren herrschte, sodass jedes einigermaßen brauchbare Produkt Käufer fand. Dieser Marktsog brachte die Wirtschaft weitgehend selbsttätig in Gang. Die DDR-Wirtschaft hingegen verlor die meisten ihrer bisherigen Abnehmer, teils weil ihre Produkte in Qualität und Preis nicht wettbewerbsfähig waren, teils weil westliche Unternehmen sofort die ostdeutschen Regale füllten.[41]

Kohls Credo, der Markt werde es schon richten, war der vielleicht gravierendste Irrtum, meint Klaus von Dohnanyi in der Rückschau. Der SPD-Politiker, früher Bundesminister und Hamburger Erster Bürgermeister, hatte schon im Februar 1990 in einem Buch den DDR-Bürgern ans Herz gelegt, aus den Erfahrungen der Bundesrepublik zu lernen, den guten wie den schlechten, und vielleicht auch aus den gemachten Fehlern Gewinn zu ziehen: »Sie *müssen* diese ja nicht wiederholen.«[42] Fehler hält Dohnanyi heute der Bonner Vereinigungspolitik vor. Es hätte »mehr staatliche, regionale Strukturpolitik und Planung geben müssen, um die Unternehmen zu stützen«, sagt er: »Der Markt ist ein Monster, wenn man ihn allein lässt; wenn er schwache Gegner hat, frisst er auf, was er kriegt.« Der Staat habe es damals versäumt, eine aktive Industriepolitik zu betreiben, und stattdessen auf Dienstleistungen gesetzt. Das habe »am Ende zu einer Deindustrialisierung« geführt, »die in diesem Umfange vielleicht hätte vermieden werden können«.[43]

Aber Kohl vertraute auf den Mythos der Währungsreform. Dabei, so der Politikwissenschaftler Gerhard Lehmbruch, hätte man schon damals wissen können, »dass die Vorstellung, die Währungsunion könne ähnliche Wirkungen wie die Währungsreform 1948 entfalten, auf ganz massiven Denkfehlern beruhte«. Aber »eine politische Führung, die in Ostdeutschland Wahlen gewinnen wollte«, habe eben keine Entscheidung fällen können, »die wirtschaftspolitisch rational gewesen wäre«.[44] Kohls Kalkül ging auf: Bei der Volkskammerwahl am 18. März 1990 erzielte seine Allianz für Deutschland aus der ostdeutschen Blockpartei CDU sowie den Dissidentenneugründungen Demokratischer Aufbruch und Deutsche Soziale Union, einen überwältigenden Sieg.

»Die verunsicherten DDR-Bürger«, schrieben die Historiker Arnulf Baring und Gregor Schöllgen in einem gemeinsam verfassten Buch, »glaubten im Kanzler endlich einen Wundertäter gefunden zu haben.« Bald trat jedoch »offen zutage, dass Kohls Erwartung eines rasanten zweiten ›Wirtschaftswunders‹ im Stil der fünfziger Jahre auf Sand gebaut war«.[45] Die Enttäuschung wurde der Institution angelastet, die nun die ostdeutschen Betriebe aus der Plan- in die Marktwirtschaft überführen sollte. So wurde die Treuhandanstalt, stellvertretend für die Politik, zum »Watschenmann der Nation«, wie Detlev Rohwedder sagte.

Dohnanyi hat es so kommen sehen. Es ist frappierend zu lesen, was er im Herbst 1990, vor fast 30 Jahren, schrieb. »Die Einführung der D-Mark am 1. Juli 1990 in der DDR ist das Material, aus dem historische Legenden gestrickt werden: Sachverständige hatten gewarnt; eine Regierung hat allen Warnungen zum Trotz gehandelt.« Die vorausgesagten Folgen würden »eine lange Wirkung haben«: mehr Arbeitslosigkeit und mehr Probleme als in den letzten Wochen des unabhängigen DDR-Staats. Den Legenden, die sich nun bilden würden, müsse man entgegentreten. Denn um diese Legenden könnten sich »gefährliche politische Kräfte sammeln«.[46] Zunächst einmal sei »festzuhalten, wem die Bewohner der DDR ihre heutigen Probleme verdanken: nicht der neuen Freiheit und nicht dem Markt, sondern der Unverträglichkeit ihrer Gefängniswirtschaft mit Freiheit und Markt«. Es liege nahe, dass sich »die Legende einnisten wird, es habe einen grundsätzlich anderen, schmerzloseren und weniger folgenschweren Weg der Vereinigung gegeben«. Man werde behaupten, dass der wirtschaftliche Zusammenbruch vieler Betriebe nicht erfolgt wäre, wenn die Regierungen in Bonn und Ostberlin nicht auf die schnelle Einführung der D-Mark gesetzt hätten.[47]

Dohnanyi warnte schon damals: »Dolchstoßlegenden sind gefährlich, denn sie verdrehen im historischen Gedächtnis eines Volkes Ursache und Wirkung, sie machen die helfende Hand zum Täter.« Die Vertreter eines »eigenen« ostdeutschen Wegs zur Wirtschaftseinheit ließen meist außer Acht, »dass auch eine autonome wirtschaftspolitische Anpassung zwangsläufig in der DDR zu Verwerfungen und Arbeitslosigkeit geführt hätten«; die Lage in Polen und Ungarn mache dies deutlich.[48] Polen verlor schnell fast ein Drittel seines Bruttosozialprodukts. Auch die »Talfahrt der DDR-Wirtschaft setzte schon mehrere Monate vor dem Inkrafttreten der Währungsunion ein«, stellte das ifo Institut für Wirtschaftsforschung im Juli 1990 fest.[49]

Dohnanyi sagte auch voraus, dass die Einheit nicht aus der Portokasse bezahlt werden könne. Er prognostizierte im Herbst 1990, dass in den folgenden vier Jahren 508 Milliarden DM von West nach Ost transferiert werden müssten, um die Infrastruktur aufzubauen, die Umstrukturierung der Unternehmen zu finanzieren und die Kassen der Sozialversicherung zu füllen.[50] Er lag nur um drei Prozent über dem tatsächlichen Ergebnis (493 Milliarden DM).

Weil sich im Westen die Stimmung gegenüber der Einheit rasant verschlechterte, vermied es die Kohl-Regierung, »die zwar noch nicht vollständig absehbaren, aber unweigerlich auf das Land und seine Bürger zukommenden Belastungen offen darzulegen«, rügt der Mainzer Historiker Andreas Rödder, ein bekennendes CDU-Mitglied. Dadurch sei der Zeitpunkt verpasst worden, »die Einheit in der Bevölkerung offen als nationale Gemeinschaftsverpflichtung zu verankern und an Solidarität und Verzichtbereitschaft zu appellieren«.[51] Diese Hypothek belastet bis heute das Verhältnis zwischen Ost- und Westdeutschen. Die einen halten den anderen ihre Undankbarkeit vor, diese wiederum wollen nicht ewig an deren Mildtätigkeit erinnert werden. Da ist es ganz praktisch, wenn man sich auf das vermeintliche Versagen der Treuhand einigen kann.

Zum ehrenamtlichen Vorsitzenden des Treuhand-Verwaltungsrats berief Lothar de Maizière den Vorstandsvorsitzenden des Dortmunder Stahlkonzerns Hoesch, Detlev Rohwedder. Finanzstaatssekretär Köhler, sein Kollege Dieter von Würzen im Wirtschaftsministerium und Johannes Ludewig im Kanzleramt hatten ihn empfohlen.[52] Der promovierte Jurist hatte Erfahrungen in Politik und Wirtschaft gesammelt. Von 1969 bis 1978 hatte er in Bonn unter vier Wirtschaftsministern – Karl Schiller, Helmut Schmidt, Hans Friderichs und Otto Graf Lambsdorff – als Staatssekretär gedient; 1971 war er in die SPD eingetreten. 1979 hatte er den Chefposten bei Hoesch übernommen und das ramponierte Unternehmen erfolgreich saniert.

Rohwedder wusste, was auf ihn zukam. Eine ganze Volkswirtschaft zu privatisieren, sagte er, sei »eine Aufgabe von nahezu furchterregender Dimension«.[53] Ihm war klar, dass die wirtschaftlichen und gesellschaftlichen Umwälzungen die Lebensverhältnisse vieler Bürgerinnen und Bürger grundlegend verändern würden. »Die Treuhand versteht sich auch als Einrichtung, die mithelfen will, dass bei dem schwierigen Reformationsprozess der Wirtschaft in der früheren DDR die Menschen nicht unter die Räder kommen«, betonte er in einem Interview. Und nach der Wiedervereinigung am 3. Oktober 1990 antwortete er auf die Frage, was ihn antreibe: »Ich möchte, dass die Menschen in der früheren DDR möglichst rasch aus ihrer materiellen Inferiorität herausgeführt werden ... Ich möchte, dass die Wiedervereinigung der Deutschen sich nach der staatlichen Einheit nun vollziehen möge ... Ich möchte dazu beitragen, dass für diesen Prozess des Zueinanderfindens die materielle Grundlage so rasch wie möglich gelegt wird. Das treibt mich um.«[54]

Es war absehbar, dass die DDR-Betriebe wegen der durch die Währungsunion verursachten Explosion ihrer Kosten kaum eine Chance hatten. Sie sollten von einem Tag auf den anderen den Arbeitnehmern Westlöhne bezahlen, ohne die Preise für ihre Produkte in gleichem Maß erhöhen zu können. Hinzu kam, dass die Unternehmen zu viele Beschäftigte hatten. Die Arbeitsproduktivität, also die Arbeitsleistung pro Arbeitskraft, betrug 1990 etwa ein Drittel des westdeutschen Niveaus.[55] Wären die Bedingungen ähnlich wie im Westen gewesen, hätte man 70 Prozent weniger Leute gebraucht.

Nach der Währungsunion konnte man die geringere Arbeitsproduktivität nicht mehr über den Richtungskoeffizienten eins zu 4,4 kompensieren. In der DDR waren unter anderem Kühlschränke für das Versandhaus Quelle produziert worden. Jedes Gerät kostete in der Herstellung 360 Ostmark, nach dem internen Umrechnungskurs 82 DM. Der Kühlschrank wurde für 140 DM verkauft, sodass ein Gewinn von 58 DM verblieb. Nun aber kostete die Produktion eines Kühlschranks plötzlich 360 DM. Würde er weiterhin für 140 DM verkauft, entstünde pro Gerät ein Verlust von 220 DM. Deshalb mussten die Betriebe so organisiert werden, dass die Herstellungskosten sinken.

Am 13. September 1990 hatte Rohwedder einen spektakulären Auftritt vor der DDR-Volkskammer. Es gehe ihm und seinen Kollegen an der Spitze der Treuhand um den »Versuch, Wettbewerbsstrukturen, marktwirtschaftliche Strukturen zu schaffen«, die auch noch »in zehn oder zwanzig Jahren« tragfähig sein sollten. Es könne daher nicht das Ziel sein, »nun sehr schnell staatliche

Monopole durch marktbeherrschende Unternehmen von außerhalb der DDR zu ersetzen«. Rohwedder erklärte den Abgeordneten, er wolle die Treuhand nicht als »Basar« organisieren, »auf dem das höchste Angebot über den Kauf entscheidet und sonst nichts«.[56]

Auch nüchtern denkenden Ostdeutschen war klar, dass ein großer Teil der Betriebe nur noch liquidiert werden konnte. Detlef Scheunert, einziger Ostdeutscher unter den Treuhand-Direktoren, zuletzt persönlicher Referent des DDR-Ministers für Maschinenbau, bekundete: »Jeder hat gewusst, dass fast alles Schrott ist. Ich bin 89/90 mit meinem Minister in den Betrieben immer rumgefahren. Es standen die Arbeiter da und haben gesagt: ›Guck dir das doch mal an.‹ Alles war zusammengefallen, Umweltverschmutzung, es war Dritte Welt, was sich dort abspielte.«[57]

Völlig heruntergewirtschaftet war beispielsweise der Dresdner Kamerahersteller Pentacon. Die Produktion von Kameras hatte in der sächsischen Metropole eine mehr als 100-jährige Tradition. Mehrere Betriebe waren 1966 zum VEB Pentacon zusammengefasst worden. Die Firma erzeugte Spitzenprodukte wie die Spiegelreflexkamera Praktica. Zehn Millionen Stück wurden seit 1949 hergestellt, mehr als 60 Prozent gingen in den Export. Das Versandhaus Quelle verkaufte die Praktica unter seiner Hausmarke »RevueFlex« für rund 200 DM, in der DDR kostete die gleiche Kamera etwa 800 Ostmark. Aber die Produktion, weitgehend in Handarbeit, war kostspielig, zumal das Unternehmen nahezu jedes der 800 Einzelteile einer Kamera selbst anfertigen musste. Seit den 1970er-Jahren durfte nichts mehr in Maschinen und Gebäude investiert werden, die Qualität der Kameras wurde immer schlechter, den Einstieg in das digitale Zeitalter verpasste das Unternehmen komplett. Dennoch gab sich der Pentacon-Betriebsleiter Gunter

Schulzki noch kurz vor der Währungsunion optimistisch. Die Dresdner Kameraindustrie habe »auch nach der Währungsunion Zukunftschancen«, meinte Schulzki und kündigte an, Pentacon wolle »zum Jahresende eine neue Spiegelreflexkamera auf den Markt bringen und sich japanischer Konkurrenz stellen«.[58]

Das war recht kühn. Selbst westdeutsche Kamerahersteller hatten längt vor den fernöstlichen Wettbewerbern kapituliert, übrig blieb zuletzt nur noch Leica im hessischen Wetzlar.[59] Die Herstellung der Praktica kostete nun 800 DM, die Kamera konnte aber nur für 200 DM verkauft werden. Die Produktionskosten sollten nach Schulzkis Vorstellungen gesenkt werden, indem bisher selbst gefertigte Teile zugekauft und die Kameras nur noch in zwei der bisher 58 Fabriken montiert würden. Mit einem neuen Modell, in Rekordzeit entwickelt und in einer höheren Preisklasse angesiedelt, sollte der übermächtigen japanischen Konkurrenz Paroli geboten werden.[60] Aber Pentacon machte Verluste, jeden Tag eine halbe Million DM. Schon bei seiner ersten Sitzung am 30. August 1990 stellte der Leitungsausschuss, ein vom Bundesfinanzministerium eingesetztes unabhängiges Beratergremium der Treuhand, fest, dass Pentacon »als nicht sanierungswürdig und nicht sanierungsfähig angesehen« werde und deshalb »dem Konkursverfahren zugeführt« werden solle. Die vorhandene beziehungsweise geplante Produktpalette habe keinen Markt, das Sanierungskonzept sei nicht tragfähig und führe zu dauerhaften Verlusten. Der Markt sei »im mittleren/oberen Preissegment durch japanische Hersteller mit Skalenvorteilen und Technologievorsprung besetzt«, Hersteller wie Leica existierten »nur in kleinen Nischen«. Den von der Pentacon-Geschäftsführung angegebenen Finanzbedarf von mehr als 200 Millionen DM bis 1992 schätzte der Leitungsausschuss höher ein; weder seien die zusätzlichen Umsatzrisiken für die Einführung eines neuen Produkts noch die zu erwartenden Personalkostensteigerungen berücksichtigt.[61] Wochenlang beriet Rohwedder mit Treuhand-Managern, wie Pentacon doch noch gerettet werden könnte. Am 2. Oktober 1990, einen Tag vor dem Beitritt der DDR zur Bundesrepublik, verkündete die Treuhand erstmals das Ende eines großen ostdeutschen Traditionsunternehmens, das zu dieser Zeit noch 5000 Mitarbeiter beschäftigte. Der von der Treuhand als Konkursverwalter eingesetzte Heidelberger Rechtsanwalt Jobst Wellensiek, einer der renommiertesten Spezialisten für Insolvenzrecht, teilte die Entscheidung den Beschäftigten bei einer Betriebsversammlung im Deutschen Hygienemuseum in Dresden mit.

Pentacon sollte in Gesamtvollstreckung gehen, wie das Insolvenzverfahren in der DDR hieß, und den Betrieb sofort einstellen. Als Wellensiek gerade auf dem Weg zum Gericht war, um sich als Konkursverwalter bestätigen zu lassen, erhielt er einen Anruf von Helmut Kohl: »Am Tag vor der Wiedervereinigung gibt es keine Gesamtvollstreckung eines so großen Betriebes«, habe ihn der Kanzler angewiesen und ein anderes Abwicklungskonzept verlangt, berichtete Wellensiek.[62] Der Treuhand-Vorstand entschied sich für eine »stille Liquidation«; auf diese Weise sollte »alles versucht werden, möglichst viele Teile des bei Pentacon vorhandenen technologischen und personellen Potenzials weiterhin industriell zu nutzen und möglichst potente Industrieunternehmen zur Übernahme von Teilen des Unternehmens Pentacon zu gewinnen«. Ziel solle sein, »möglichst viele der vorhandenen Arbeitsplätze zu erhalten«.[63] Für 8,85 Millionen DM erwarb 1991 der westdeutsche Fotounternehmer Heinrich Manderman die Pentacon GmbH i. L. Sie wurde in Mandermans Firmengruppe eingegliedert und beschäftigte in Dresden rund 150 Mitarbeiter, bis die Praktica-Produktion 2001 endgültig eingestellt wurde.[64] Drei Erwerber weiterer Pentacon-Betriebsteile sicherten zusammen rund 800 Arbeitsplätze.[65]

Pentacon blieb bis zur Bundestagswahl am 2. Dezember 1990 die einzige große Stilllegung. Kanzler Kohl wollte seinen dank der Einheit erwarteten Wahlsieg nicht durch schlechte Nachrichten gefährden.

4. Aufbau Ost

*»Die Westdeutschen sollten vordringlich
die Wende organisieren, nicht die Menschen
glücklicher machen.«*

»Als ich ankam, war dies hier ein Nichts«, erinnerte sich Detlev Rohwedder ein halbes Jahr nach seinem Dienstantritt.[1] Im Juli und August 1990 war die Treuhandanstalt, wie der Politikwissenschaftler Wolfgang Seibel schreibt, »noch weitgehend eine virtuelle Organisation«.[2] Weder existierten die im Gesetz vorgesehenen Organisationsstrukturen – unter dem Dach einer Holding sollten fünf nach Branchen geordnete Treuhand-Aktiengesellschaften[3] gegründet werden – noch eine funktionsfähige Organisationszentrale in Berlin. Im Haus der Elektrotechnik, einem zehngeschossigen, 220 Meter langen Gebäuderiegel am Alexanderplatz, bezog die Treuhand mehrere Etagen, triste Büros mit Blümchentapeten, Kunststofffußböden und abgenutztem Mobiliar.[4] Es fehlte an allem: an Telefonleitungen, Faxgeräten, Computern, Büromöbeln.

Als die CDU-Politikerin Birgit Breuel, bis zur Wahlniederlage ihrer Partei im Mai 1990 niedersächsische Finanzministerin, im September 1990 in den Vorstand der Treuhand eintrat, wurde sie von Rohwedder mit den Worten begrüßt: »Willkommen, Sie haben kein Büro, keine Mitarbeiter, aber sechs Säcke Post im Keller.«[5] Als Erstes rekrutierte sie Mitarbeiter, die von Headhuntern vermittelt wurden. Breuel stellte sie im Akkord ein, jede Stunde ein neuer Kandidat. Wenn sie von einem Bewerber überzeugt war, wurde er auf der Stelle engagiert. »Wir hatten anfangs nicht einmal eine Liste unserer Firmen«, denkt Breuel mit Grausen zurück. Erst im März 1991 erhielt die Treuhand ein elektronisches »Informationssystem Unternehmensdatenbank«.[6] Interessenten für die zu privatisierenden Betriebe rannten der Behörde aber von Anfang an die Bude ein, »die kamen sofort mit erstklassigen westdeutschen Anwälten«. Verkaufsgespräche wurden oft »in den Fluren und in schummerigen Ecken« geführt, wie Seibel berichtet: »Dass dies nicht zu Betrug und Missbrauch in größerem Umfang geführt hat, ist wirklich erstaunlich.«[7] Die Treuhand war in dieser chaotischen Startphase »nicht in der Lage, dem entschlossenen Handeln westlicher Investoren und versierter DDR-Betriebsleiter eine professionelle Kontrolle entgegenzusetzen«.[8]

Bis heute besteht keine Klarheit, wie viele Beschäftigte es in den von der Treuhand verwalteten Unternehmen ursprünglich überhaupt gab. Allgemein wird die Zahl vier Millionen genannt. Dabei handelt es sich jedoch nur um eine grobe Schätzung zum Stichtag 1. Januar 1990, als eine Treuhandanstalt noch nicht einmal im Gespräch war. Als die von der demokratisch gewählten Volkskammer installierte Treuhand im Juli 1990 ihre Tätigkeit aufnahm, waren in den ihr unterstellten Betrieben, wiederum nur geschätzt, rund 3,5 Millionen Mitarbeiter beschäftigt. Wenn deren Zahl im ersten Halbjahr 1990 um eine halbe Million zurückgegangen sein sollte, kann dies jedenfalls nicht der noch gar nicht existenten Treuhandanstalt angelastet werden. Der Treuhand-Vorstand bezifferte die Zahl der Arbeitslosen aus den Treuhand-Betrieben Mitte Juli 1990 auf etwa 224 000.[9]

Verifizierbare Beschäftigtenzahlen gab es erstmals im Januar 1991: 2,937 Millionen.[10] Wenn die Schätzung vom Juli 1990 stimmt, hätte sich die Zahl der Mitarbeiter in den Treuhand-Unternehmen im zweiten Halbjahr 1990 um 563 000 verringert. Der Treuhand-Vorstand, der freilich auch keinen genauen Überblick hatte, ging davon aus, dass im Laufe des gesamten Jahres 1990 rund 1,08 Millionen Arbeitnehmer aus Treuhand-Betrieben ausgeschieden waren,[11] woraus man auf die ursprünglich vier Millionen rückgeschlossen hat. Der Rückgang an Beschäftigten ist jedoch nicht mit einem Zuwachs an Arbeitslosen gleichzusetzen. Hunderttausende hatten neue Arbeitsplätze gefunden, waren in Rente oder in den Vorruhestand gegangen, nach Westdeutschland umgesiedelt oder pendelten dorthin, manche hatten sich auch selbständig gemacht.

Die Statistik weist keine Angaben speziell für die Treuhand-Betriebe aus. Von den um die Jahreswende 1989/1990 insgesamt in der DDR Erwerbstätigen – die Zahlen schwanken zwischen 8,9 und 9,6 Millionen – hatten innerhalb eines Jahres rund 1,8 Millionen ihre Arbeitsplätze verloren. 757 000 waren im Januar 1991 arbeitslos, davon etwa zwei Drittel aus Treuhand-Unternehmen. Dass deren Anteil größer war, lag, wie der Vorstand erläuterte, daran, »dass der Umstellungsprozess unter Verantwortung der Treuhand schneller verläuft als in den anderen Bereichen der Wirtschaft und der Verwaltung«.[12] Rund 300 000 Erwerbspersonen waren in den Westen umgezogen, rund 200 000 fuhren über die frühere Grenze zur Arbeit, rund 550 000 waren, finanziell abgesichert, in den Vorruhestand oder in die Rente eingetreten.

Die unklare Ausgangslage erleichtert es Demagogen, mit Maximalzahlen zu schrecken. Meist werden die Arbeitsplatzverluste gänzlich der Treuhand zugerechnet, obwohl in deren Unternehmen deutlich weniger als die Hälfte aller DDR-Werktätigen beschäftigt war. Dietmar Bartsch, der Fraktionsvorsitzende der Linken im Bundestag, behauptet »einen Verlust von mindestens 2,5 Millionen Jobs«.[13] Abgesehen von der Fragwürdigkeit der Zahlenangabe, bucht er sie als Arbeitslose allesamt in die Bilanz der Treuhand. Seine Milchmädchenrechnung geht so: Zieht man von ursprünglich vier Millionen Beschäftigten 1,5 Millionen ab, denen vertraglich neue Arbeitsplätze zugesichert wurden, verbleiben 2,5 Millionen »auf der Straße«, wie er sagt. Wie viele von ihnen neue Jobs gefunden haben oder in den Ruhestand gegangen sind, sagt er nicht.

Die Treuhandanstalt war bei ihrer Gründung im Juli 1990 mit einem Schlag der größte Konzern der Welt, aber noch ohne arbeitsfähige Strukturen. »Aus dem Nichts wurde eine Riesenbehörde geschaffen«, sagt Birgit Breuel. Die Anfänge waren bescheiden: »Für die zu bewältigende Aufgabe sowie eine den Anforderungen entsprechende Dokumentation«, hieß es in einem Arbeitspapier aus der Frühzeit der Anstalt, sei »die Ausstattung mit Bürocomputertechnik und die Datenkopplung mit dem Rechenzentrum im Amt für Statistik erforderlich«.[14]

Nach Rohwedders Ernennung zum Vorsitzenden des Verwaltungsrates wurden 15 weitere Mitglieder des Aufsichtsgremiums teils von Ministerpräsident de Maizière berufen, teils von der Volkskammer gewählt. Sieben waren westdeutsche Manager und Finanzexperten, sechs kamen aus den Führungsetagen ehemaliger DDR-Kombinate, das DDR-Parlament entsandte zwei Abgeordnete, einen Liberalen aus der Regierungskoalition und einen Oppositionellen von Bündnis 90. Damit war das Aufsichtsgremium paritätisch mit Ost- und Westdeutschen besetzt. Rohwedders Stellvertreter wurden der Hamburger Wirtschaftsprüfer Otto Gellert und Karl Döring, früher Generaldirektor des Eisenhüttenkombinats Ost, jetzt Vorstandsvorsitzender der aus dem Kombinat hervorgegangenen EKO Stahl AG.[15]

Der Verwaltungsrat setzte zunächst einen Rumpfvorstand ein. Vorsitzender mit der Amtsbezeichnung »Präsident« wurde der bisherige Chef der Deutschen Bundesbahn, Reiner Maria Gohlke. Er hatte die defizitäre Staatsbahn sanieren sollen, war aber, weil der Bund lieber in Straßen und Autobahnen investierte, kaum über Streckenstilllegungen hinausgekommen. In seiner achtjährigen Amtszeit hatte er die Bahn-Belegschaft um ein Viertel reduziert. Ihm zur Seite standen Wolfram Krause und, ab 9. August, Gunter

Halm, der bis 1989 als NDPD-Politiker Vizeminister für Glas- und Keramikindustrie und in der Modrow-Regierung Minister für Leichtindustrie gewesen war. Damit saßen im Leitungstriumvirat zwei Ostdeutsche, die schon zu DDR-Zeiten Verantwortung getragen hatten. »Eigentlich bin ich nur hier, weil ich schon immer da war«, meinte Krause, der bereits in Modrows Ur-Treuhand Vizechef und nun für die Finanzen der Anstalt verantwortlich war.[16] Während Krause sich fleißig in die Materie einarbeitete, blieb Halms Qualifikation schleierhaft; spätere Kollegen aus der Chefetage kommentierten lapidar: »Er stört nicht.«[17] Ende Mai 1991 schied Halm aus, Krause blieb bis Ende Juni 1992. Von August 1990 an wurde der Vorstand nach und nach um sechs Mitglieder erweitert. Neben Breuel kamen ein Daimler-Benz-Direktor, ein leitender bayerischer Ministerialbeamter mit Sanierungserfahrung, zwei hochrangige Industriemanager und ein Versicherungsvorstand.

Ende Juni 1990 hatte die Treuhand-Zentrale 143 Planstellen, von denen aber erst 133 besetzt waren. Bis auf eine Handvoll Westdeutscher kamen alle aus dem Osten und waren noch von der Modrow-Regierung bestellt worden. Drei Monate später, am 3. Oktober 1990, dem Tag des Beitritts der DDR zur Bundesrepublik, hatte die Treuhand gerade mal 379 Mitarbeiter. Von den 246 Neuzugängen kamen allein 220, vornehmlich SED-Genossen, aus den sich auflösenden Bezirksverwaltungen der DDR. Sie hatten im Frühjahr 1990 bereits einen großen Teil der Klein- und Mittelbetriebe, die bis 1972 von der SED enteignet worden waren, in Kapitalgesellschaften umgewandelt und an die früheren Eigentümer zurückgegeben. Zum Zuge kamen bei dieser ersten, ohne Mitwirkung der Treuhand stattfindenden Reprivatisierungswelle, ausschließlich DDR-Bürger; 70 Prozent hatten noch leitende Funktionen in den Betrieben inne, die ihnen vor den Enteignungen gehört hatten. Unter den Neueinstellungen bei der Treuhand zwischen Juli und Oktober 1990 waren nur elf Westdeutsche, allerdings überwiegend auf Vorstandsebene.[18]

Somit waren es vor allem mit der Planwirtschaft aufgewachsene Ostdeutsche, die auf der praktischen Ebene den Übergang zur Marktwirtschaft organisieren sollten. Wie schwierig sich dies gestaltete, berichtete der erste Chef der Erfurter Niederlassung, Hans-Ulrich Zöfeld. Das frühere Mitglied im Rat des Bezirks wurde dreimal wöchentlich nach Berlin zu achtstündigen Vorlesungen westdeutscher Lehrkräfte über Marktwirtschaft geschickt. Das war, schrieb er, »wie der Beginn des Erlernens einer Fremdsprache«. Mit den altsozialistischen Betriebsleitern in seinem Bezirk machte Zöfeld trübe Erfahrungen: Ihre Berichte enthielten nichts über die Chancen ihrer Produkte auf dem Markt, keine Vorschläge, wie man auf die veränderten Marktbedingungen reagieren will, und nichts über die zukünftige Finanzierung.[19]

Als Seiteneinsteigerin war die promovierte Diplom-Ingenieurin Marion Krieger bei der Treuhand erfolgreich. Die Dozentin an der Sektion Marxismus-Leninismus der Technischen Universität Karl-Marx-Stadt hatte mit ihrem Rauswurf rechnen müssen. Sie sah die Lage nüchtern: »In meiner letzten Vorlesung sagte ich den Studenten, wenn man davon ausgeht, wie die Struktur der DDR-Wirtschaft ist, muss man bei uns mit fünf Millionen Menschen rechnen, die nicht mehr in ihren alten Firmen werden arbeiten können und sich etwas Neues suchen müssen.« Auch sie selbst musste »wieder bei null anfangen«. Auf Empfehlung eines Bekannten bewarb sie sich bei der Treuhand und wurde in der Chemnitzer Niederlassung eingestellt. Sie »lernte neue Begriffe wie Asset Deal oder Share Deal und Management-Buy-out«. Ihren westdeutschen Kollegen, die »vor allem in strategischen Positionen eingesetzt« wurden, billigt sie zu, dass sie »das bessere Know-how und das tiefere Wissen besaßen«. Sie hätten jedoch die Probleme der Ostdeutschen »wenig bis überhaupt nicht reflektiert, so dass es schien, als wäre das Unglück des Einzelnen im Prozess der Transformation nicht so wichtig«. Die Westdeutschen hätten allerdings ja auch »vordringlich die Wende organisieren« sollen, »nicht die Menschen glücklicher machen«.[20]

Dem oft erhobenen Vorwurf, die Treuhand habe bei der Veräußerung von Unternehmen Westdeutsche bevorzugt, widerspricht sie: »Meiner Beobachtung nach ist das nicht korrekt.« In ihrem Bereich seien viele Betriebe durch ostdeutsche Manager übernommen worden. Leider seien etliche später in Konkurs gegangen, freilich wegen der Hybris dieser Geschäftsführer: »Sie dachten, mit der neuen Position sei automatisch der Wohlstand ausgebrochen. Sie kamen schnell mit großen Autos angefahren, auch weil die Banken damals großzügig mit Geld waren.«[21]

Die im Treuhand-Gesetz vorgesehene Zusammenfassung der Treuhand-Unternehmen in fünf Aktiengesellschaften war nach Ansicht des Treuhand-Verwaltungsrats und seines Vorsitzenden Rohwedder nicht praktikabel. Das deutsche Aktienrecht räumt den Vorständen unter der Kontrolle durch Aufsichtsräte die ganze Macht der Unternehmenspolitik ein. Dadurch hätte die Treuhand die direkte politische Richtlinienkompetenz mit dem eindeutigen Privatisierungsprimat eingebüßt. Zudem wären die Betriebe der fünf Mammutkonzerne über die ganze ehemalige DDR verstreut gewesen und hätten das System der sozialistischen Industrieverwaltung aus Branchenministerien und Kombinaten fortgesetzt. Als Präsident Gohlke daranging, die Treuhand-Niederlassungen aufzulösen, weil sie nach der Zuordnung der Betriebe zu den Aktiengesellschaften nicht mehr gebraucht würden, stoppte der Verwaltungsrat die Abwicklung der Außenstellen.[22] Im Dissens mit dem Aufsichtsgremium trat Gohlke, gerade mal sieben Wochen im Amt, am 20. August 1990 zurück. Rohwedder übernahm selbst den Vorstandsvorsitz und ließ sich dafür zunächst bis zum Jahresende vom Hoesch-Aufsichtsrat beurlauben. Neuer Vorsitzender des Verwaltungsrats wurde Jens Odewald, Vorstandschef der Kaufhof AG.

Eigentlich hätte die Volkskammer eine Änderung des Treuhand-Gesetzes beschließen müssen. Aber nachdem erst die Liberalen und dann die Sozialdemokraten aus der Koalition ausgetreten waren, hatte die Regierung keine Mehrheit mehr in der Volkskammer, außerdem waren die Verhandlungen über den Einigungsvertrag dringlicher. Deshalb setzte sich Rohwedder mit de Maizières Einverständnis nonchalant über die vorgeschriebene Gründung der Aktiengesellschaften hinweg. In der Volkskammer bekannte sich Rohwedder »zu der Nichterfüllung des Gesetzes«: »Erst kommt das Leben und dann die Paragrafen.«[23] Er bündelte die Kompetenzen auf der Vorstandsebene mit direktem Zugriff auf die 15 Niederlassungen.[24] Die Außenstellen sollten grundsätzlich für alle Treuhand-Unternehmen mit weniger als 1500 Beschäftigten zuständig sein. Bei der Privatisierung bis zu einem Kaufpreis von 30 Millionen DM durften die Niederlassungsleiter selbst entscheiden.

Personal für die Treuhand zu gewinnen erwies sich als schwierig. »Wir suchen Leute, die in der Lage sind, ein solches Ungeheuer zu reiten«, erklärte Rohwedder.[25] In seinem Auftrag warb der Münchner Personalberater Dieter Rickert im Juli 1990 mit einer halbseitigen Anzeige in mehreren großen Tageszeitungen um »Profis für die DDR«, die der »DDR-Wirtschaft zu Wettbewerbsfähigkeit nach westlichen Maßstäben verhelfen« sollten. 4000 Bewerber meldeten sich, aber nur 40 galten nach den Einstellungsgesprächen als geeignet für den diffizilen Einsatz. »Die meisten waren einfach nichts oder sind wieder abgesprungen«, räumte ein Treuhand-Berater ein.[26] Und ja: Ein schlimmer Finger war auch darunter. Zum Chef der Leipziger Treuhand-Niederlassung wurde Peter Langner berufen, der von einem früheren Arbeitgeber gefeuert worden war, weil er Firmenmaterial für seinen privaten Hausbau verwendet hatte, worauf er sich selbständig gemacht und zwei Pleiten hingelegt hatte. Als der *Spiegel* im Oktober 1990 ein Gruppenfoto der Niederlassungsleiter druckte, erinnerten sich alte Bekannte an Langner. Zwei Wochen nach Dienstantritt musste er den Treuhand-Job aufgeben.[27]

Zunächst waren es vor allem ältere Führungskräfte über 50, die keine weiteren Aufstiegschancen mehr sahen und bei der Treuhand eine neue Herausforderung suchten. Manche, vornehmlich solche, die selbst aus Ostdeutschland stammten, ließen sich am patriotischen Portepee fassen. Karl-Heinz Rüsberg beispielsweise betrachtete »die Überleitung der alten Kommandowirtschaft in die Marktwirtschaft« als »nationale Pflicht«, der er sich »aus Überzeugung stelle«.[28] Rüsberg, 1932 im brandenburgischen Wittstock geboren, diplomierter Maschinenbauer und Wirtschaftsingenieur, war als Geschäftsführer mittelständischer Firmen, Unternehmensberater und Fachbuchautor erfolgreich gewesen. Statt sich ins Privatleben zurückzuziehen, ließ er sich im Oktober 1990 als Leiter der Treuhand-Niederlassung Schwerin verpflichten. Er war geradezu besessen von seiner Mission: »Ich will den Menschen hier neue Ideen, ein neues Bewusstsein in die Köpfe pflanzen«, sagte er, und er wolle, »dass auch in 20 Jahren noch gesagt wird, wir hätten hier gute Arbeit geleistet«.

Oder Volker Großmann: Der gebürtige Sachse war Geschäftsführer eines englischen Handelskonzerns in Korea, als er dort im Fernsehen den Mauerfall erlebte. »Damals lief vieles über das Herz«, begründete er seinen Entschluss, sich bei der Treuhand zu bewerben; er wurde Leiter der Erfurter Niederlassung.[29] Klaus Klamroth, in Halberstadt geboren, war 1958 in den Westen gegangen. Seine Verbindungen zu ehemaligen Mitschülern und Freunden in der DDR hatte er nie abreißen lassen. Nun fühlte er sich aufgerufen, sich auf die Stellenanzeige zu melden. Klamroth, zuletzt Manager bei einem großen Getränkeabfüllunternehmen, wurde Leiter des Direktorats Beteiligungen in der Treuhand-Niederlassung Halle.[30]

Doch allein mit Idealisten war die DDR-Wirtschaft nicht aufzubauen. Nur wenige Manager mittleren Alters zeigten Interesse, in den wilden Osten zu wechseln. Dieser Mangel bot westdeutschen Nachwuchskräften um die 30 eine Chance. Notgedrungen stellte die Treuhand viele solcher Yuppies ein, die oft direkt von den Universitäten kamen. Sie lockte auch die gute Bezahlung, die Birgit Breuel für gerechtfertigt hält, »da die Anstellungsverträge befristet waren, das waren ja keine Lebensaufgaben«.[31] Diese Jungmanager pauschal als »dritte oder vierte Garnitur« zu diffamieren ist genauso verfehlt wie der Generalverdacht gegen Aufbauhelfer, sie seien nur deshalb nach Ostdeutschland gekommen, weil sie in der Bundesrepublik beruflich gescheitert seien. »Insgesamt«, meint der Treuhand-Forscher Marcus Böick, »wird man die Frage nach der Qualität des Personals ... sicher nur im Einzelfall sinnvoll beurteilen können, gerade weil die Rekrutierungspraxis sehr turbulent war und das gewonnene Personal sehr heterogen gewesen ist.«[32]

Entgegen der verbreiteten Ansicht, den Ostdeutschen seien lauter arrogante Westdeutsche vorgesetzt worden, die von Tuten und Blasen keine Ahnung hatten – was auf etliche durchaus zutraf –, saßen im ersten Jahr der Treuhand-Tätigkeit an den regionalen Schaltstellen mehrheitlich ehemalige DDR-Bürger, und zwar vor allem frühere SED-Kader. Viele von ihnen hatten ihre Führungspositionen in den Betrieben auf spontandemokratischen Druck der Belegschaften an politisch unbelastete Kollegen abgeben müssen, jedoch Unterschlupf in den Treuhand-Niederlassungen gefunden. Dort konnten sie, wie die neuen Geschäftsführer der Betriebe oft klagten, »wegen ihrer intimen Kenntnis der Wirtschaft vor Ort und ihres Einflusses auf Entscheidungen der Treuhandanstalt erneut ›unkontrolliert‹ Macht ausüben«.[33] Viele VEB-Direktoren hatten aber auch trotz Systemwechsel in den neuen Kapitalgesellschaften ihre Leitungsfunktionen behalten. So bildeten altgediente Planwirtschaftler in Betrieben und in den Treuhand-Filialen ein dichtes Netzwerk.

Um den Genossenfilz auszudünnen, wurden im November 1990 zwei kurz zuvor pensionierte Spitzenbeamte aus dem Bundesjustizministerium, die Ministerialdirektoren a. D. Erich Bülow und Albrecht Krieger, sowie 15 Richter im Ruhestand reaktiviert. Als »Vertrauensbevollmächtigte« sollten sie, wie Treuhand-Personalvorstand Alexander Koch seine Kollegen informierte, »die zahlreichen Beschwerden und Petitionen von Belegschaften, Betriebsräten und Einzelpersonen wegen der sehr regen Aktivitäten von ›SED-Seilschaften‹ und Funktionsträgern des alten Regimes« klären und beantworten.[34]

Nach einem Dreivierteljahr erstatteten Bülow und Krieger dem Treuhand-Vorstand einen ersten Tätigkeitsbericht. Allein in Berlin hatten sie 1554 Eingaben erhalten. »Unsere Aufgabe besteht nicht darin, Hexenjagden zu veranstalten«, betonte Krieger.[35] Aber sie wollten den Menschen »helfen, die nicht verstehen können und denen auch nicht verständlich zu machen und im Einzelfall auch nicht zuzumuten ist, dass immer noch die Funktionäre von gestern in den Führungspositionen von heute sitzen, als ob nichts geschehen wäre«. Hinzu komme, dass diese ehemaligen Funktionäre jetzt mehr Macht hätten als früher, »weil sie jetzt über Kurzarbeit und Arbeitslosigkeit entscheiden, was früher nicht möglich war, da es Arbeitslose nicht geben durfte«. Natürlich könne man »solche Leute« nicht grundsätzlich durch Manager aus dem Westen ersetzen. Das sei »schon von der Zahl her kaum möglich und auch politisch nicht vertretbar«. Sonst würde nur denen Argumentationshilfe geleistet, »die böswillig die Hilfe aus den alten Bundesländern als Aktionen einer Besatzungsmacht zu denunzieren versuchen«. Aber man solle jenen Ostdeutschen eine Perspektive bieten, »die 40 Jahre lang keine Chance gehabt haben, weil sie nicht bereit waren, sich mit dem Regime zu identifizieren, oder die schon vom Lebensalter her nicht so belastet sein können wie die Funktionäre des alten Regimes«.

Zustimmung erhielten die westdeutschen Juristen unter anderem von einem ostdeutschen Politiker. Der FDP-Wirtschaftsminister von Mecklenburg-Vorpommern, Conrad-Michael Lehment, der zu DDR-Zeiten die 1972 enteignete elterliche Schnapsfabrik in Rostock geführt hatte, beklagte Mitte 1991: »Die alten Seilschaften funktionieren in weiten Teilen noch heute … Es ist, als wenn sich die alten Genossen gegenseitig an den Händen halten und nicht loslassen. Denen geht es nicht um neue Konzepte und Strategien für die Marktwirtschaft, denen geht es vor allem ums eigene Überleben. Zum Teil sind sie auch heute noch davon überzeugt, ihre Betriebe mit den Methoden von gestern für die Marktwirtschaft rüsten zu können. Das eine wie das andere muss zur Katastrophe führen.«[36]

In den ersten neun Monaten 1991 trennte sich die Treuhand von 1500 Führungskräften in den ihr unterstellten Betrieben und in den Niederlassungen: von rund 400 wegen ihrer politischen Vergangenheit, vom Rest wegen mangelnder Eignung.[37] Ostdeutsche machten unter den Mitarbeitern der Treuhand während der ganzen Zeit ihres Bestehens immer eine Zweidrittelmehrheit aus. Im Juni 1993, als der Personalstand am höchsten war, kamen von 4024 Beschäftigten 69 Prozent aus der ehemaligen DDR.[38] Allerdings nahm der Anteil der Ostdeutschen in den oberen Hierarchierängen stark ab. Nach einer Umfrage stammten von den Abteilungsleitern 19 Prozent, von den Referenten 41 Prozent aus Ostdeutschland.[39] Unter den zeitweilig bis zu 50 Direktoren war Detlef Scheunert, Leiter des Direktorats Optik, Keramik, Feinmechanik, der einzige Ostdeutsche.[40]

Bevor die Treuhand ihre Arbeit aufnahm, war die Produktivität der DDR-Betriebe rapide zurückgegangen. Ende Juli 1990 verzeichnete der Vorstand ein Minus von 7,3 Prozent gegenüber dem gleichen Zeitpunkt des Vorjahres. Fast ein Viertel der Unternehmen wies einen Produktionsrückgang um mehr als 20 Prozent aus, und zwar »fast ausschließlich Unternehmen der strukturschwachen und wenig konkurrenzfähigen Zweige der Chemie-, Leicht-, Textil- und Lebensmittelindustrie, aber auch einige Zweige des Maschinen- und Fahrzeugbaus«.[41] Im ersten halben Jahr ihres Bestehens hat die Treuhand gleichwohl nur wenige Betriebe stillgelegt. Vielmehr versuchte sie, so viele wie möglich zu erhalten. Allein im Juli 1990 wurden deshalb an 7655 Unternehmen – also fast den gesamten Treuhand-Bestand – 10,3 Milliarden DM an Liquiditätskrediten ausgereicht.[42] »Das Erste, was wir nach der Währungsunion machten, war doch das Gegenteil von Plattmachen«, sagt Birgit Breuel. »Über 90 Prozent der Betriebe waren in akuter Zahlungsnot, und die wären ohne unsere Liquiditätshilfen alle kaputtgegangen.«[43]

Die Prüfung, ob und welche Betriebe sanierungs- und damit überlebensfähig sein würden, oblag einer Gruppe von Wirtschaftsprüfern und Unternehmensberatern, die das Bundesfinanzministerium im Sommer 1990 berufen hatte und die nach der staatlichen Vereinigung den »Leitungsausschuss« der Treuhand bildete. Diesem vom Vorstand unabhängigen Gremium gehörten schließlich mehrere Hundert Experten aus verschiedenen Beratungsfirmen wie McKinsey, KPMG, Roland Berger und Treuarbeit an. Als Koordinator fungierte der erfahrene Sanierungsmanager Horst Plaschna, der seine Kompetenz als Geschäftsführer der DAL Deutsche Anlagen-Leasing GmbH, einem der größten Sanierungsfälle der deutschen Nachkriegsgeschichte, zwischen 1986 und 1990 bewiesen hatte.[44] Der in der Öffentlichkeit wenig beachtete Leitungsausschuss stand, wie es im Firmentagebuch »Treuhand intern« heißt, »von Anfang an im Mittelpunkt eines Spannungsverhältnisses«: ein unabhängiges Gremium innerhalb der Treuhandanstalt, vom Finanzministerium bezahlt, dem Vorstand in keiner Weise unterstellt.[45]

Die Entscheidungen, welche Betriebe eine Zukunft haben sollten, wurden nicht, wie oft suggeriert wird, nach Gutdünken und im Schnellverfahren getroffen, sondern jeweils nach sorgfältiger Einzelfallanalyse. Prüfungsteams der Beraterfirmen musterten die Unternehmenskonzepte, besichtigten die Firmen und interviewten das Management. Daraus fertigten sie ihre Bewertungen und Empfehlungen in standardisierten Vorlagen für den Leitungsausschuss. Der entschied anhand eines Schulnotensystems. Die Noten 1 und 2, die bedeuteten, dass das Unternehmen aus eigener Kraft das Überleben schaffen könnte, wurden kaum vergeben. Die Note 3 erhielten Betriebe, deren Privatisierung à la longue möglich schien, wenn die Treuhand einen Investor finden würde und die Übergangszeit finanziell absichert. Am häufigsten wurde die Note 4 vergeben und hieß »bedingt sanierungsfähig«. Das Unternehmenskonzept musste überarbeitet werden, die Treuhand die weitere Sanierung und Restrukturierung begleiten. Bei der Note 5 überwogen kritische Aspekte, aber es waren keine gänzlich hoffnungslosen Fälle. Nur die in Kategorie 6 eingestuften Firmen waren von vornherein »nicht sanierungsfähig« und mussten abgewickelt werden.[46]

Der Leitungsausschuss gab Handlungsempfehlungen für den Vorstand ab, die zwar keinen bindenden Charakter hatten, denen der Vorstand aber meist folgte. Ein erstes Resultat dieser Prüfungen war die »Liste der 306«, wie Marc Kemmler, einer der Berater, die Aufstellung nannte. Sie enthielt die Namen der Betriebe, die im Juli 1990 durch besonders hohen und dauerhaften Liquiditätsbedarf aufgefallen waren. Als »Todesliste« geisterte sie bald durch die Öffentlichkeit.[47]

Auf eine Begutachtung durch den Leitungsausschuss ging die Entscheidung der Bundesregierung zurück, in der ersten Phase nur 41 Prozent der von den Betrieben beantragten Überbrückungskredite zu gewähren. Der Treuhand-Vorstand hielt diese Quote für unzureichend, um »die Liquidität der Gesellschaften dauerhaft oder auch nur bis September 1990 zu sichern«.[48] Viele Geschäftsführer von DDR-Betrieben lasteten die Drosselung der Geldspritzen zu Unrecht dem Vorstand an. Die Treuhand befand sich jedoch in der Zeit zwischen Währungsunion und staatlicher Vereinigung in einem »prekären Schwebezustand«, wie der Osnabrücker Sozialwissenschaftler Roland Czada anmerkt: »Die Bundesregierung finanzierte drei Monate lang einen anderen Staat, ohne dass sie die Kontrolle und Rechtsaufsicht über die Mittelverwendung besessen hat. Nicht zuletzt deshalb verhielt sie sich äußerst restriktiv gegenüber Forderungen aus der DDR-Wirtschaft.«[49]

Die Privatisierung verlief schleppend, weil potenzielle Erwerber vor ökologischen Altlasten, den »Altschulden« der Betriebe und ungeklärten Eigentumsfragen zurückschreckten. Das politisch vorgegebene Prinzip »Rückgabe vor Entschädigung« war das größte Investitionshindernis. Um Kaufwilligen aus der Bundesrepublik und dem Ausland einen Anreiz zur Übernahme sanierungswürdiger Unternehmen zu bieten, seien »derzeit noch hemmende Faktoren umgehend zu überwinden«, forderte der Vorstand Ende Juli 1990. Vor allem solle »unverzüglich … ein Moratorium für Tilgung und Zinszahlung auf Altkredite ausgesprochen werden«.[50]

Nachdem im Oktober 1990 in den neu gegründeten ostdeutschen Bundesländern Parlamente gewählt worden waren, wurden die dort nun amtierenden Ministerpräsidenten in den Treuhand-Verwaltungsrat aufgenommen. Thüringen entsandte den Finanzminister, auch das Land Berlin wurde durch den Finanzsenator vertreten. Ebenfalls neu in den Verwaltungsrat kamen, berufen durch die Bundesregierung, vier führende Gewerkschafter sowie der Volkswirt Claus Köhler, zuvor Mitglied des Bundesbankdirektoriums, und Wirtschaftsstaatssekretär Dieter von Würzen, ferner der Industriemanager Manfred Lennings und der Unternehmer Berthold Leibinger. Aus dem auf 23 Mitglieder erweiterten Gremium schieden die ostdeutschen Mitglieder bis auf Harald Tausch-Marton, Chef der Dresdner Spitzen GmbH, aus.[51]

Von vielen Kritikern der Treuhand, sagte Birgit Breuel, werde »übersehen, dass an den nicht selten umstrittenen Entscheidungen über das Schicksal der Firmen die Repräsentanten wichtiger Gesellschaftsgruppen im Verwaltungsrat meist einstimmig« mitwirkten.[52] Das hinderte die ostdeutschen Ministerpräsidenten oft nicht daran, von ihnen mitgetragene Treuhand-Entscheidungen hinterher öffentlich zu kritisieren, und auch die Gewerkschaften, mit leitenden Funktionären im Aufsichtsgremium vertreten, kochten gern ihr eigenes Süppchen. Die Gewerkschaften verlangten rasche Lohnangleichung an die Verhältnisse in Westdeutschland und setzten ihre Forderungen größtenteils auch durch. Obendrein fochten sie für kürzere Arbeitszeiten und andere Vergünstigungen und konterkarierten damit die dringend erforderliche Erhöhung der Produktivität. Sie versprachen sich durch ihre Tarifpolitik den Zulauf der mehr als neun Millionen FDGB-Mitglieder. Rasch zeigte sich allerdings, dass viele Ostdeutsche nur wegen der Vergabe von Ferienplätzen und wegen anderer Vorteile in den FDGB eingetreten waren. Die Zahl der Gewerkschaftsmitglieder in Ostdeutschland schmolz bereits bis Jahresende 1990 auf 3,6 Millionen ab.[53]

Die Arbeitgeberverbände unterstützten die Politik der Lohnanpassung, weil sie kein Interesse daran hatten, aus Ostdeutschland ein Niedriglohngebiet zu machen, das zu den westdeutschen Konzernen in direkte Konkurrenz getreten wäre. Auch viele Betriebe, die bereits erfolgreich privatisiert worden waren, mussten deshalb Konkurs anmelden.[54]

Schon vor der Währungsunion forderte die IG Metall pauschal 400 DM mehr Lohn für jeden Arbeitnehmer und begründete dies damit, dass die Arbeiter und Angestellten in der DDR kaum Steuern und Sozialversicherungsbeiträge gezahlt hatten. Diese Aufwendungen müssten durch die Pauschale ausgeglichen werden.[55] Die Gewerkschaft Handel, Banken und Versicherungen hatte im April 1990 sogar »eine Umstellung 1:1 plus 100 Prozent« sowie ein

13. Tarifgehalt gefordert.[56] Tatsächlich erhielten die Bankangestellten ab Juli 1990 durchschnittlich 40 Prozent mehr Gehalt, Mitarbeiter der Sparkassen sogar 50 Prozent. In der chemischen und Papierindustrie wurden die Grundverdienste um 35 Prozent angehoben. Dabei waren die Löhne bereits im zweiten Quartal 1990 um elf Prozent höher als in den ersten drei Monaten des Jahres.[57] In den folgenden 15 Monaten wurden durch Tarifverträge weitere Lohnerhöhungen um durchschnittlich etwa 50 Prozent vereinbart. Sie orientierten sich nicht an der Leistungsfähigkeit der ostdeutschen Betriebe und beschleunigten den Abbau von Arbeitsplätzen.[58]

Über die Frage, ob Betriebe rasch privatisiert und von den Käufern saniert werden sollten oder ob die Treuhand die Betriebe erst sanieren und dann verkaufen sollte, wird bis heute gestritten. Im Treuhand-Gesetz war die Priorität nicht eindeutig geregelt. Wochenlang rangen die Treuhand-Vorstände um den richtigen Weg. Im Oktober 1990 legten sie »Leitlinien der Geschäftspolitik« fest. Diese sahen vor, dass »die unternehmerische Tätigkeit des Staates durch Privatisierung so rasch und so weit wie möglich zurückzuführen« sei; jedoch seien »sanierungsfähige Unternehmen durch wirtschaftlich vertretbare Maßnahmen bei der Umstrukturierung zu unterstützen«.[59] Das wurde so interpretiert: Privatisieren im Prinzip ja, aber in der Praxis soll vor allem saniert werden.

Der Wirtschaftsprofessor Claus Köhler erhob im Verwaltungsrat Einspruch. Er sah den »entscheidenden Konstruktionsfehler der Treuhandanstalt … in der Sanierungsaufgabe, die ihr im Einigungsvertrag … zugewiesen worden« sei. Der Auftrag an die Treuhandanstalt lautete, »die früheren volkseigenen Betriebe wettbewerblich zu strukturieren und zu privatisieren«. Dieser Bestimmung, monierte Köhler, liege »offenbar die Auffassung zugrunde, dass ein Verkauf ohne vorherige Sanierung der Betriebe einem ›Ausverkauf‹ von Volksvermögen gleichkäme, da für viele Unternehmen ohne Sanierung nur sehr niedrige Marktpreise erzielt werden könnten«. Diese »weit verbreitete Auffassung« sei jedoch »nicht haltbar«. Die Kosten, die die Treuhand für die Sanierung aufwende, seien bei einem späteren Verkauf meist nicht mehr hereinzuholen; es spreche vieles dafür, »dass eine zentrale staatliche Sanierung der Betriebe viel teurer ist als eine dezentrale private«.[60]

Auf die praktische Unmöglichkeit, der Treuhand die Sanierung aufzubürden, wies Klaus von Dohnanyi hin. »In ihrer Eigenschaft als Eigentümer der ostdeutschen Wirtschaft« habe die Treuhand vor einem »unauflöslichen Dilemma« gestanden: »Da sie Steuermittel einsetzen musste, unterlag sie den Kontrollen des Bundesrechnungshofes – aber als Unternehmer konnte sie im Rahmen der Grundsätze von Haushaltsrecht und Rechnungshof kaum erfolgreich handeln.« Bald hätten sich weitere Widersprüche aufgetan: »Machten Treuhandunternehmen nicht unfairen Wettbewerb mit Steuermitteln gegen private Ostunternehmen?« Oder: »Wie lange hätte denn die Sanierung mit wie viel Geld gemacht werden sollen? Bis die Trabi-Fabrik schließlich VW überholt?«[61]

Und noch etwas sprach aus Dohnanyis Sicht gegen eine längere Sanierungsphase in Treuhand-Regie: Wie zu DDR-Zeiten hätten staatliche Stellen »bis ins Einzelne entscheiden müssen, wer wie viel Sanierungsmittel wofür bekommt und wie lange man derartige Unterstützung gewähren sollte«. Dafür hätte die Wettbewerbsfähigkeit jedes einzelnen Kombinats oder Kombinatsteiles ständig überprüft werden müssen. »Man stelle sich einmal den Bürokratenapparat vor, der, bis in eine Größenordnung von vielleicht 10 000 Mark, hätte beurteilen sollen, ob diese oder jene Investition für diese oder jene Betriebsstätte noch angemessen wäre oder ob – zum Beispiel – besser das Management des Unternehmens ausgetauscht würde und so weiter. Und das für faktisch alle Betriebe der neuen Länder! In der Theorie vielleicht denkbar, aber in der Praxis doch völlig unmöglich.«[62] Präsident Rohwedder setzte in einem Brief, den er am 27. März 1991 an alle Treuhand-Mitarbeiter schickte, ein programmatisches Signal: »Privatisierung ist die beste Sanierung.«

Dass zu schnell privatisiert worden sei, wurde von Betriebsleitern und Arbeitnehmern zumindest in der Anfangsphase nicht empfunden. Im Gegenteil, sie drängten auf schnellere Entscheidungen. Bis zum 31. März 1991 verkaufte die Treuhand nicht mehr als 1261 Betriebe für insgesamt 5,5 Milliarden DM.[63] An den größten Privatisierungen war die Treuhand effektiv nicht einmal beteiligt. So unterzeichnete zwar der eben in den Vorstand berufene bisherige Daimler-Manager Karl Schirner am 22. August 1990 den sogenannten Stromvertrag, der die ostdeutschen Energieversorgungsunternehmen unter den drei westdeutschen Stromriesen PreussenElektra, Bayernwerk und RWE aufteilte, die 30 Milliarden DM Investitionen und 70 000 Arbeitsplätze garantierten. Ausgehandelt wurde der Kontrakt jedoch ausschließlich von der DDR-Regierung, die auf diese Weise die Stromversorgung für die Bevölkerung sicherstellen wollte.

Die Menschen wurden ungeduldig, der Druck auf die Treuhand wuchs. Rohwedder sagte Anfang März 1991 in einem Fernsehinterview: »Wir sind natürlich im Fadenkreuz von allen, die frustriert sind, weil es nicht weitergeht: von früheren Eigentümern, die nicht richtig und schnell in den Besitz ihres früheren Vermögens kommen; Investoren sind sauer, weil sie die Grundstücke nicht kriegen. Arbeitnehmer sind natürlich verunsichert.«[64] Rohwedder wurde »zum bestgehassten Mann unter ostdeutschen Werktätigen« und »zum Buhmann von Managern und Investoren«, schrieb der *Spiegel* Ende März 1991. Die Wut auf die Treuhand richtete sich immer stärker gegen den Mann an der Spitze, der im Wortsinn ins Fadenkreuz geriet.

Am späten Abend des 1. April 1991, es war der Ostermontag, den Rohwedder zu Hause in Düsseldorf verbrachte, wurde der Treuhand-Präsident in seinem Arbeitszimmer im ersten Stock seines Wohnhauses von einem Heckenschützen erschossen. Der Mörder hatte Rohwedder von einer gegenüberliegenden Schrebergartenanlage aus ins Visier genommen, als dieser vor dem hell erleuchteten Fenster stand. Die linksterroristische »Rote Armee Fraktion« (RAF) behauptete in einem Bekennerschreiben, »die Wirtschaft der Ex-DDR« solle »genauso wie die sozialen Strukturen dort ... systematisch kaputtgemacht werden«. Viel wurde spekuliert, dass ehemalige Mitarbeiter der DDR-Staatssicherheit hinter dem Anschlag gestanden hätten. Später wurden am Tatort DNA-Spuren des RAF-Mitglieds Wolfgang Grams gefunden.[65]

Die Stilisierung der Treuhandanstalt zum Feindbild hatte ein Todesopfer gefordert – das einzige bei der friedlichen Revolution in der DDR. Für einen kurzen Moment herrschten Entsetzen und Betroffenheit. Manche äußerten betreten, so hätten sie ihre Kritik doch nicht gemeint.

Aber rasch griff wieder Wut auf die Treuhand um sich. Auch Intellektuelle beteiligten sich an der Stimmungsmache. Rolf Hochhuth rechnete in seinem Theaterstück *Wessis in Weimar* mit der Privatisierungsanstalt ab. Die *Szenen aus einem besetzten Land*, so der Untertitel, sorgten im Juli 1992, sieben Monate vor der Uraufführung am Berliner Ensemble, für einen vom Autor wohlkalkulierten Skandal, als er vorab eine Szene veröffentlichen ließ, die den Mord an Rohwedder abhandelt. Das Drama, schrieb der Theaterkritiker Gerhard Stadelmaier in der *Frankfurter Allgemeinen Zeitung*, repräsentiere »den aktuellen hysterischen Nationalstammtisch, an dem nicht mehr argumentiert, nur noch emotional zwischen Ossis und Wessis herumgezündelt wird, bis zur Gewalt«.[66]

Im Prolog des Stücks hält eine westdeutsche Juristin dem Treuhand-Präsidenten vor: »Kein Ossi – geben Sie das zu, hat irgendein Rechtsmittel gegen den Ausverkauf des dortigen Volksvermögens an uns Landfremde, die wir allein deshalb die Ossis arm kaufen können, weil wir nicht ... vierzig Jahre deklassiert, wirtschaftlich vernichtet wurden. Das ordnen Sie an, das vertreten Sie, das heißen Sie – gut. Folglich: Sie werden daran sterben, dass Sie den Ossis neunzig Prozent rauben!«[67] Hochhuth wurde vorgeworfen, er rechtfertige den Mord an Rohwedder. Der Autor wies den Verdacht nicht etwa zurück, sondern spitzte die Provokation in einer Talkshow noch zu: »Wer so etwas wie Rohwedder tut, der musste wissen, was auf ihn zukommen könnte.«[68]

Ähnlich zynisch äußerte sich Günter Grass vier Jahre nach dem Mord: »Wer ein solch menschenverachtendes Instrument wie die Treuhand ins Leben ruft, muss sich nicht wundern, wenn darauf terroristisch reagiert wird.«[69] Birgit Breuel, Rohwedders Nachfolgerin an der Treuhand-Spitze, empfand den Satz als »eine ungeheuerliche Aussage, die eigentlich auf Herrn Grass zurückfällt«.[70] Auch in seinem 1995 erschienenen Roman *Ein weites Feld* ging Grass mit der Treuhand hart ins Gericht. »Nun ist das ganze schöne Volkseigentum für die Katz«, jammert der Stasi-Spitzel Hoftaller,[71] und Theo Wuttke, Bürobote in der Treuhandanstalt und wegen seiner Fontane-Obsession »Fonty« genannt, pflichtet ihm bei: »Deutsche Einheit ist immer die Einheit der Raffkes und

Schofelinskis.« Mit der DDR übt Fonty Nachsicht: »Was heißt hier Unrechtsstaat? Innerhalb dieser Welt der Mängel lebten wir in einer kommoden Diktatur.«[72]

Fünf Wochen nach dem Mord an Rohwedder, am 3. Mai 1991, hielt der Treuhand-Verwaltungsrat seine erste Sitzung im neuen Domizil der Anstalt ab, einem der größten Bürokomplexe Berlins. In der Nazi-Zeit war das Gebäude 1935 als Reichsluftfahrtministerium errichtet worden, hier wurde am 7. Oktober 1949 die DDR gegründet, danach wurde es als Haus der Ministerien genutzt. 1992 erhielt es den Namen Detlev-Rohwedder-Haus, seit 1999 ist es Sitz des Bundesfinanzministeriums.

Der »Kanzler der Einheit« hat den Stimmungsumschwung in Ostdeutschland, abgesehen von ein paar Eiern, die im Mai 1991 in Halle auf ihn geworfen wurden, gut überstanden. Kohl drängte, dass die Privatisierung der ehemaligen volkseigenen Betriebe rasch abgeschlossen wird. Alles muss raus, hieß die Devise. Der Kanzler wollte ohne das leidige Thema Treuhand in die Bundestagswahl 1994 gehen. Seine Rechnung ging auf: Die Union büßte gegenüber 1990 lediglich 2,3 Prozentpunkte ein. Auch in Ostdeutschland verlor die CDU nur 3,3 Prozentpunkte und kam hier, neben einer starken PDS (19,8 Prozent), auf 38,5 Prozent.

Zwei Wochen bevor Birgit Breuel am 30. Dezember 1994 das Treuhand-Schild am Eingangstor zum Detlev-Rohwedder-Haus abschraubte, wurde die Deutsche Waggonbau AG (DWA) privatisiert, mit 6400 Mitarbeitern das größte der noch verbliebenen Treuhand-Unternehmen. Hervorgegangen war es aus dem VEB Kombinat Schienenfahrzeugbau, das einst 23 000 Mitarbeiter an sieben Standorten beschäftigte. Es wurde an den amerikanischen Finanzinvestor Advent International für 112,8 Millionen DM verkauft. Advent verpflichtete sich, die fünf verbliebenen Fertigungsstandorte zu erhalten.[73] 1998 wurde die DAW an die kanadische Bombardier Transportation veräußert.

Ende 1994 verfügte die Treuhand von ihren zwischenzeitlich gut 12 000 Betrieben nur noch über 192, und diese stellten sich als echte Ladenhüter der deutschen Einheit heraus. 6546 Unternehmen waren vollständig oder mehrheitlich privatisiert worden, davon 3000 als MBO. 1588 wurden ihren früheren Eigentümern zurückgegeben, 310 gingen an kommunale Träger. Liquidiert wurden 3718, das sind 30,6 Prozent, was sogar den Erwartungen der Modrow-Regierung recht nahekam.[74]

Unter dem Strich machte die Treuhand rund 260 Milliarden DM Verlust. Kritiker sehen darin den Beweis ihrer Erfolglosigkeit. »Die Schulden der Treuhandanstalt, so gewaltig sie auf den ersten Blick angesichts der ursprünglich vorhanden geglaubten Vermögenswerte erscheinen, werden durch die Beschäftigungswirkungen relativiert«, erwidert Hans-Joachim Stadermann, Professor für die Theorie der Wirtschaftspolitik. In den Jahren ihrer Tätigkeit habe die Anstalt »ganz grob gerechnet ein Zehntel des Bruttosozialprodukts dafür verloren, Arbeitsplätze ohne zureichendes Produkt in ostdeutschen Bundesländern für ein Fünftel der Bevölkerung Gesamtdeutschlands vorübergehend durchzuhalten«.[75]

5. Goldene Nasen

»Ich habe immer auf allen Klavieren gespielt.«

Keiner konnte so herzhaft über die Treuhand herziehen wie Edgar Most. »Der ganze Ansatz« sei falsch gewesen, ereiferte sich der ehemalige DDR-Staatsbanker in einem Rundfunkinterview, der »Prozess der Privatisierung über die Treuhand« sei »völlig schiefgelaufen«, und durch die Haftungsfreistellung für Treuhand-Manager, redete er sich in Rage, habe Finanzminister Theo Waigel »Vorschub geleistet für, ich sage mal, kriminalistisches Handeln« – er meinte wohl »kriminelles Handeln«. Überhaupt sei »die Treuhand-Arbeit eine einzige Schweinerei« gewesen.[1] Was er nicht erwähnte, war seine eigene Rolle bei der Ausblutung der ostdeutschen Betriebe. Der langjährige DDR-Funktionär, SED-Mitglied seit 1964, ebnete der Deutschen Bank – und indirekt auch den anderen westdeutschen Geldhäusern – den Weg in die neuen Bundesländer. »Keine Frage«, sagte Most, »ich war für sie ein Pfadfinder in den Osten.«[2] Mit dem Einmarsch der westdeutschen Banken in die DDR war der Grundstein gelegt für die schlechte Bilanz der Treuhand.

Edgar Most stammte aus einer thüringischen Bauern- und Bergarbeiterfamilie. Mit 14 begann er eine Banklehre, mit 26 wurde er, in Schwedt an der Oder, der jüngste Bankdirektor der DDR. Später arbeitete er in der Zentrale der DDR-Staatsbank in Berlin, studierte nebenbei Ökonomie und wurde im Dezember 1989 zum ersten Stellvertreter des seit 1974 amtierenden Staatsbank-Präsidenten Horst Kaminsky berufen. Sogleich ging er daran, eine Privatbank zu gründen, die erste der DDR. Zu diesem Zweck plante er, die Staatsbank aufzuteilen: Ihre Funktion als Notenbank würde sie behalten, aber das Spar- und Kreditgeschäft sollte seinem Bankhaus gehören. Nach geltendem DDR-Recht musste die gesamte Belegschaft, 14 000 Mitarbeiter, der Herauslösung aus der Staatsbank zustimmen. Wie ein Wanderprediger, erzählte Most, zog er von Filiale zu Filiale. Schließlich votierten mehr als 90 Prozent der Beschäftigten für die Privatisierung. Nur eine Minderheit glaubte, dass ein staatlicher Arbeitsplatz sicherer sei.[3]

Axel Osenberg, der Personalchef der Deutschen Bank, den Most Ende Januar 1990 kennenlernte, vermittelte ihm den Kontakt mit Hilmar Kopper, dem Vorstandssprecher der Deutschen Bank. Unter größter Geheimhaltung trafen sich Kopper und Most am 11. Februar im Westberliner Steigenberger Hotel. Die beiden Banker fädelten den größten Deal im Vereinigungsprozess ein. Per Handschlag vereinbarten sie, dass die Deutsche Bank ein Joint Venture mit Mosts noch nicht gegründeter Privatbank schließen werde. »Wir gehen nur dann in den Osten, wenn Sie dabei sind«, soll Kopper zu Most gesagt haben.[4] Konspirativ, mittels eines von der Deutschen Bank ausgeliehenen Feldfernsprechers, habe er aus seinem Schrebergarten oder einem Kornfeld abhörsicher Telefongespräche mit der Zentrale der Deutschen Bank in Frankfurt über die künftige Kooperation geführt, erzählte Most. Und bei einem seiner heimlichen Flüge an den Main sei ihm die Idee gekommen, wie sein Institut heißen sollte: »Deutsche Kreditbank«.[5] Das klang so ähnlich wie der Name seiner Partnerbank. Die Namenswahl offenbarte auch, worauf es Most ankam: Er wollte die Schuldtitel der Staatsbank, die dort gegen Betriebe, Wohnungsgesellschaften und Kommunen bestanden, in seine Privatbank mitnehmen.

Am 19. März 1990, einen Tag nach der Volkskammerwahl, unterschrieb Most die Gründungsurkunde der Deutschen Kreditbank (DKB). Acht Tage später beantragte die Deutsche Bank in aller Heimlichkeit, 49 Prozent der Anteile an der neuen Bank übernehmen zu dürfen, mehr ließ das aktuelle DDR-Recht nicht zu. Hauptaktionär war die Staatsbank mit 47 Prozent, vier Prozent hielten die nach Aktienrecht erforderlichen weiteren vier DKB-Mitgründer: das Synthesewerk Schwarzheide, die Deutsche Interhotel AG, der Verband der Konsumgenossenschaften und die Centrum Warenhäuser.[6] Most hatte diese Teilhaber ausgewählt, denn er wollte »bei diesen vier Unternehmen, die alle eine gute Zukunftschance haben, schon mal einen Fuß in der Tür haben«.[7]

Faktisch führte die DKB zunächst die Geschäfte der Staatsbank weiter, von der 60 000 Kreditverträge und 800 000 Kontoverbindungen auf sie übergegangen waren. Die Geschäftstätigkeit bestand im Wesentlichen darin, den Unternehmen Kredite zu gewähren sowie den Wohnungsbau und den Bau gesellschaftlicher Einrichtungen zu finanzieren.[8]

Die DKB übernahm von der Staatsbank 12 500 Mitarbeiter und alle 164 Filialen, ferner die Spareinlagen der DDR-Bürger in Höhe von 166 Milliarden Ostmark[9] sowie sämtliche Schuldansprüche – 188 Milliarden Ostmark für Kredite an die Wirtschaft, 61,1 Milliarden Ostmark für Kredite des Wohnungsbaus, 10,4 Milliarden Ostmark für Kredite zum Bau staatlicher Einrichtungen, insgesamt 259,5 Milliarden Ostmark.[10] Das war eine schöne Mitgift für die geplante Liaison mit der Deutschen Bank, die keinerlei Risiko einging. Sonst wäre der Deal wohl nicht zustande gekommen. »Es gibt keine Bank in der Welt, die ihr Kapital dafür einsetzen würde, um die Erblast eines alten Regimes zu übernehmen«, wusste Most.[11] In einem Interview machte Most deutlich, welchen Trumpf seine Bank in der Hand hatte. »Wir haben durch das planwirtschaftliche System viele Kredite an die Wirtschaft vergeben. Die müssen alle erst mal zurückgezahlt oder wenigstens der Schuldendienst dauerhaft erwirtschaftet werden.«[12] Anfang April gaben Kopper und Most, getrennt in Frankfurt und in Berlin, bekannt, dass sie ein gemeinsames Kreditinstitut gründen würden. Sie wollten, hieß es in ihrer Presseerklärung, »mit diesem Joint Venture einen Beitrag zum Aufbau eines leistungsfähigen Bankensystems in der DDR leisten«. Mit ihrem Coup tricksten sie die anderen westdeutschen Banken aus, die auch schon begehrlich nach Osten blickten. »Ich habe mir eben den Stärksten ausgesucht«, kommentierte Most lakonisch, »und einer muss der Erste sein, das ist doch normal.«[13]

Es war genau das, wovor die Bürgerrechtler um Wolfgang Ullmann, Gerd Gebhardt und Matthias Artzt gewarnt hatten: Ein SED-Kader biederte sich dem bisher geschmähten Klassenfeind an und verhökerte Volkseigentum. Ihr Gefährte Hans-Jürgen Blüher, Chef des Verbands der Genossenschaftskassen für Handwerk und Gewerbe der DDR, tat es Most bald nach. »Wir sind der ideale Partner des DDR-Mittelstandes«, pries Blüher seine Banken bei einer Pressekonferenz Mitte April 1990 in Ostberlin an. 95 Genossenschaftsbanken mit weiteren 89 Zweigstellen betreuten, so Blüher, jeden zweiten der 120 000 selbständigen Gewerbetreibenden und Freiberufler sowie 272 landwirtschaftliche Genossenschaften. Das sei eine gute Grundlage, um »in Zukunft als Universalbank erfolgreich zu arbeiten«.[14]

Die Dresdner Bank beschwerte sich bei Most, sie wolle ebenfalls »was von der Staatsbank haben«. Da das Bundeskartellamt signalisierte, es werde einen Zusammenschluss des führenden Finanzunternehmens der DDR mit dem westdeutschen Branchenprimus nach vollzogener staatlicher Einheit revidieren, holte Most auch die Dresdner Bank mit ins Boot. Generös teilte er ihr ein Drittel der DKB-Filialen zu.[15] »Damit begann das große Schachern um die Ostbanken, das mir aus tiefstem Herzen missfiel«, schrieb Most in seinen Memoiren.[16] Er vergaß hinzuzufügen, dass er es selbst ausgelöst hatte.

In der DDR wurde Most heftig angefeindet. Sein Vize, sagte der altgediente SED-Genosse Horst Kaminsky, habe sich endgültig

»dem Kapital verschrieben«.[17] Aus Kreisen der PDS hieß es, Most sei ein »Steigbügelhalter des Kapitalismus« und für die Deutsche Bank nichts weiter als ein »nützlicher Idiot«. Es kursierten sogar Gerüchte, er sei von der Deutschen Bank mit mehreren Millionen Mark geschmiert worden.[18] Most bestritt dies natürlich: »Was ich tatsächlich bekam, war eine Perspektive für die Kreditbank.«[19] Auf jeden Fall hatte Most seine Schäfchen ins Trockene gebracht. Er bezeichnete sich selbst als »Gewinner der deutschen Einheit«.[20] Im Dezember 1990 wurde er Mitglied der Geschäftsleitung der Deutschen Bank in Berlin und blieb es bis 2004. Politik und Wirtschaft hofierten den wendigen Banker, 2003 wurde er in den »Gesprächskreis Ost« der rot-grünen Bundesregierung berufen und war, neben Klaus von Dohnanyi, dessen Sprecher. »Ich habe immer auf allen Klavieren gespielt«, sagte Most von sich.[21] 2015 ist er gestorben.

Am 1. Juni 1990 wurde das Joint Venture Deutsche Bank Kreditbank AG gegründet, die Gründung der Dresdner Bank Kreditbank AG folgte am 29. Juni. Die beiden Banken erhielten sowohl das Personal als auch das dichte Filialnetz der ehemaligen Staatsbank. Außerdem übernahmen sie für die DKB die Liquiditätsversorgung der ostdeutschen Wirtschaft. Durch die hochverzinslichen Kredite machten die beiden Banken einen Zinsgewinn in zweistelliger Millionenhöhe. Die Betriebe, wie auch die Wohnungsunternehmen und die Kommunen, mussten nun nicht mehr nur die DDR-üblichen Zinsen von 0,5 Prozent, sondern die aktuell in der Bundesrepublik marktüblichen Zinsen von neun bis elf Prozent bezahlen.

Die DKB beauftragte die beiden Joint Ventures mit der Verwaltung der Altkredite. Für diese Geschäftsbesorgung, die bis November 1991 andauerte, zahlte die DKB – und damit de facto die

Treuhand – 297 Millionen Mark an die Deutsche Bank und 125 Millionen Mark an die Dresdner Bank. Der Bundesrechnungshof rügte 1995, dass der Preis für die Abwicklung der Altkredite »unverhältnismäßig hoch« gewesen sei.[22] Deutsche und Dresdner Bank verdienten nicht nur prächtig an den Geschäften, die ihnen Most zuschanzte. Sie hatten die DKB-Anteile auch zu Schnäppchenpreisen erworben. Die Deutsche Bank zahlte der Treuhand 310 Millionen DM, die Dresdner Bank 113 Millionen DM – ziemlich genau so viel, wie sie allein über die Geschäftsbesorgung wieder hereinbekamen.

Auch andere westdeutsche Banken machten ihren Reibach. Die Westdeutsche Landesbank Girozentrale bekam die Deutsche Außenhandelsbank für schlappe 430 Millionen DM und Kreditforderungen an Ostbetriebe in Höhe von etwa sieben Milliarden DM. Das war mehr als 16-mal so viel. Die (West-)Berliner Bank musste für die (Ost-)Berliner Stadtbank, die aus der DDR-Staatsbank hervorgegangen war, lediglich 49 Millionen DM bezahlen, übernahm jedoch Kreditforderungen über 11,5 Milliarden DM, das 235-Fache des Kaufpreises. Der Rechnungshof befand: »Schließlich hätte auch die Übernahme des beträchtlichen Altkreditvolumens in den Kaufpreis einfließen müssen«, zumal »die übernommenen Forderungen durch den Bund gesichert« waren.[23] Die Genossenschaftskassen Ost unter der Führung von Hans-Jürgen Blüher, dem Mitbegründer des Freien Forschungskollegiums Selbstorganisation, ging für 120 Millionen DM an die Genossenschaftsbank West, die zugleich Verbindlichkeiten von 15,5 Milliarden DM erhielt, das 129-Fache des Kaufpreises.

Natürlich war jedem Kundigen klar, dass die Ostbetriebe diese Schulden niemals würden bezahlen können. Auch Edgar Most wusste, was die im Staatsvertrag zur Währungsunion am 18. Mai

1990 beschlossenen Umtauschsätze bedeuteten: Wenn die nominalen Schulden nur halbiert werden, ist die große Mehrheit der DDR-Firmen schlagartig zahlungsunfähig. Most plädierte deshalb dafür, den Wechselkurs zu splitten: Für die Wirtschaft solle nicht eins zu zwei, sondern mindestens eins zu fünf, besser noch eins zu sieben oder gar eins zu acht gelten. Dann würden auch die Kredite durch den gleichen Divisor geteilt. Aber nach einem langen Gespräch mit Kanzler Kohl im April in Bonn hatte er einsehen müssen, dass die Bundesregierung von dem beschlossenen Kurs nicht abrückte.

Deshalb ging Most im Juni zu DDR-Premier Lothar de Maizière und verlangte von ihm, dass die Regierung die Haftung für die Kredite übernehmen müsse. Wenn die Betriebe pleitegingen und die Schulden nicht zurückzahlen könnten, seien bald auch die ostdeutschen Banken am Ende und die Spareinlagen der Bürger weg, denn das seien die Gelder, mit denen die Kredite refinanziert würden. Most ermunterte de Maizière, ein Präjudiz für die Einheit zu schaffen: »Sie sind Ministerpräsident der DDR, da können Sie unsere Entschuldung getrost selbst entscheiden, dazu brauchen Sie keinen Kohl. Was *Sie* jetzt entscheiden, gilt. *Jetzt* geht es um die Frage: Akzeptiert die Regierung der DDR dieses Unding und lässt sich vom Westen einwickeln – oder sieht sie die bestehenden Probleme und reagiert darauf? ... Schließlich haben wir uns diesen blödsinnigen Umtauschkurs von 1:2 nicht ausgedacht.«[24] Der Ministerrat fasste tatsächlich den Beschluss, der dann auch mit der Bundesregierung vereinbart wurde, dass der Staat für die Bezahlung der Altschulden bürgte.

So konnten die privaten Bankhäuser ihre Kreditforderungen risikolos erwerben: Waren die Schulden nicht einzutreiben, sprang der Bund ein. Die Banken erhielten über einen Ausgleichsmechanismus aus dem Bundesetat rund 98 Milliarden Mark erstattet, der Steuerzahler kam letztlich für die Altschulden auf.[25]

Die westdeutschen Banken, meint der Politologe Wolfgang Seibel, »mussten ins Boot geholt werden«. Man habe ja vorhersehen können, dass – »wie immer das Schicksal der einzelnen Betriebe aussehen würde« – in jedem Fall nach der Währungsunion »ein ganz erheblicher Liquiditätsbedarf bestehen würde«. Daher habe »schon im Vorfeld abgeklärt werden« müssen, »woher denn diese gigantischen Kredite kommen sollten«.[26] Die künftigen Darlehen hätten die westdeutschen Bankhäuser sicherlich auch gewährt, wenn sie sich nicht zuvor an den DDR-Instituten bereichert hätten.

Man hätte sich die Staatshaftung für die »Altkredite« auch ersparen können, wenn die Betriebe entschuldet worden wären. Denn die Ostschulden hätten gar nicht wie Westschulden behandelt werden müssen. Der spätere christdemokratische Ministerpräsident Sachsens, Kurt Biedenkopf, dozierte »seit Februar 1990 in fast jeder Sitzung des Bundestagswirtschaftsausschusses« darüber, »dass die Betriebskredite in der DDR nicht Kredite im eigentlichen, westlichen Sinne« gewesen seien.[27] Sie waren vielmehr, wie Claus Krömke, Professor an der DDR-Hochschule für Ökonomie, erläuterte, »ihrem Wesen nach ... nur staatliche Haushaltsmittel«, die aber »aus plantechnischen Gründen der Form nach als Kredite ausgereicht wurden«. Nach orthodoxer SED-Lehre gehörte der Gewinn der volkseigenen Betriebe dem Volke und musste deshalb im Staatsetat konzentriert und von dort aus als Subventionen für Investitionen an die Unternehmen neu verteilt werden. »Tragischerweise«, so Krömke, von 1962 bis 1989 persönlicher Referent des SED-Wirtschaftslenkers Günter Mittag und geistiger Vater der DDR-Kombinate, »wurde daraus dann nach der Überführung in die BRD-Wirtschaft eine Verschuldung konstruiert, an der sich die Banken der BRD eine goldene Nase verdienten und die dazu beigetragen hat, die DDR-Betriebe massenhaft zu ruinieren.«[28]

Auch in der Treuhand wurde die Altschuldenfrage diskutiert. Das Verwaltungsratsmitglied Claus Köhler notierte am 6. August 1990, welche Maßnahmen zur »Erleichterung der finanziellen Probleme der Betriebe in der DDR« beitragen könnten. Als ersten Punkt nannte er eine »Rentabilitätshilfe durch (teilweise) Streichung von Alt-Kreditschulden«. Dies sei »gerechtfertigt, da diese Schulden durch die in der Planwirtschaft angeordneten Geldabführungen an den Staat ohne Rücksicht auf die Ertragslage entstanden« seien. Die Treuhandanstalt, schlug Köhler vor, solle einen »grundsätzlich für alle Betriebe geltenden Prozentsatz der Alt-Kreditschulden festsetzen«. In dieser Höhe sollten die Altkreditschulden gestrichen werden.[29]

In seinem »Bericht über die Abwicklung von Altkrediten der ehemaligen DDR und die Übernahme von Geschäften ehemaliger DDR-Kreditinstitute durch andere Geschäftsbanken« rügte der Bundesrechnungshof 1995 die Praxis der Banken, sich Altschulden zulasten der Staatskasse zu kaufen. Die direkte Übernahme der Altschulden in den Bundeshaushalt wäre um etliche Milliarden günstiger gewesen als der Umweg über ein teures Schuldenkarussell mit privaten Geschäftsbanken.

Nachdem am 18. Mai 1990 der Staatsvertrag über die Währungsunion unterzeichnet worden war, bestand Klarheit, dass es in Deutschland nur noch eine Notenbank geben würde, die Bundesbank; fünf Monate später existierte die DDR nicht mehr. Die überflüssig gewordene Trennung von DKB und Staatsbank hätte rückgängig gemacht werden können. Aber das wusste Most durch seine Intervention bei de Maizière zu verhindern. Opfer der politischen Entscheidung zugunsten der Banken wurde die Treuhand, die anstelle der zahlungsunfähigen Betriebe für die Altschulden aufkommen musste. Deren Tilgung tauchte nun mit 104 Milliarden DM in ihrer Bilanz auf. Als das Bundesverfassungsgericht über die Rechtmäßigkeit der Altschulden urteilen musste, lavierte es sich durch die Widersprüche. Die Richter billigten der Bundesregierung schließlich wegen der historisch einmaligen Situation einen weitgehenden Ermessensspielraum zu.[30]

Wie Edgar Most im Bankgewerbe versuchte auch Hellmut Fröhlich, ebenfalls SED-Genosse und einst Generaldirektor der DDR-Interhotels, ein Geschäft auf eigene Rechnung zu machen, an der Treuhand vorbei, aber mithilfe alter DDR-Kader, die bei der Treuhand untergeschlüpft waren. Die 34 Interhotels mit 16 500 Betten in 13 Städten hatten eine Monopolstellung unter den besseren Nachtquartieren der DDR. Sie stellten etwa ein Drittel des gesamten DDR-Bettenkontingents. Noch unter der Modrow-Regierung fädelte Fröhlich, inzwischen Alleinvorstand der von der Treuhand übernommenen Interhotel AG, einen Deal mit dem westdeutschen Bettenkonzern Steigenberger ein: Eine gemeinsame Betreibergesellschaft, die im Juli 1990 gegründet wurde und an der Interhotel und Steigenberger je zur Hälfte beteiligt waren, sollte die Herbergen pachten.

Um das Geschäft abzuschließen, brauchte Fröhlich die Zustimmung der Treuhand. Zuständig waren zwei noch von der Modrow-Regierung eingesetzte Bevollmächtigte: Manfred Flegel, Mitglied der Blockpartei NDPD, von 1967 bis 1989 einer der stellvertretenden Vorsitzenden des DDR-Ministerrats und unter Modrow Minister für Handel und Versorgung, sowie Manfred Domagk, SED-Funktionär und von 1974 bis 1990 Staatssekretär im Amt für Preise, das als Organ des Ministerrats die Verbraucherpreise für Konsumgüter nach den Vorgaben der Planwirtschaft festsetzte.

Am 24. Juli, einen Tag bevor ihre von der Treuhand ausgesprochene Kündigung wirksam wurde, eilten Flegel und Domagk direkt aus einer Sitzung vom Alexanderplatz ins Grand Hotel an der Friedrichstraße, wo sie ungeniert vor einem Notar die Pachtverträge für sämtliche Interhotels mit einer Laufzeit von 20 Jahren unterschrieben. Der Pachtzins sollte vier bis sechs Prozent des Umsatzes betragen, halb so viel wie in der Bundesrepublik üblich.[31] Die erforderlichen Investitionen, um die Hotels auf Westniveau zu bringen, sollten allein von der Interhotel AG geleistet werden, was die Hotels unverkäuflich gemacht hätte, denn kein neuer Eigentümer hätte sie unter diesen Bedingungen übernommen.

Der Treuhand-Vorstand war entsetzt, als er von dem Alleingang der illoyalen Mitarbeiter erfuhr. Nach seinen Vorstellungen sollten die Interhotels international ausgeschrieben und verkauft werden. Detlev Rohwedder erklärte am 9. August im Verwaltungsrat, es gelte »zu verhindern, dass Volkseigentum nicht optimal verwertet werden kann«.[32] Die Kungeleien zwischen Interhotel und Steigenberger stünden »im Gegensatz zu den Interessen und Orientierungen der Treuhandanstalt«.[33] Vor der Volkskammer versicherte Rohwedder am 13. September: »Wir sind nicht bereit, eine oder zwei Milliarden Mark des uns anvertrauten Vermögens einfach durch die Finger gleiten zu lassen.«[34]

Einem Freund des 1985 verstorbenen Hoteliers Egon Steigenberger, der sich als Vermittler angeboten hatte, schrieb Rohwedder, ihm sei unerfindlich, wie die Familie Steigenberger »sich in die Gesellschaft zwielichtiger Geschäftemacher« habe begeben können und »sich auch noch dort bewegen« könne, »um einen leichten Gewinn zu machen, nachdem man erkennen musste, mit wem man sich da eingelassen hatte«.[35] Das trickreiche Treiben der alten DDR-Seilschaft mit Steigenberger konnte die Treuhand erst nach langwierigen juristischen Verfahren vor dem Berliner Landgericht stoppen. Die Pachtverträge wurden annulliert, die Interhotel AG wurde für 2,5 Milliarden Mark verkauft.[36]

Dagegen ging die Staatliche Versicherung der DDR zu einem Schnäppchenpreis an die westdeutsche Allianz-Versicherung, auch hierbei war ein ehemaliger SED-Genosse behilflich. Der westdeutsche Marktführer übernahm den ostdeutschen Monopolisten. In keinem anderen Gewerbe gelang es einem Westunternehmen, sich die komplette Ostbranche einzuverleiben. Die Assekuranz war eine Perle der DDR-Wirtschaft, 30 Millionen Policen lagen in ihrem Portfolio. 1989 erwirtschaftete sie rund 1,7 Milliarden Ostmark Überschuss, die sie direkt ans Finanzministerium abführte. Mit dieser Bilanz war sie eine attraktive Übernahmekandidatin.[37]

Aber sie war, wie so vieles im Osten, Schatzkammer und Schrottplatz zugleich. Der Schatz, auf den es die Allianz abgesehen hatte, waren die Daten der Versicherungsnehmer – praktisch der gesamten Bevölkerung der DDR. Aber anders als im Westen längst üblich, waren die Informationen über die Kunden nicht elektronisch gespeichert, sondern auf Karteikarten notiert, die in Paternosterschränken einsortiert wurden. Die Büroräume waren desolat, von den 234 Dienststellen waren 40 in Baracken untergebracht.[38] Außerdem ging der Versicherung das Geld aus. Die Gewinne hatte sie abgeliefert, Rücklagen gab es nicht. Aber da seit dem Mauerfall immer mehr Trabis über die Grenze fuhren, nahm die Zahl der Unfälle mit Westfahrzeugen sprunghaft zu: Im November und Dezember 1989 waren es rund 4000, so viele wie im gesamten Jahr davor. Die Schäden waren in D-Mark zu begleichen, die Devisenbestände wurden knapp.[39]

Günter Ullrich, stellvertretender Hauptdirektor der Staatlichen Versicherung, wusste: »Wenn wir nicht mit dem schlingernden Staat untergehen wollten, mussten wir schnellstmöglich einen starken westlichen Partner finden.«[40] Seit Anfang Dezember 1989 ein Schreiben des Allianz-Chefs Wolfgang Schieren in der Ostberliner Generaldirektion mit der Bitte um Kontaktaufnahme eingetroffen war, betrieb Ullrich die Fusion mit den Münchnern. Schon am 31. Januar 1990 unterbreitete er, vom DDR-Finanzministerium dazu ermächtigt, der Allianz das Angebot der Staatlichen Versicherung zu umfassender Kooperation.[41] Anfragen von Wettbewerbern der Allianz wimmelte Ullrich ab. Kühl erwiderte er auf die Anfragen von Colonia, Nordstern, Württembergische Feuer, R+V und Gothaer: »Wir sind an einem Angebot nicht mehr interessiert, selbst dann nicht, wenn es günstiger ist als das vorliegende.«[42]

Modrows Ministerrat verabschiedete am 8. März 1990 das »Gesetz zur Umstellung der Arbeit der Staatlichen Versicherung auf marktwirtschaftliche Prinzipien«. Schon sechs Tage später schlossen Allianz und Staatliche Versicherung einen Vorvertrag über ein Gemeinschaftsunternehmen, die Deutsche Versicherungs-AG (DVAG). In der Modrow-Treuhand betreute Direktoriumsmitglied Klaus Löscher, vormals Abteilungsleiter und Parteisekretär im DDR-Finanzministerium, die Fusion. »Da die damaligen Führungsmitglieder der DDR-Unternehmen von der Treuhand in die Übernahmeverhandlungen eingebunden wurden, war es meist ein leichtes Spiel für die Interessenten«, erläuterte das Fachmagazin *Versicherungsbote* den Zuschlag für die Allianz. »Immerhin lockten bei erfolgreicher Abwicklung lukrative Jobs.«[43] Löscher war auch dabei, als der Vertrag am 26. Juni 1990 notariell besiegelt wurde. Maßgeblich an der Gründung beteiligt war Walter

Siegert, Staatssekretär im DDR-Finanzministerium, der diesen Posten schon seit 1980 in der Regierung von Willi Stoph bekleidet hatte. Siegert unterschrieb im März 1990 den Vorvertrag mit der Allianz,[44] und er nahm auch an dem Notartermin im Juni teil.[45]

Am 1. Juli übernahm die Allianz zum Spottpreis von 271 Millionen Mark eine 51-Prozent-Mehrheit an der DVAG; deren Vorstandsvorsitzender wurde Günter Ullrich. Die Summe floss indes nicht in die Staatskasse, sondern diente als Einlage in die DVAG, die 1998 in der Allianz aufging. Ullrich leitete bis zu seiner Pensionierung 2001 die Allianz-Niederlassung Leipzig. Von den 10 000 Beschäftigten in Innendienst und den 3000 fest angestellten Vertretern im Außendienst, die für die Staatliche Versicherung gearbeitet hatten, musste Ullrich rund 7000 entlassen; nicht weiterbeschäftigt wurden 38 000 nebenberufliche Vertreter.[46]

Zwar musste die Allianz zunächst rund zwei Milliarden Mark im Osten investieren, auch fielen anfangs Verluste an. Schon bis zur Jahresmitte 1990 hatten von 11,3 Millionen Lebensversicherten rund drei Millionen ihre Verträge gekündigt[47] – in der DDR hatten sie nicht für die Altersvorsorge gedient, sondern um zwölf Jahre oder länger auf einen Trabi zu sparen. Aber der Startvorteil der Allianz gegenüber der Konkurrenz war enorm. Schierens Nachfolger Henning Schulte-Noelle lobte die Übernahme der DDR-Versicherung als »das bisher erfolgreichste Investment der Allianz«. Noch heute ist ihr Marktanteil dort deutlich höher, je nach Sparte liegt er im Osten bei 20 bis 40 Prozent, im Westen zwischen zehn und 20 Prozent.[48]

6. Gefühlte Wahrheiten

»Es gab eine größere Erwerbsstabilität, als man in der Öffentlichkeit oft glaubt.«

Seit Jahren verblüfft der brandenburgische Ministerpräsident Dietmar Woidke (SPD) seine Amtskollegen immer wieder mit einer Horrorzahl und erntet, wie er berichtet, »ungläubiges Schweigen«. Er sagt: »80 Prozent aller Menschen, die 1990 in der DDR Arbeitnehmer waren, mussten mindestens einen, manchmal zwei, manchmal drei neue Berufe erlernen – und waren trotzdem oft arbeitslos.« Das sei, sagt Woidke, »erst mal eine Statistik«, aber »was sich dahinter abgespielt hat, das hat viele Narben und Schmerzen hinterlassen ... Das steckt den Menschen bis heute in den Knochen.«[1]

Es ist kein Wunder, dass Woidkes Behauptung sprachlos macht. Was soll man auch dazu sagen, wenn sie den einschlägigen Erkenntnissen widerspricht? Diverse Erhebungen kommen übereinstimmend zu dem Schluss, dass mindestens 25 Prozent der DDR-Arbeitnehmer ihre angestammten Arbeitsplätze behalten haben, manche Studien kommen sogar auf mehr als 30 Prozent. Auch wenn die Untersuchungszeiträume über das Ausmaß der Arbeitslosigkeit und die Zahl der Berufswechsler leicht variieren, decken sie sich in dieser Kernaussage.

Eine Analyse von Arbeitsmarktforschern besagt beispielsweise, dass mindestens ein Viertel der im November 1989 in der DDR Beschäftigten fünf Jahre später »ununterbrochen im selben Betrieb tätig geblieben« war.[2] Diese Arbeitnehmer hatten weder ihren Job verloren noch eine Umschulung oder Qualifizierung absolvieren müssen. Ein ähnliches Ergebnis zeitigte eine Studie, die als Ausgangspunkt den Sommer 1990 nahm und feststellte, dass »ein knappes Drittel« der Erwerbstätigen drei Jahre später, »allenfalls mit einer kurzen Unterbrechung«, immer noch »an der gleichen Stelle beschäftigt« war.[3] Eine dritte Untersuchung stellte fest, dass »etwa zwei Drittel ... die Firma verlassen« mussten, »in der sie

1989 gearbeitet hatten«.⁴ Im Umkehrschluss bedeutet das: Jeder Dritte behielt seinen Job.

Woidkes Behauptung, dass 80 Prozent der ostdeutschen Arbeitnehmer, zum Teil mehrfach, ihren Beruf hätten wechseln müssen, kann also nicht zutreffen. Die entgegenstehenden Erkenntnisse stammen von renommierten Wissenschaftlern: Der 2013 verstorbene Soziologe Burkart Lutz hat 1990 das Zentrum für Sozialforschung Halle (ZSH) mitbegründet und war dessen Forschungsdirektor. Holle Grünert ist eine in der DDR ausgebildete Ökonomin und wissenschaftliche Mitarbeiterin am ZSH. Der Soziologe Karl Ulrich Mayer ist emeritierter Direktor des Max-Planck-Instituts für Bildungsforschung in Berlin und ehemaliger Präsident der Leibniz-Gemeinschaft, Heike Solga ist Direktorin am Wissenschaftszentrum für Sozialforschung in Berlin. Sie alle stützen sich auf umfangreiche Datenerhebungen und Verlaufsstudien.

Hätte Woidke recht, wären nur 20 Prozent in ihrem erlernten Beruf geblieben und davon nur ein Teil am bisherigen Arbeitsplatz. Also fragt man beim brandenburgischen Ministerpräsidenten nach, worauf seine Aussage basiert. Durch seinen Regierungssprecher Florian Engels lässt er ausrichten, dies habe ihm sein Amtsvorgänger Matthias Platzeck erzählt. Platzeck wiederum kann sich nicht erinnern, woher die Zahl stammt. Recherchen führen schließlich zu einem Artikel, den die damalige SPD-Landtagsabgeordnete Martina Gregor-Ness und ihr Mann Klaus Ness 2011 in dem Gemeindeblatt *Der Schulzendorfer* veröffentlicht haben. Darin hieß es: »Heute gehen etwa 80 Prozent der Ostdeutschen einem anderen Beruf nach als zu DDR-Zeiten.«⁵ Woidkes Aussage ist eine andere, von Arbeitslosigkeit und erfolglosen Umschulungen war in der Ursprungsversion nicht die Rede. Wie bei der »stillen

Post« wurde der Inhalt bei der informellen Weitergabe verfälscht. So entstehen Wandersagen.

Die Zahl 80 Prozent geistert auch aufgrund einer anderen Quelle immer wieder durch die Debatten.[6] Der Wirtschaftssoziologe Paul Windolf, emeritierter Professor an der Universität Trier, ließ 1994/1995 in drei ostdeutschen Bundesländern eine »repräsentative Betriebsstichprobe« ziehen, bei der Interviews mit Geschäftsleitungen und Betriebsräten geführt wurden. »Wenn wir die Ergebnisse unserer Fallstudien verallgemeinern«, erläuterte Windolf, »dann haben zwischen 1990 und 1995 ca. 80 Prozent der erwerbstätigen Bevölkerung ihren Arbeitsplatz vorübergehend oder auf Dauer verloren.«[7] Windolf weist ausdrücklich darauf hin, dass »zu keinem Zeitpunkt und in keinem ostdeutschen Bezirk die Arbeitslosenquote seit 1990 jemals 80 Prozent« betragen habe. Vielmehr beziehe sich die aus den Interviews gewonnene »Schätzung von 80 Prozent« auf die »in einem Zeitraum von etwa vier bis fünf Jahren gemachte kollektive Erfahrung von Arbeitsplatzverlust und Arbeitslosigkeit der ostdeutschen Erwerbsbevölkerung«.[8]

Windolfs auf subjektiven Angaben beruhende Schätzung, die nichts über die Dauer der Arbeitslosigkeit aussagt, weicht gehörig von den Erhebungen der anderen Wissenschaftler ab. Laut Mayer und Solga sind »zwischen 1989 und 1996«, also sogar über einen längeren Zeitraum hinweg, »über 40 Prozent« der ostdeutschen Erwerbstätigen »mindestens einmal arbeitslos« gewesen. Diese Zahl ist zwar auch erschreckend, aber doch nur halb so hoch wie Windolfs Schätzwert. Wer schockieren will, beruft sich natürlich auf die höhere Rate.

Die Treuhand selbst gab Ende 1994 an, dass von den ursprünglich 3,5 Millionen Menschen, die Mitte Juli 1990 in Treuhand-Unternehmen tätig waren, 17 Prozent arbeitslos geworden seien, in absoluten Zahlen demnach 595 000. 42 Prozent seien in den privatisierten Betrieben weiterbeschäftigt worden, 14 Prozent in Arbeitsförderungs- und Qualifizierungsmaßnahmen gewechselt, fünf Prozent in Rente oder Vorruhestand gegangen, acht Prozent hätten selbst gekündigt. Bei elf Prozent sei der Verbleib unbekannt.[9] Die Schicksale der von Arbeitsplatzverlust betroffenen Menschen verdienen Anteilnahme, deren Anpassungsleistungen erheischen Respekt. Doch offensichtlich gab es weniger Leidtragende, als viele heute behaupten. Die diffuse Datenlage erleichtert es, sich auch unbegründet zu den Opfern zu zählen.

Ebenfalls übertrieben wird oft die Zahl derjenigen, die einen neuen Beruf erlernen mussten. Selbst für Arbeitnehmer, deren Betriebe abgewickelt wurden, habe »eine größere Erwerbsstabilität« geherrscht, »als man in der Öffentlichkeit oft glaubt«, sagt der Soziologe Raj Kollmorgen. 60 Prozent der 1990 in der DDR Beschäftigten seien »fünf Jahre später immer noch in ihren Berufen tätig« gewesen, »die sie vorher ausgeübt hatten«. Für die Mehrheit habe es trotz Eigentümerwechsel oder Versetzung an einen anderen Arbeitsplatz »keine ganz scharfen Brüche und keine totale Umwälzung« gegeben.[10] Eine »bemerkenswerte berufliche Kontinuität« beobachteten Karl Ulrich Mayer und Heike Solga. »Die Chance, erwerbstätig zu bleiben, seinen bisherigen Arbeitsplatz zu behalten oder rasch wieder einen neuen zu finden«, hing »stark von individuellen Merkmalen ab«, konstatieren Burkart Lutz und seine Kollegin Holle Grünert.[11]

Eine wesentliche Rolle spielte das Lebensalter. Wer bei der Wiedervereinigung älter als 54 Jahre war, wurde fast immer zu günstigen Konditionen frühverrentet und blieb damit von Arbeitslosigkeit verschont. Ihnen, schreiben Mayer und Solga, sei es gelungen, »ihr Selbstbewusstsein und den Stolz auf ihre Berufsleistungen in der DDR« einschließlich ihrer positiven Einstellung zur DDR »intakt zu halten«.¹² Dagegen habe die nachfolgende Altersgruppe der damals 45- bis 54-Jährigen »subjektiv die größten Enttäuschungen und Verletzungen« erlebt: Sie hatten das größte Arbeitslosigkeitsrisiko und die geringsten Wiedereinstiegschancen. Die um 1940 Geborenen müssten »daher wohl als die eigentlichen Verlierer der Wiedervereinigung angesehen werden«. Sie waren zu jung zur Frühverrentung und zu alt, um auf dem Arbeitsmarkt noch einmal richtig Fuß fassen zu können.

Die relativ hohe Arbeitslosigkeit war auch eine Folge des Personalüberhangs in der DDR. Der Anteil der Erwerbstätigen an der Bevölkerung im Alter zwischen 15 und 60 Jahren bei Frauen beziehungsweise 65 Jahren bei Männern – das Renteneintrittsalter war unterschiedlich geregelt – betrug 1989 in der DDR 91,3 Prozent, in der BRD 70,9 Prozent. Bei Männern war das Verhältnis 93,2 zu 82,2 Prozent, bei Frauen 90,9 zu 58,6 Prozent.¹³ »Entscheidend für Erfolg oder Misserfolg« nach 1990 waren laut Mayer und Solga »die in der DDR erworbenen beruflichen Qualifikationen«. Ausbildungsgänge waren in Ost und West relativ ähnlich, Schul- und Hochschulabschlüsse wurden, von wenigen Ausnahmen abgesehen, anerkannt. Nachteile hatten dadurch allerdings diejenigen, die in der DDR nicht hatten studieren können oder dürfen. Nicht alle, die befähigt waren, konnten Abitur oder Studium nachholen. So kam es dazu, dass »die deutliche Mehrheit der Ostdeutschen, die nach der Wende eine Leitungs- oder hochqualifizierte Angestelltenposition ausübten«, nämlich rund 80 Prozent, bereits vor 1989 der »sozialistischen Dienstklasse« angehört hatten.¹⁴

Probleme auf dem Arbeitsmarkt bekamen Ungelernte und Minderqualifizierte. Sie hatten in der DDR noch immer einen Arbeitsplatz gefunden, weil trotz personeller Überbesetzung ein notorischer Arbeitskräftemangel herrschte. An vielen Werkstoren hingen Schilder, auf denen freie Stellen angeboten wurden. »Die Faustregel besagte: Je geringer die Qualifikation, desto begehrter der Bewerber«, beschreibt der ostdeutsche Historiker Stefan Wolle die Einstellungspraxis.[15]

Diese Gruppe habe die »paradiesischen Sitten und Gebräuche« in den Betrieben besonders schamlos ausgenutzt: »Ein Nickerchen während der Arbeitszeit konnte man niemandem ernsthaft verübeln; eine halbe Stunde vor Schichtschluss bereits in Richtung Dusche zu verschwinden, gehörte zum guten Ton; zum Feierabend wollte man mindestens schon am Werkstor sein; das zu Hause oder auf der Datsche benötigte Werkzeug oder Material steckte man in die Tasche und witzelte dabei, dies sei doch Volkseigentum, von dem sich jeder seinen Teil mitnehmen könne.«[16] Minderqualifizierte waren, laut »Arbeitsmarkt-Monitor 1989–1994«, denn auch »überproportional von den Anpassungsprozessen betroffen«. Von allen Arbeitnehmern, die im November 1989 im Berufsleben standen, waren fünf Jahre später 34 Prozent nicht oder nicht mehr erwerbstätig; von den Arbeitnehmern ohne beruflichen Abschluss waren es jedoch 57 Prozent.[17]

Welche Statistiken man auch heranzieht, sie alle belegen: Von Arbeitslosigkeit, erzwungenen Berufswechseln oder unfreiwilliger (Früh-)Verrentung wurden weitaus weniger Menschen heimgesucht, als heute viele glauben machen. Ein großer Teil von ihnen war auch gar nicht in Unternehmen der Treuhand beschäftigt. Die Zahl der Staatsdiener beispielsweise war in der DDR extrem hoch: 2,2 Millionen, etwa 14 Prozent der Gesamtbevölkerung, arbeiteten am 3. Oktober 1990 bei staatlichen DDR-Institutionen, in der Relation doppelt so viele wie in der alten Bundesrepublik. Die meisten wurden in den öffentlichen Dienst des vereinten Deutschlands übernommen, sofern sie nicht zu den 91 000 hauptamtlichen Stasi-Mitarbeitern gehört oder hohe SED-Funktionen ausgeübt hatten.[18] Nicht der Verfügungsgewalt der Treuhand unterstanden beispielsweise auch die 3844 Landwirtschaftlichen Produktionsgenossenschaften. Diese großagrarischen Betriebe waren wegen veralteter Technik personell ebenfalls stark überbesetzt. Von vormals 923 000 Beschäftigten in der Landwirtschaft blieben bis 1993 nur 179 000 übrig.[19]

Neben der verbreiteten Fehleinschätzung, wie viele Arbeitnehmer insgesamt von dem wirtschaftlichen Umbruch betroffen waren und wie viele davon unter der Ägide der Treuhand, halten auch zahlreiche Einzelfälle angeblich skandalöser Treuhand-Entscheidungen einem Faktencheck nicht stand. Die nunmehr zugänglichen Akten widerlegen kursierende Gruselgeschichten. Wieder ertappt man die sächsische Ministerin Petra Köpping, die Erzählungen ohne Rücksicht auf den Wahrheitsgehalt wiedergibt – und diese Fakes auch noch rechtfertigt. In ihrem Buch behauptet sie, es habe »Marktbereinigungen zum Wohle westdeutscher Investoren« gegeben, »oftmals« sei es »darum gegangen, einen potenziellen Konkurrenten vom Markt zu drängen«.[20] Dafür nennt sie zwei Beispiele – aber beide taugen nicht als Beweis für ihre These.

Das eine ist die ehemalige Margarethenhütte im ostsächsischen Großdubrau. Die Elektrokeramikfabrik, »Arbeitsstätte für 800 Menschen in einer strukturschwachen Region bei Bautzen«, stellte Hochspannungsisolatoren her, die zu 80 Prozent exportiert wurden. »Laut den damaligen Ingenieuren«, schreibt Köpping, »war die Fabrik mit modernen Maschinen aus der Schweiz ausgestattet … Plötzlich hieß es … über Nacht, der Betrieb müsse geschlossen werden. Es wurde behauptet, alles sei völlig veraltet und marode.« Und dann hätten ihr die ehemaligen Ingenieure auch noch erzählt, »wie nachts die wichtigsten Betriebsunterlagen und Porzellan-Rezepturen sowie die letzten Mitarbeiterlöhne samt Tresor weggeschleppt und auch die wichtigsten Maschinen ausgebaut wurden«. Köpping kann »nur wie die ganze Belegschaft vermuten: Das geschah zugunsten der Konkurrenz.«[21] Das wäre starker Tobak – wenn es denn zuträfe. Richard Schröder meldet Zweifel an: »Und niemand hat die Kripo gerufen, als das letzte Gehalt gestohlen wurde?«[22]

In Interviews fabulierte Köpping munter weiter drauflos. Gegenüber der *Lausitzer Rundschau* behauptete sie, die Treuhand habe »entschieden, das Werk zu schließen«, und habe »die modernen Schweizer Maschinen und die Patente der westdeutschen Konkurrenz übergeben«.[23] Eine leicht abgewandelte Variante erzählte sie *Spiegel online*: »Das Werk schien gut aufgestellt, doch die Treuhand erklärte es für veraltet und machte es dicht. Über Nacht verschwanden Betriebsunterlagen, Porzellan-Rezepturen, die letzten Löhne samt Tresor sowie Maschinen.«[24] Vier Tage zuvor hatte sie im MDR ihre Aussage immerhin noch eingeschränkt: »Das haben mir zumindest die Leute erzählt.«[25] Es ist ein typischer Fall, wie sich Berichte Betroffener, deren Emotionen nachvollziehbar sein mögen, zu epischen Erzählungen ausweiten, die sich, je länger und öfter sie kolportiert werden, vom wirklichen Geschehen entfernen.

Die Schließung der Margarethenhütte hatte nichts zu tun mit Verkauf, Privatisierung oder westdeutscher Konkurrenz und war auch nicht von der Treuhand veranlasst. Die Bundesregierung hatte dies bereits im Januar 1992, als solche Gerüchte schon einmal im Umlauf waren, in ihrer Antwort auf eine Große Anfrage von Bündnis 90/Die Grünen klargestellt.[26] Der Ablauf des Geschehens lässt sich nun anhand der Treuhand-Akten noch genauer nachverfolgen, sie widerlegen eindeutig Köppings Erzählungen. Als VEB Elektroporzellan Großdubrau gehörte die Mitte des 19. Jahrhunderts gegründete Margarethenhütte in der DDR zum Kombinat VEB Keramische Werke Hermsdorf (KWH), das dem DDR-Ministerium für Elektrotechnik/Elektronik unterstand. Im Herbst 1989 umfasste das Kombinat 18 Betriebe mit rund 23 000 Beschäftigten. Während im KWH dringend erforderliche Investitionen aus Geldmangel immer wieder verschoben wurden, bekam die Margarethenhütte von der Staatsbank reichlich Kredite, um sich mit modernster Technik auszustatten. »Die wesentlichen Produktionsstätten und Anlagen stammen aus den Jahren 1985 bis 1989«, konstatierte die Treuhand: »Die Porzellanmasseherstellung (›Massemühle‹) mit einer Kapazität von mehr als 25 000 Tonnen pro Jahr arbeitet vollautomatisch und ist die modernste Anlage Europas.« Ausgerechnet die Leistungsstärke erwies sich als Handicap: »Aufgrund des Wegfalls des bisherigen Absatzmarktes für Hochspannungsisolatoren (primäre Abnehmer waren die RGW-Länder) sind die Produktionsstätten in Großdubrau überdimensioniert.«[27] Der Betrieb sei in der sozialistischen Planwirtschaft »regelrecht kaputtinvestiert« worden, erklärte die CDU-Bundestagsabgeordnete Maria Michalk, die in den 1960er-Jahren in der Margarethenhütte gearbeitet hatte. »Neuinvestitionen waren notwendig. Aber in der vollzogenen Größenordnung und damit in der Aufnahme von Krediten, die in keinem Verhältnis zur Produktion standen, war es ökonomischer Unfug.«[28]

Im Februar 1990 wurde das Kombinat Keramische Werke Hermsdorf aufgelöst. Acht Betriebe schieden aus dem Verbund aus, die übrigen bildeten die Tridelta AG Hermsdorf. Außer in Großdubrau wurde auch an den thüringischen Standorten Hermsdorf und Sonneberg Hochspannungskeramik produziert. »Zur

Anpassung der Kapazitäten an die Marktbedingungen« beschloss der Aufsichtsrat der Tridelta AG, »die Produktion von Elektroporzellan nur noch bei der Tridelta Keramik GmbH Sonneberg zu konzentrieren«. Am 22. Oktober 1990 legte der Tridelta-Aufsichtsrat die Schließung der Margarethenhütte fest. Da der Tridelta-Vorstand das Unternehmen an die Börse bringen wollte, sollte die Bilanz nicht durch die Margarethenhütte getrübt werden. »Einvernehmlich mit den Arbeitnehmern im Aufsichtsrat und dem Betriebsrat der ›Margarethenhütte‹« wurde im Dezember 1990 »der Stilllegungsbeschluss gefasst«, da am Standort Großdubrau »eine Produktion wirtschaftlich nicht vertretbar war«, heißt es in einem Treuhand-Protokoll.[29]

Die Entscheidung war eine rein ostdeutsche, von einer ostdeutschen Geschäftsführung, im Einvernehmen mit den ostdeutschen Mitarbeitern, mit Wissen des Betriebsrats in Großdubrau. Die Treuhand hat an den Beschlüssen nicht mitgewirkt. Die Margarethenhütte wurde aus der Tridelta AG ausgegliedert und direkt der Treuhand unterstellt. »Auf der Basis eines Pacht- und Kaufvertrags« zwischen Sonneberg und Großdubrau vom 19. April 1991 wurden »die wichtigsten Maschinen und Anlagenteile zur Herstellung von Porzellankörpern in Großdubrau demontiert und nach Sonneberg verlagert«. Dazu gehörten auch »Roh-, Hilfs- und Betriebsstoffe, Fertigerzeugnisse, Geschäftsunterlagen, Bücher sowie die gewerblichen Schutzrechte und das Markenzeichen«, wofür die Tridelta Sonneberg der Treuhand 3,2 Millionen Mark bezahlte.[30]

Als die Produktion in Großdubrau im Juni 1991 eingestellt wurde, waren noch rund 540 Mitarbeiter beschäftigt, ein Jahr zuvor waren es noch 749 gewesen. Alle erhielten noch einen Monat Lohn und wurden dann mit einem Sozialplan abgefunden, 26 wurden noch bis Jahresende beschäftigt.[31] »Die praktische Abwicklung der Stilllegung«, heißt es in dem Treuhand-Bericht, »war geprägt von der nachträglich genährten Illusion der Belegschaft, in irgendeiner Form wieder Elektroporzellan auf dem Gelände der Margarethenhütte herstellen zu können.«[32] Mitarbeiter blockierten am 18. Juni 1991 das Werkstor, um den Abtransport von Maschinen zu verhindern. Es geschah, wie Fotos von damals zeigen, weder heimlich noch bei Nacht.[33] Köpping gibt also eine evident falsche Begründung für die Schließung, die dadurch willkürlich, irrational und verlogen erscheint. Die Stilllegung, insinuiert Köpping, könne nur in finsterer Absicht erfolgt sein.

Köppings Erzählung erweist sich von vorn bis hinten als falsch. Ungeprüft hat sie die Aussagen ihrer Informanten wiedergegeben. Damit konfrontiert, beharrt sie auf ihrer Darstellung: Sie habe »aufgeschrieben, wie tief emotional die Geschichte erlebt wurde«. Wahrheit und Wahrnehmung seien eben oft unterschiedlich. »Aber soll ich den Leuten sagen: Ihr lügt? Das mache ich nicht.«[34] Mündlichen Überlieferungen will sie mehr glauben als Dokumenten. »Es wäre übrigens ein Fehler, wenn nun alle in die Archive rennen und beispielsweise die Treuhandakten sichten, die endlich in Teilen zugänglich sind, aber keiner sichert Berichte und Einschätzungen von Zeitzeugen.«[35]

Es verwundert nicht, dass Köpping ausgerechnet Großdubrau als Knüppel gegen die Treuhand gewählt hat: Die Gemeinde mit ihren 4200 Einwohnern ist eine Hochburg der AfD. Bei der Bundestagswahl 2017 hat die Partei hier 42,4 Prozent der Stimmen bekommen. Offenbar hoffte die SPD-Politikerin, durch Anbiedern Boden gutmachen zu können. Geholfen hat es nicht: Bei der Europawahl am 26. Mai 2019 kam die AfD auf 41,4 Prozent, die SPD auf schlappe 4,6 Prozent.

Auch die Tridelta-Mutter in Hermsdorf kam nicht zur Ruhe. Der geplante Börsengang hatte abgesagt werden müssen, weil das Bankenkonsortium, das die Aktienausgabe vornehmen sollte, wegen des eingebrochenen Ostgeschäfts abgesprungen war. Außerdem herrschte Chaos an der Firmenspitze. »Die Sanierungsfähigkeit als Gruppe erscheint zweifelhaft«, urteilte der Leitungsausschuss der Treuhand im Mai 1991. »Der Vorstand in seiner bisherigen Besetzung« sei »zur Durchsetzung der notwendigen Maßnahmen ... nicht geeignet«; man empfehle, »den Vorstandsvorsitzenden sofort auszuwechseln«.[36] Zuwendungen der Treuhand, mehr als 200 Millionen DM, seien »offenbar teilweise nicht zielgerichtet verwendet worden«, der Aufsichtsrat nehme »unkoordinierte, nicht zielführende Eingriffe in das operative Geschäft« vor, bis März 1991 seien »keine ernsthaften Sanierungsmaßnahmen« ergriffen worden, »dadurch vermeidbare Verluste und Fehlinvestitionen von etwa 30 Millionen DM«, kurzum: »wenig Marktkenntnisse, keine Vertriebsplanung, Umsatzmaximierung ohne Kostenkalkulation, kein Konzept, keine Systematik«. Der Vorstandsvorsitzende Andreas Montag, der im Herbst 1989 als Generaldirektor des Kombinats eingesetzt worden war, trat zurück, ebenso fast alle Mitglieder des Aufsichtsrats.

Auch in Hermsdorf wurde und wird nicht das Versagen des Managements für die Misere verantwortlich gemacht, sondern das angeblich zögerliche Agieren der Treuhand. »Die Privatisierung der Tridelta«, referierte die *Thüringer Allgemeine* Stimmen aus der Belegschaft, sei »zur quälenden Hängepartie« geworden.[37] Ein Versäumnis räumte der zuständige Treuhand-Direktor Volker Charbonnier allerdings ein: »Der Personalabbau bei der Tridelta hätte früher und sehr viel dramatischer erfolgen müssen.«[38] Gerd Pillau, der damalige Logistikchef des Unternehmens, der später

Bürgermeister in Hermsdorf wurde, organisierte im September 1991 Protestaktionen gegen bevorstehende Entlassungen. Der Treuhand unterstellte er: »Die wollte uns platt machen und als lästigen Konkurrenten für den Westen ausschalten. Daran besteht kein Zweifel.«[39]

Der bösartige Vorwurf gegen die Treuhand ist eine durch nichts belegte Behauptung, das Standardargument von Verschwörungstheoretikern. Das Paradebeispiel für ungerechtfertigte Schuldzuweisung ist das Kalibergwerk Bischofferode im Südharz. Die thüringische 1900-Einwohner-Gemeinde wurde 1993 bundesweit bekannt, als die Medien wochenlang über den Kampf der Kumpel um ihre Arbeitsplätze berichteten. Vor allem die Bilder von hungerstreikenden Arbeitern prägten sich ins kollektive Gedächtnis ein. Letzten Ende nutzten die Proteste nichts: Am 22. Dezember 1993 wurde die letzte Schicht gefahren.

Seither wird kolportiert, die Kasseler Firma Kali und Salz AG (K+S) habe die Treuhand gedrängt, die Mitteldeutsche Kali AG (MdK), in der ehemalige DDR-Kalibetriebe zusammengefasst waren, in ein Gemeinschaftsunternehmen einzubringen. K+S habe sich ausbedungen, dass das zur MdK gehörende Bergwerk Bischofferode stillgelegt wird. Die Autorin Jana Hensel behauptete in ihrem Buch *Achtung Zone*, dies sei »die erste Zusammenlegung zweier Unternehmen« gewesen, »bei der die Schließung eines profitablen Standorts Ost zur Sanierung des Standorts West beigetragen« habe.[40] Und auch die *Zeit* unterstellte, Bischofferode sei »ohne trefflichen Grund von der Treuhand geschlossen« worden, »damit eine westdeutsche Firma ihre Marktmacht behalten kann«.[41] Bischofferode wäre jedoch auch ohne Fusion dichtgemacht worden, und profitabel war das Bergwerk schon gar nicht. Tatsächlich wollte niemand den verlustreichen Betrieb haben –

außer einem dubiosen Investor aus Westfalen, der sich im letzten Moment als Retter in der Not empfahl.

Man muss die Geschichte, um sie zu verstehen, von Anfang an erzählen und darf nicht erst mit dem Fusionsbeschluss im Dezember 1992 beginnen. Das Problem bestand darin, dass weltweit viel zu viel Kali gefördert wurde. Jedes Jahr wurden damals etwa 35 Millionen Tonnen Kali abgebaut, aber nur 23 Millionen Tonnen abgesetzt. Das Salz wird vor allem für Düngemittel und als Grundstoff in der chemischen Industrie verwendet, etwa für Waschmittel, Glas, Pharmazeutika oder Infusionslösungen. Die DDR hatte einen großen Anteil an der Überproduktion. Die ostdeutsche Republik war zwar arm an industriell verwertbaren Rohstoffen, aber reich an mineralischen Naturprodukten, neben Braunkohle vor allem Kali. Seit den 1960er-Jahren hatte die DDR die Kaliproduktion forciert. Der Höhepunkt wurde 1987/1988 mit jeweils mehr als 3,5 Millionen Tonnen erreicht, von denen über 80 Prozent exportiert wurden, drei Viertel davon ins kapitalistische Ausland. Die DDR war nach Kanada und der Sowjetunion der drittgrößte Kaliexporteur der Welt.[42]

Beim Westexport hatte die DDR den Vorteil, dass sie mit ihren niedrigen Löhnen den Weltmarktpreis unterbieten konnte. Nach der Währungsunion explodierten jedoch die Lohnkosten. Die landwirtschaftlichen Betriebe in den einstigen RGW-Bruderstaaten hätten ihren Dünger zu deutlich höheren Preisen kaufen und in konvertierbaren Währungen bezahlen müssen, wozu sie aber nicht in der Lage waren. Damit brach der osteuropäische Markt für den ostdeutschen Kaliexport weg. Zugleich ging in Westeuropa der Bedarf an Kalidünger drastisch zurück, was wesentlich auf die von der Europäischen Gemeinschaft geförderte Stilllegung von Agrarflächen zurückzuführen war.

Noch vor der deutschen Wiedervereinigung wurde das volkseigene Kombinat Kali mit seinen sieben Kaliwerken am 1. Juni 1990 aufgelöst und in vier Unternehmen unter dem Dach der Mitteldeutschen Kali AG aufgeteilt.[43] Eigentümerin der MdK wurde die Treuhand. Bei der MdK mit ihren 25 000 Beschäftigten zeichneten sich »notwendige Belegschaftsfreisetzungen von mindestens 60 % noch im 1. Halbjahr 1991« ab, erkannte der Treuhand-Verwaltungsrat bereits im Februar 1991. Von den neun Gruben hätten maximal vier eine Überlebenschance.[44] Obwohl die von der Treuhand mit der Privatisierung beauftragte Investmentbank Goldman Sachs weltweit 47 potenzielle Investoren anschrieb, gab es nirgendwo Interesse am Erwerb der MdK. Auch K+S, damals mehrheitlich im Besitz der BASF, winkte ab.

Zu DDR-Zeiten wurde Bischofferode gezielt als »Devisenschlepper« eingesetzt, westeuropäischen Abnehmern wurde Kaliumchlorid zu besonders niedrigen Preisen angeboten. Nach der Währungsunion lagen die Förderkosten bei 740 DM je Tonne, auf dem Weltmarkt dagegen bei 134 DM.[45] Vertreter der Belegschaft behaupteten, ihr bisheriger norwegischer Abnehmer würde auch den Mehrpreis bezahlen, weil er auf die spezielle Körnung der Bischofferöder Kalisalze eingestellt sei. Dagegen erklärte Ivar Fossum, der damalige Direktor des Rohmaterialeinkaufs bei Norsk Hydro, sein Konzern kaufe nur deshalb in Bischofferode, weil das Kali dort dank üppiger Subventionen am billigsten sei.[46] Das Argument, das Bischofferöder Salz sei von einzigartiger Qualität, konnte schon deshalb nicht stimmen, weil die westeuropäischen Käufer bereits in der Vergangenheit zum größeren Teil auch von anderen ostdeutschen Kaliproduzenten beliefert worden waren.[47]

Das Kaliwerk Bischofferode verursachte 1991 einen Jahresverlust von knapp 20 Millionen Mark, im Jahr darauf waren es sogar

26 Millionen Mark. Damit war Bischofferode der unwirtschaftlichste aller ostdeutschen Kalischächte. Schon zu DDR-Zeiten war das Ende der Förderung erwogen worden.[48] Hinzu kam, dass im Schacht Bischofferode, anders als bei anderen Gruben, ein bergtechnisches Risiko durch austretendes Gas bestand.[49] 1973 hatte es dort einen Ausbruch von 10 000 Kubikmetern Stickstoff-Kohlenwasserstoff-Gemisch gegeben.[50] Dieser Umstand wird freilich in keiner Publikation über den Widerstand der Bischofferöder Kalikumpel erwähnt. Um die MdK-Verluste zu verringern, lag es nahe, die Kaliproduktion auf weniger Standorte zu konzentrieren. Die Entscheidung musste zwischen zwei Kalibergwerken fallen, die zueinander in »Konkurrenzsituation« standen, wie der Leitungsausschuss der Treuhand bereits am 8. November 1991 konstatierte. Wie in Bischofferode wurde auch im sachsen-anhaltischen Zielitz ausschließlich Kaliumchlorid (KCl) vom Typ K 60 produziert, das »nur im Ausland abgesetzt werden« konnte.[51]

Die besseren Überlebenschancen sah der Leitungsausschuss für Zielitz. Zwar würden »bei unzureichender Produktionsauslastung« auch die in den Jahren 1991 bis 1993 möglichen Umsätze »zu negativen Ergebnissen« führen, aber eine »bessere Auslastung auf Kosten anderer KCl-Produktionsstätten würde den Gesundungsprozess beschleunigen«. In Bischofferode reiche der in diesem Zeitraum zu erwartende Umsatz nicht aus, »um ein annähernd ausgeglichenes Betriebsergebnis zu erzielen«. Die »ausschließlich im Ausland absetzbare Produktion« führe »zu einer unauskömmlichen Erlössituation«. Wenn am Ende des ersten Quartals 1992 eine Erlösverbesserung nicht erkennbar sei, werde »eine Stilllegung aus betriebswirtschaftlichen Gründen unvermeidlich« sein.[52]

Zwei Wochen später, man schrieb immer noch November 1991, bekräftigte der Leitungsausschuss, dass zur »Verlustminimierung innerhalb der Gesamt-MdK« die Schließung von Bischofferode »aus betriebswirtschaftlicher Sicht unumgänglich« sei. »Festgelegt auf ein einziges, erlösschwaches Produkt« werde Bischofferode »auch bei noch intensiverer Betriebsstraffung« dauerhaft keine kostendeckenden Erlöse erzielen. Deshalb sei eine Verlagerung der Produktion auf die verbleibenden Standorte Zielitz, Merkers und Unterbreizbach »zu deren besserer Auslastung einzuleiten«.[53]

Die Empfehlung »ließ sich aber nicht in die Tat umsetzen«, wie die Treuhand fast ein Jahr später, im Oktober 1992, bedauernd feststellte. Durch Indiskretionen sei »die Unruhe in Bischofferode inzwischen so stark geworden«, dass der Vorstand der IG Bergbau und Energie (IGBE) in einem Brief an die Treuhand-Präsidentin Birgit Breuel vor weiteren Stilllegungen dringend gewarnt habe.[54] Erst jetzt kam K+S ins Spiel – und zwar durch die Gewerkschaft. Die IGBE deutete an, »nur bei einer ›gesamtdeutschen Kalilösung‹ notwendig werdende Rationalisierungsmaßnahmen auf beiden Seiten mittragen zu wollen«. Die Gewerkschaft sah in einer Fusion von MdK und der ebenfalls kriselnden K+S die Chance, gefährdete westdeutsche Arbeitsplätze erhalten zu können. Der dem Treuhand-Vorstand vorgelegte Bericht des zuständigen Treuhand-Direktors schließt mit dem Satz: »Durch das schlechte Geschäftsergebnis von K+S einerseits und sanften Druck der IGBE andererseits änderte sich die Haltung der BASF zur Frage einer vorsichtigen Annäherung von K+S und MdK mit dem Ziel einer schrittweisen Privatisierung.«

Der für den Bergbau zuständige Treuhand-Vorstand Klaus Schucht drängte nun auf eine Vereinigung von K+S und MdK. Mit Blick auf dieses Ziel wurde die eigentlich bereits beschlossene Stilllegung von Bischofferode zunächst noch einmal zurückgestellt. Der MdK-Vorstand machte jedoch klar, dass die Schließung dieses Betriebsteils »auch unabhängig von der Fusion unvermeidlich« sei.[55] Im Dezember 1992 beschlossen Vorstand und Aufsichtsrat der Treuhand die »Zusammenfassung der Kali- und Salzaktivitäten von MdK und K+S in einer gemeinsamen Gesellschaft«.[56] Auf thüringischer und niedersächsischer Seite sollten je zwei Gruben geschlossen werden, dafür wollte man an anderen Standorten in Sachsen-Anhalt und Hessen investieren. In den alten Ländern sollten insgesamt 1744 Stellen wegfallen, in den neuen Ländern 1884 – eine, wie die Treuhand-Spitze fand, »vergleichbare Belastung«.[57] Als die Pläne Anfang 1993 bekannt wurden, reagierte die Bischofferöder Belegschaft mit Protestaktionen. Im April 1993 besetzten Arbeiter die Schachtanlagen, am 17. Mai fuhren 400 Bergleute nach Berlin und demonstrierten vor der Treuhand-Zentrale. Als es ihnen nicht gelang, das Gebäude zu erstürmen, warfen sie Flaschen und Eier gegen die Fassade. Einer der Bergleute drosch mit einem Knüppel auf das heruntergerissene Treuhand-Schild am Eingangstor ein.

Die Protestler, hielt Schucht in einem Protokoll für die Polizei fest, hätten »nicht nur demonstriert«, sondern seien »auch gewalttätig geworden«. Es sei »für Stunden unmöglich« gewesen, »das Gebäude zu verlassen bzw. zu betreten«, Rufe seien laut geworden: »Knallt sie ab – wie Rohwedder.«[58] Eine Abordnung aus Bischofferode wurde sogar beim Papst vorstellig und übergab ihm eine Petition. Im Juli traten zunächst zwölf Bergleute in einen medienwirksamen Hungerstreik, weitere 29 Kollegen und Sympathisanten schlossen sich ihnen an. Eine Sympathiewelle erfasste das Land.

Aufgrund der hitzigen Auseinandersetzungen nahm die Öffentlichkeit keine Notiz von einem singulären Angebot der Treuhand. Nach der Stilllegung zum Jahresende, so stand es in einem

Beschluss vom 12. Juli 1993, solle das Bergwerk Bischofferode auf die treuhandeigene Gesellschaft zur Verwaltung und Verwertung von Bergwerkseigentum (GVV) übertragen werden. Alle Mitarbeiter würden »ohne Kündigung auf die GVV überführt und dort beschäftigt«, zwei Jahre lang sollten die Kumpel bei voller Lohnfortzahlung im Betrieb bleiben können.[59]

Doppelzüngig verhielt sich die thüringische CDU/FDP-Landesregierung. Einerseits nickte Ministerpräsident Bernhard Vogel im Treuhand-Verwaltungsrat die Fusion mit K+S ab, andererseits goss er Öl ins Feuer, indem er öffentlich Stimmung gegen die Treuhand machte und die Kali-Kumpel zum Kampf ermunterte. »Ich habe in die kalte Fratze des Kapitalismus geblickt«, sagte er. Treuhand-Vorstand Schucht, ein Mann mit SPD-Parteibuch, verstand die Welt nicht mehr. In seinem Tagebuch notierte er: »Hier kämpft die CDU mit Vorstellungen um den Erhalt von Arbeitsplätzen, die jenseits alles Tragbaren sind. Die Gewerkschaft steht zu mir. Gewerkschaft also und SPD, durch mich verkörpert, beschließen die Stilllegung einer Anlage, die keinen Absatz mehr hat. Eine irrsinnig paradoxe Situation!«[60]

Während ostdeutsche Arbeitnehmer sonst jeden westdeutschen Investor misstrauisch als Absahner verdächtigten, setzten die Bischofferöder Bergleute ihre Hoffnung, die Schließung ihres Werkes doch noch abzuwenden, auf den mittelständischen Baustoff-Unternehmer und Spediteur Johannes Peine aus dem westfälischen Warendorf, der im Mai 1993 der Treuhand überraschend ein Kaufangebot machte. Die Treuhand ließ Peines Übernahmekonzept von Goldman Sachs prüfen, das Bundesfinanzministerium beauftragte die Düsseldorfer Wirtschaftsprüfungsgesellschaft C&L Treuarbeit. Beide bezeichneten unabhängig voneinander den Peine-Plan als unrealistisch. Die C&L Treuarbeit stellte in ihrem

Gutachten fest, dass in den ersten fünf Jahren ein Defizit von 32,4 Millionen DM zu erwarten sei, obwohl die Treuhand nach Peines Vorstellungen sämtliche in dieser Zeit anfallenden Investitionen von 96,3 Millionen DM übernehmen sollte – und obendrein 49 Prozent der Verluste.[61] »Bei einem eigenen Mitteleinsatz von einer Million DM« erwarte Peine »ein Engagement der Treuhandanstalt in Höhe von mehr als 100 Millionen DM«.[62]

»Herr Peine ist ein fixer Junge, das ist schon ein Pfiffikus«, sagte Treuhand-Vorstand Schucht. Er zweifelte an Peines Bonität, weil dieser eine geforderte Bürgschaft über 100 Millionen Mark nicht habe beibringen können. »Ich wäre doch fahrlässig, wenn ich etwas an einen tüchtigen Unternehmer verkaufe, von dem ich aber weiß, damit dreht er ein zu großes Rad und übernimmt sich.«[63] Auch der damalige Ministerpräsident Vogel, der sich noch im Dezember 1993 für eine Einzelprivatisierung von Bischofferode einsetzte,[64] hält Peines Übernahmeangebot im Nachhinein für »höchst fragwürdig«. Auch Peine »hätte ja erhebliche finanzielle Opfer von uns verlangt«.[65] Die Bischofferöder Bergleute, euphorisiert von der öffentlichen Unterstützung, dachten nach dem St.-Florians-Prinzip nur an sich. Die Erhaltung des Werkes Bischofferode wäre, so der Treuhand-Vorstand, nur »um den Preis der Schließung eines kostengünstiger arbeitenden anderen Kaliwerks möglich gewesen«.[66]

Emotionen schlugen hoch und rückten die Treuhand in ein schlechtes Licht. Bischofferode, schreibt der Historiker Marcus Böick, wuchs sich »im Laufe des Juli 1993 zu einem Fiasko aus, da niemand eine derartige Eskalation eines an sich randständigen Konflikts vorausgeahnt hatte«. Böick resümiert: »Auch wenn sich ›Bischofferode‹ nicht, wie von linken Politikern erhofft oder von konservativen Kommentatoren befürchtet, zu einem sozialen ›Flächenbrand‹ in Ostdeutschland ausweitete, war der medial intensiv begleitete Protest aus Sicht der Treuhand eine Katastrophe.«[67]

Weil K+S damals mehrheitlich zum Ludwigshafener BASF-Konzern gehörte, lassen Kritiker anklingen, die Treuhand habe dem von dort stammenden Kanzler Kohl einen Gefallen tun wollen oder sei gar von ihm dazu gedrängt worden.[68] Dabei musste die Treuhand nicht nur Überzeugungsarbeit leisten, damit K+S sich auf den Deal einließ. K+S bestand darauf, dass die Treuhand an der verschmolzenen Firma mit 49 Prozent beteiligt blieb und damit anteilig auch künftige Verluste mittragen musste.

Um den angeblichen »Geheimvertrag« der Treuhand mit Kali und Salz wurde im thüringischen Landtagswahlkampf 2014 ein riesiger Bohei gemacht. Die von einem Anonymus verbreiteten Kopien kamen oppositionellen Kräften um den jetzigen Ministerpräsidenten Bodo Ramelow gerade recht, die einen 1998 vom Land Thüringen mit dem Bund geschlossenen Vertrag anfechten, wonach das Land für die Beseitigung ökologischer Altlasten in den stillgelegten thüringischen Kalischächten weiterhin allein bezahlen muss.[69] Dass der Fusionsvertrag 1993 geheim gehalten wurde, lag an der Sturheit des Bischofferöder Betriebsrats. Weil der Vertrag Geschäftsgeheimnisse enthielt, verweigerten Treuhand und K+S, wie in solchen Fällen üblich, dessen vollständige Publizierung. Finanzminister Theo Waigel schlug vor, dass ein Wirtschaftsprüfer, der das Vertrauen aller Beteiligten hat, Einsicht nehmen sollte. Der Präsident des Berufsverbands der Wirtschaftsprüfer nannte vier neutrale Berufskollegen, aber der Bischofferöder Betriebsrat beharrte auf seiner Vertrauensperson, dem Bremer Finanzwissenschaftler Rudolf Hickel, der aber Waigels Bedingung nicht erfüllte: Er war kein Wirtschaftsprüfer. So unterblieb der Einblick in den Vertrag.[70]

Daraus entstand die zählebige Legende, die Treuhand habe mit Steuergeldern das westdeutsche Unternehmen K+S saniert. Tatsächlich leistete die Treuhand gemäß Fusionsvertrag eine »Bareinlage« von 1,04 Milliarden DM für »Investitionen, Reparaturen und Planverluste der MdK-Werke der Jahre 1993 bis 1997«.[71] Es wurde vertraglich festgeschrieben, dass dieses Geld ausschließlich für die Modernisierung und den Ausbau der ostdeutschen Werke verwendet wird. Die Bischofferöder Bergleute erhielten eine zweijährige Arbeitsplatzgarantie – eine Zusage, die andere Arbeitslose in Ostdeutschland nicht bekamen. Von den zuletzt 690 Beschäftigten entschieden sich 646 dafür, mit der GVV einen Arbeitsvertrag zu schließen, 25 traten in eine ABS-Gesellschaft ein, 19 nahmen den Sozialplan an, der für das fusionierte Unternehmen Kali + Salz GmbH ausgehandelt worden war.[72]

K+S hat alle damaligen Zusagen über Arbeitsplätze und Investitionen nicht nur eingehalten, sondern sogar übertroffen. Mit einem Stufenplan glich das Unternehmen bis 1998 die Löhne in Ost und West an, bis dahin einmalig in der deutschen Industrie.[73]

In Bischofferode ist keine Not ausgebrochen. Gegenüber der riesigen roten Abraumhalde, die eine Fläche von 63 Hektar bedeckt und sich bis zu 140 Meter über den Ortsteil Holungen erhebt, haben die Leipziger Stadtwerke auf dem Gelände des ehemaligen Kalibergwerks Deutschlands modernstes Biomassekraftwerk errichtet, das Strom aus regionalem Waldholz erzeugt. Man kann allerdings die Frage stellen, ob im ostdeutschen Kalibergbau nicht die gleichen Maßstäbe hätten angelegt werden können wie bei der westdeutschen Steinkohle. Lothar de Maizière beanstandete, dass da »mit zweierlei Maß gemessen« worden sei: »Wenn die Treuhand den Kalikumpeln in Bischofferode sagt, wir können nicht weiter produzieren, weil jede Tonne 60 Mark kostet, mag das ökonomisch richtig sein. Dann muss aber auch gelten: Wir können nicht weiterhin 220 Mark je Tonne Ruhrkohle zahlen.« Das empfinde der Kalikumpel als »Gerechtigkeitslücke«.[74]

Abgesehen davon, dass die Differenz zum Weltmarktpreis beim Bischofferöder Kali über 600 Mark je Tonne lag: Tatsächlich wurde der Steinkohlebergbau in Westdeutschland seit 1957 mit schätzungsweise 200 bis 300 Milliarden Euro subventioniert.[75] Damals wurde das Heizöl immer billiger, die Bahn rüstete von Dampfloks auf Diesel- und Elektroantrieb um, die Kohlehalden wuchsen. Schon 1957 arbeitete fast jede zweite Zeche an der Ruhr nicht mehr kostendeckend. Der Staat bezahlte die Differenz zwischen Produktionskosten und Verkaufserlösen. Dabei war die einheimische Kohle fast viermal so teuer wie Importkohle. Erst Ende 2018 wurde die letzte Zeche geschlossen, nachdem elf Jahre zuvor der sozialverträgliche Ausstieg aus der Steinkohleförderung beschlossen worden war. Der Strukturwandel konnte sich insgesamt 60 Jahre lang Zeit lassen, die Menschen konnten sich langfristig darauf einstellen. Allerdings hat Kali nicht die strategische Bedeutung, die Kohle in Zeiten des Kalten Kriegs hatte: Man wollte die Energieversorgung nicht von Importen abhängig machen. Und es ging anfangs um mehr als 600 000 Menschen, die in den Bergwerken arbeiteten. Außerdem war das gesamte ökonomische Umfeld günstiger: Die Staatsfinanzen waren stabil, und die Steinkohle war nur eine notleidende Branche neben vielen blühenden Wirtschaftszweigen.

Der Verdacht, westdeutsche Konzerne wollten wegen bestehender Überkapazitäten potenzielle Ostkonkurrenten ausschalten und aufkaufen, wird, wie im Fall Kali + Salz, immer wieder erhoben. Der Gefahr war man sich bei der Treuhand natürlich bewusst, sagt der Treuhand-Forscher Wolfgang Seibel: »Die Leute waren nicht dumm und haben gerade in Schlüsselindustrien wie Chemie, Stahl und Werften auch versucht, das zu verhindern.« So habe man zum Beispiel bei EKO Stahl in Eisenhüttenstadt, dem früheren Eisenhüttenkombinat Ost, alles getan, ein westdeutsches Interessenkartell von Thyssen und Preussag zu verhindern, »indem man gezielt ausländische Investoren angesprochen hat«. Nachdem zunächst der italienische Riva-Konzern den Zuschlag bekommen hatte, der aber aus dem Vertrag wieder ausstieg, wurde EKO Stahl schließlich an das belgische Unternehmen Cockerill-Sambre verkauft. Seibel versichert: »Die Treuhand war alles andere als der verlängerte Arm der westdeutschen Wirtschaft.«[76]

Einer der »symbolisch stark aufgeladenen« Fälle der frühen Treuhand-Zeit, auf die sich »die mediale Aufmerksamkeit konzentrierte«, wie der Historiker Böick formuliert, war das Aus für die DDR-Luftfahrtgesellschaft Interflug.[77] Trotz redlichen Bemühens, die ostdeutsche Airline zu retten, wurde die Treuhand für deren Abwicklung verantwortlich gemacht.

Dabei hatte es verheißungsvoll angefangen. Die westdeutsche Lufthansa hatte schon im März 1990 angeboten, sich mit 26 Prozent an Interflug zu beteiligen. Das geschah nicht aus altruistischen Motiven: Lufthansa-Chef Heinz Ruhnau wollte mit der Sperrminorität vor allem verhindern, dass sich ausländische Konkurrenten Interflug einverleiben.[78] Die rund 7000 Interflug-Beschäftigten versprachen sich von der Lufthansa-Beteiligung eine Sicherung ihrer Arbeitsplätze und votierten in einer Urabstimmung mit überwältigender Mehrheit dafür; einstimmig billigte der Aufsichtsrat der Lufthansa das Vorhaben. Die Beteiligung sollte zur Modernisierung und Gesundschrumpfung der Interflug führen.

Deren Fluggerät war veraltet, die Verwaltung aufgebläht. Die 45 sowjetischen Iljuschins und Tupolews verbrauchten doppelt so viel Kerosin wie westliche Maschinen, die Wartung der Oldtimer war dreimal so teuer.[79] Allein drei Airbus A 310-300, die 1989 für 355 Millionen DM angeschafft worden waren, entsprachen zeitgemäßer Technik. In der Betriebsleitung saßen unproduktive Politoffiziere und Verwaltungsbürokraten, an ihrer Spitze bis Ende April 1990 Generaldirektor Klaus Henkes, zugleich stellvertretender Verkehrsminister und Generalleutnant der Nationalen Volksarmee. Sein Nachfolger Andreas Kramer rechnete damit, dass Interflug in der zweiten Jahreshälfte 1990 mindestens 57 Millionen DM Verlust einfliegen würde – tatsächlich wurden es mehr als 200 Millionen.

Den Einstieg der westdeutschen Staatslinie bei ihrem ostdeutschen Pendant vereitelte das Bundeskartellamt im Juli 1990. Die Lufthansa verfüge bereits »über mehr als die Hälfte der innerdeutschen Start- und Landerechte«, argumentierten die Wettbewerbshüter. Durch den Zusammenschluss hätte die Lufthansa »auch die Slots und Abfertigungskapazitäten« der Interflug nutzen können, was »die überragende Marktstellung« der Lufthansa weiter verstärkt hätte.[80]

British Airways, damals die Nummer eins in Europa, war daran interessiert, ein neues Luftdrehkreuz aufzubauen und hätte dafür gern die Flugrechte der Interflug auf Routen vor allem in den früheren Ostblock, aber auch im innerdeutschen Luftverkehr übernommen. Allerdings hatten die Briten kaum Interesse daran, viel Interflug-Personal weiterzubeschäftigen. Auch mit Japan Airlines war die Treuhand im Gespräch. Derweil buhlte die Lufthansa weiter um Interflug. Als im November 1990 Interflug-Mitarbeitern bestimmte Lizenzen fehlten, lieh die Lufthansa Personal aus und sicherte damit das Fortbestehen der Betriebserlaubnis für Interflug.[81]

Rohwedder vertrat die Meinung, »dass es für Flugpassagiere im vereinigten Deutschland attraktiv sein könnte, wenn die Interflug als Regionallinie neben den großen Anbietern in Europa weiterbestehen würde«. Er musste allerdings »gestehen, dass die Firma Interflug potenzielle Investoren aus dem Ausland nicht gerade zu Begeisterungsstürmen hinreißt«.[82] Im Januar 1991 verhandelte die Treuhand mit acht Interessenten.[83] »Ein seriöses Interesse«, informierte Treuhand-Vorstand Karl Schirner am 4. Februar 1991 seine Kollegen, habe sich zuletzt auf British Airways reduziert. Aber auch diese habe nun endgültig abgesagt.[84]

Derweil wuchsen die Schulden immer höher. Der aktuelle Schuldenstand lag bei 450 Millionen DM. Am 7. Februar 1991 verkündete die Treuhand das Ende der Interflug. Rohwedder fühlte sich nun »um die Erfahrung reicher, dass man nicht allzu lange ordnungspolitischen Träumereien nachhängen sollte, Träumen, die jeden Monat sehr viel Geld kosten«.[85] Interflug-Hauptgeschäftsführer Andreas Kramer hingegen warf der Treuhand »verschleppte Verhandlungen und nicht rechtzeitig getroffene Entscheidungen vor«. In einer »Nacht- und Nebelaktion«, behauptete er, habe die Treuhand die Liquidation der ostdeutschen Luftfahrtgesellschaft verfügt.[86] Es war das übliche Vokabular aus Reizworten, mit denen die Stimmung angeheizt wurde. Der Interflug-Betriebsrat hingegen hielt der Geschäftsleitung vor, notwendige Maßnahmen zum Personalabbau verschleppt und »kein an den heutigen Wettbewerbsverhältnissen zu messendes Unternehmenskonzept entwickelt zu haben«.[87]

Die Treuhänder beklagten, dass »alle Beteuerungen der Anstalt, man habe sich noch nie so intensiv um eine Lösung bemüht«, bezweifelt wurden.[88] Der Personalüberhang, die hohen Betriebskosten für die veralteten Flugzeuge und die schlechte Auslastung der Flüge verursachten einen täglichen Verlust von einer Million DM. »Dieser riesige Betrag für eine lächerlich kleine Fluggesellschaft«, sagte Schirner, »kann doch nicht ernsthaft dem Steuerzahler zugemutet werden.«[89]

926 Interflug-Mitarbeiter fanden einen Arbeitsplatz bei der Lufthansa oder einer ihrer Tochtergesellschaften.[90] Für die zuletzt noch verbliebenen 2500 Interflug-Mitarbeiter begannen Mitte April 1991 Qualifizierungs- und Fortbildungsmaßnahmen. Am 30. April 1990 absolvierte eine Maschine vom Typ Tupolew 134 den letzten Linienflug der ehemaligen DDR-Airline – von Berlin-Schönefeld nach Wien und zurück.

Oft behaupten Treuhand-Kritiker, Unternehmen seien weit unter Wert verkauft worden, mitunter nur für eine symbolische Mark. Aber was sollte die Treuhand mit ihren Ladenhütern tun, wenn umworbene Investoren die museumsreifen Betriebe nicht einmal geschenkt haben wollten? Als seinen »größten Erfolg« bezeichnete der Dresdner Treuhand-Chef Helmut Wotte den »Verkauf eines Unternehmens zum Preis von einer Mark«. Für das Fortbestehen des 500-Mann-Betriebs habe er das Menschenmögliche herausverhandelt: Der Käufer aus dem Westen verpflichtete sich, 400 Beschäftigte zu übernehmen und bis 1993 mindestens 20 Millionen Mark zu investieren. »Mehr als eine Mark«, sagte Wotte, »war dann nicht mehr drin.«[91]

Die Treuhand hatte nicht die personelle Kapazität, neben ihren eigentlichen Aufgaben auch die oft wenig faktenorientierten Skandalberichte zurechtzurücken. Gewiss, es hat viele Fälle gegeben, in denen die Investoren den Kaufpreis nicht aus eigener Tasche bezahlten, sondern kurzerhand das Grundstück der eben erworbenen Firma mit einer Hypothek belasteten. Und es stimmt auch, dass etliche Käufer weder Arbeitsplatz- noch Investitionszusagen eingehalten haben. Aber solche Fälle waren weder der Normalfall, wie meist suggeriert wird, noch gab es sie in breiter Front. Unter dem Strich wurden die gegebenen Versprechen eingehalten, ja sogar übererfüllt. Das Vertragsmanagement der Treuhand stellte bei der Überprüfung der 1991 bis 1993 geschlossenen Kaufverträge fest, dass die Arbeitsplatzgarantien um zwölf bis 16 Prozent, die Investitionszusagen sogar um 23 bis 26 Prozent übertroffen wurden.[92]

Die Geschichte der Treuhand wird oft als eine Aneinanderreihung von Gaunerstücken, Schiebereien und schlecht ausgehandelten Verträgen erzählt. Die Pressearchive sind voll von solchen Artikeln, reißerisch aufgemachte Bücher berichten fast ausschließlich von tatsächlichen oder angeblichen Skandalen, und noch heute raunt man von allgegenwärtigem Lug und Trug. Spröde wissenschaftliche Studien, die ein anderes Bild zeichnen, haben es schwer gegen knackige Vorurteile. Fraglos wurde die Anstalt »für eine Vielzahl von Straftätern zum lukrativen Angriffsobjekt«, wie Kriminaloberrat Uwe Schmidt, Referatsleiter der im September 1991 gegründeten Zentralen Ermittlungsstelle für Regierungs- und Vereinigungskriminalität (ZERV), kurz vor der Schließung der Treuhand 1994 feststellte.[93]

Die Begehrlichkeit war nicht verwunderlich. Die chaotischen, geradezu anarchischen Zustände, die vor allem im ersten Jahr nach der friedlichen Revolution in allen Bereichen der ehemaligen DDR herrschten, machten es Ganoven leicht. Polizisten und Zollbeamte der Ex-DDR zeigten wenig Ermittlungseifer, die einheimischen Staatsanwälte waren in Wirtschaftsdingen unerfahren, die Richter überfordert.

Ein Massenphänomen waren die kriminellen Machenschaften bei der Treuhand indes nie. »In Anbetracht aufsehenerregender

Skandalfälle, die die Treuhandanstalt vor allem in den Jahren 1992/1993 erschütterten und ihr medienöffentliches Bild bis in die Gegenwart nachhaltig prägen, sowie einer generellen kriminogenen Grundtendenz in historischen Umbruchszeiten« werde »die treuhandbezogene Wirtschafts- und ›Vereinigungskriminalität‹« von in Ostdeutschland tätigen Juristen und Strafverfolgern »tendenziell als nicht besonders außergewöhnlich charakterisiert«, konstatieren die Historiker Böick und Goschler.[94]

»Im Verhältnis zu Größe und Komplexität der bis heute einmalig gebliebenen Aufgabenstellung der Treuhandanstalt« habe sich »der Umfang der Treuhandkriminalität in einem überschaubaren Rahmen gehalten«, schreiben zwei für die Treuhand-Nachfolgerin BvS beratend tätige Rechtsanwälte. »Angesichts der Krassheit mancher Einzelfälle« werde dies »gern übersehen«.[95] Wenn er sich »anschaue, wie die Privatisierung in den anderen mittelosteuropäischen Staaten gelaufen ist, besonders in Russland, Weißrussland und der Ukraine«, merkte Lothar de Maizière an, dann sei die Treuhand »noch so etwas wie eine höhere Töchterschule gewesen«.[96]

Der wohl größte Betrugsfall betraf die Wärmeanlagenbau Berlin: Ein Angestellter der Deutschen Babcock kaufte den Betrieb, plünderte ihn aus und verschwand schließlich mit Millionen im Ausland. Ähnliches Aufsehen erregte das dreiste Vorgehen zweier indischer Brüder, die die Thüringische Faser AG übernahmen, den Kaufpreis schuldig blieben, aber eine Investitionshilfe von neun Millionen DM umgehend auf ihr Privatkonto in Malaysia überwiesen. Die Werft Bremer Vulkan leitete Fördergelder, die für ihre Erwerbungen in Stralsund und Wismar gedacht waren, in das klamme heimische Unternehmen um. Für Negativschlagzeilen sorgte ein Schmiergeldskandal in Halle, wo zwei Treuhand-Manager 24 Millionen DM von Käufern aus dem Westen kassierten und dafür ostdeutsche Betriebe weit unter Wert verhökerten.

Frühzeitig hatte die Treuhand erkannt, welche Anziehungskraft sie auf Kriminelle ausübte. Deshalb richtete sie im Februar 1991 eine »Stabsstelle Besondere Aufgaben« als interne Kontrollinstanz zur Bekämpfung vereinigungsbedingter Wirtschaftskriminalität ein. Geleitet wurde sie von Hans Richter, einem im Wirtschaftsstrafrecht erfahrenen Staatsanwalt, den das Land Baden-Württemberg für diese Tätigkeit vorübergehend beurlaubte. Richter hatte zudem ein Diplom als Betriebswirt, verfügte also als Jurist auch über hohe ökonomische Kompetenz. Sein Nachfolger wurde Ende 1992 Daniel Noa, ein ebenfalls aus Baden-Württemberg entliehener hoch qualifizierter Staatsanwalt.[97]

Die Stabsstelle ermittelte in Zusammenarbeit mit Strafverfolgungsbehörden und Wirtschaftsprüfern in Fällen treuewidriger Unternehmensführung, bei Aushöhlung von Unternehmen, Subventionsbetrug, Korruption und Geheimnisverrat. Als Daniel Noa seinen Dienst antrat, hatten nach seinem Bekunden durch schnelle Aufklärung 90 Prozent des bis dahin intern ermittelten Betrugsvolumens von drei Milliarden DM gesichert werden können.[98] »Die überwiegende Zahl von Fällen«, konstatierte das Treuhand-Direktorat Recht in einer Zwischenbilanz 1993, betreffe »Handlungen von Investoren, Mitarbeitern von Treuhand-Unternehmen und anderen Personen, die nicht in einem Arbeitsverhältnis zur Treuhand stehen«. Lediglich in einem Viertel der Fälle gebe es Hinweise auf strafrechtlich relevantes Verhalten von Treuhand-Mitarbeitern, denen die Stabsstelle »immer unverzüglich und ohne Ansehen der Person« nachgehe.[99]

In seinem Abschlussbericht vom November 1994 bilanzierte Noa, die Stabsstelle habe insgesamt 1819 Vorgänge bearbeitet. »Die überwiegende Anzahl der erhobenen Vorwürfe«, nämlich 1160, habe »Handlungen von Investoren, Mitarbeitern von Treuhand-Unternehmen und anderen Personen« betroffen, die »nicht in einem Arbeitsverhältnis zur Treuhandanstalt« standen. Nur »in weniger als einem Viertel der Fälle«, nämlich 362-mal, habe es Hinweise auf strafrechtlich relevantes Verhalten von Treuhand-Mitarbeitern gegeben. Und lediglich in 134 Fällen habe ein Anfangsverdacht zur Einleitung staatsanwaltschaftlicher Ermittlungsverfahren geführt, von denen zu diesem Zeitpunkt – Ende 1994 – bereits 54 eingestellt worden seien.[100]

Wenn man bedenke, dass insgesamt im Lauf der Jahre etwa 6000 Personen für die Treuhand tätig waren und mehr als 40 000 Privatisierungsvorgänge bearbeitet haben, so bedürfe es »nicht einmal der Berücksichtigung der bekanntermaßen einmaligen besonderen Situation bei Privatisierung und Gewinnung der hierfür benötigten Mitarbeiter«, um feststellen zu können, »dass das kriminelle Potenzial ... nicht über dem in der Gesellschaft auch sonst vorhandenen« gelegen habe.[101] Den wirtschaftlichen Schaden, der bei der Treuhand oder ihren Unternehmen entstanden sei, bezifferte Noa auf etwa 234,5 Millionen DM.[102] Der Chefermittler resümierte: »Die Kriminalität bei der Treuhand war nicht höher als in irgendeinem Kaufhaus, sowohl von den Angestellten als auch von den Kunden, sieht man einmal von den naturgemäß höheren Schäden im Einzelfall ab.«[103]

Günther Heydemann, bis 2016 Geschichtsprofessor an der Universität Leipzig und Direktor des Dresdner Hannah-Arendt-Instituts für Totalitarismusforschung, beziffert die »kriminellen Machenschaften« im Treuhand-Bereich auf fünf bis sieben Prozent. Natürlich sei »jedes kriminelle Vergehen eines zu viel«, räumt der Wissenschaftler ein, doch wenn man dies im Verhältnis zu den »15 000 Großverfahren, 25 000 kleinen Privatisierungen und 4000 Reprivatisierungen« sehe, sei das »nur ein kleiner Teil«. Die »gerade in Ostdeutschland weit verbreitete Meinung, die Treuhand sei eine Ansammlung von Kriminellen gewesen«, gehe jedenfalls »völlig an der tatsächlichen Aufgabe und Leistung der Treuhand vorbei«.[104]

7. Erfolgsgeschichten

*»Der Mainstream ist:
nur das Misslungene zu erzählen.«*

»Als die DDR endete«, schrieb Monika Maron, »war Bitterfeld zu einem Synonym für marode Wirtschaft, vergiftete Luft und verseuchten Boden geworden, zu einem Sinnbild des ruinierten Landes. Man musste nur einmal im ewig diesigen Himmel über Bitterfeld nach der Sonne gesucht [haben] oder einmal unter den Rohrleitungen im Werk herumgelaufen sein, hoffend, es möge Wasser und nicht Säure sein, was einem da auf den Kopf tropfte, man musste nur einmal in Bitterfeld gewesen sein und hier und da ein flüchtiges Gespräch mit seinen Bewohnern geführt haben, um zu wissen, dass dort zu leben lebensgefährlich war.«[1]

Monika Maron war 1974 zum ersten Mal in der Stadt, als Reporterin der *Wochenpost*. Sie war »entsetzt und erschüttert über die Arbeitsbedingungen, die vergiftete Luft, den chemievernebelten Himmel« und verarbeitete ihre Erlebnisse in ihrem Debütroman *Flugasche*. Darin beschrieb sie »diese Schornsteine, die wie Kanonenrohre in den Himmel zielen und ihre Dreckladung Tag für Tag und Nacht für Nacht auf die Stadt schießen ... sachte wie Schnee, der langsam und sanft fällt«.[2] In der DDR durfte der Roman wegen »Schwarzmalerei« nicht erscheinen. Denn Monika Maron erzählte darin, »was passiert, wenn jemand, in diesem Fall eine Journalistin, das tut, was sie für richtig hält: die Wahrheit zu schreiben«.[3] Die Romanheldin verfasst eine Reportage, die nicht veröffentlicht werden darf und die ihr Leben vollkommen verändert, weil sie den Übelstand klar benennt: »B. ist die schmutzigste Stadt Europas.« Der westdeutsche S. Fischer Verlag veröffentlichte den Roman 1981.

Fast 30 Jahre später besuchte die Autorin die Stadt erneut und stellte fest, dass der Ort zu einem Zentrum sauberer, umweltfreundlicher Industrie geworden ist. In ihrem 2009 erschienenen Bericht *Bitterfelder Bogen* schilderte sie »den erstaunlichen Wandel von der Chemiekloake zum Zukunftsstandort regenerativer Energien«,[4] ohne die Turbulenzen der Umbruchszeit, als Zehntausende ihre Arbeitsplätze verloren, zu beschönigen. Bis zu 15 000 Menschen hatten in der Filmfabrik Wolfen gearbeitet, 18 000 in Chemiebetrieben, weitere 5000 im Braunkohletagebau. Als die Firmen zusammenbrachen, zogen viele von ihnen weg: 1989 hatten Bitterfeld und Wolfen, die 2007 zu einer Stadt vereinigt wurden, 76 000 Einwohner, jetzt sind es noch 40 000.

Mittlerweile ist ein 1200 Hektar großer Chemiepark entstanden, ein Zehntel davon ist bereits als Industriefläche erschlossen. 4,5 Milliarden Euro wurden investiert. Mehr als 300 Firmen haben sich angesiedelt, darunter 60 produzierende Unternehmen, die auch Auftraggeber für zahlreiche Dienstleistungsfirmen sind. Rund 11 000 Arbeitskräfte sind hier beschäftigt. »Die Treuhand ist für ihre Arbeit oft geschmäht worden, und ganz gewiss waren die ersten Jahre nach der Vereinigung eine goldene Zeit für Spekulanten und Betrüger, die auch mit Hilfe der Treuhand ihre Geschäfte betrieben haben«, konzediert Monika Maron. »Auch im Chemiedreieck Halle-Bitterfeld-Dessau sind einige unternehmerische Hasardstücke, an denen übrigens auch Ostdeutsche beteiligt waren, vor Gericht gelandet, andere wurden untersucht, von manchen erzählt man sich nur. Aber niemand in Bitterfeld-Wolfen bestreitet die gewaltige Anstrengung der Treuhandmitarbeiter, der Region ein Überleben oder richtiger: die Wiedergeburt als Industriestandort zu ermöglichen.«[5]

Deshalb kritisiert Maron das penetrante Rechthabenwollen eines Günter Grass, der 1991 am Vorabend des ersten Jahrestags der Einheit eine Rede hielt, in der er den Bitterfeldern erzählte, was bei der Wiedervereinigung alles schiefgelaufen sei. Maron empörte sich noch 2009 darüber, dass Grass »sich offenbar nie gefragt hat, was denn im ersten Jahr der Einheit eigentlich anderes hätte geschehen können, als die fortgesetzte Vergiftung von Bitterfeld und seinen Bewohnern zu beenden«.⁶ Sie ärgerte sich über die einseitige, verengte Wahrnehmung. »Über das Unglück von Leuten, die diesen Umbruch weniger gut überstanden haben, ist nun seit 20 Jahren erzählt worden. Und ich erzähle nun mal was anderes. Ich finde, dass so eine Geschichte, die gegen den Mainstream läuft in diesem Fall – der Mainstream ist: nur das Misslungene zu erzählen –, dass die legitim ist, vielleicht auch nötig.«⁷

Dies gilt auch zehn Jahre später, nicht nur für Bitterfeld. Das Elend wurde tausendmal in schwärzesten Farben beschrieben. Deshalb müssen auch mal Erfolgsgeschichten ausgebreitet werden. Man fängt am besten bei der Frau an, die Monika Maron ins Zentrum ihres Berichts gestellt hat. Ingrid Weinhold ist gelernte Kauffrau und studierte Verfahrenstechnikerin. Sie arbeitete als Ingenieurin im VEB Filmfabrik Wolfen, der, neben fünf weiteren volkseigenen Betrieben, Teil des Fotochemischen Kombinats Wolfen war. Die Filmfabrik Wolfen war 1910 von der Berliner Aktiengesellschaft für Anilinfabrikation (Agfa) gegründet worden und hatte 1936 den ersten Farbfilm produziert. In der DDR firmierten ihre Erzeugnisse, nach einem Streit mit der mittlerweile in Leverkusen ansässigen Agfa um die Benutzung des Warenzeichens, unter dem Markennamen ORWO, einem Akronym für »Original Wolfen«. Bei der Währungsunion wurde das Kombinat aufgelöst, die Filmfabrik zu einer Aktiengesellschaft im Besitz der Treuhand umgewandelt. Nach eingehenden Untersuchungen durch verschiedene Beraterfirmen erwies sich, dass die Filmfabrik Wolfen als Ganzes nicht zu privatisieren war. Schrittweise wurden die technischen Bereiche herausgelöst und privatisiert.⁸

Wie die meisten Mitarbeiter erhielt Ingrid Weinhold die Kündigung, als die Hauptabteilung Instandsetzung der Filmfabrik aufgelöst wurde. Einzelne Gruppen von Technikern und Ingenieuren taten sich zusammen und gründeten kleine Dienstleistungsbetriebe. So beschlossen auch Ingrid Weinhold und vier ihrer Kollegen, der Treuhand einen Teil des ehemaligen VEB abzukaufen, in ihr eigenes Unternehmen umzuwandeln und Präzisionsmaschinen für verschiedene Industriezweige herzustellen – ein klassischer Fall von Management-Buy-out. 1,2 Millionen Mark mussten Weinhold und ihre Mitgesellschafter für Grundstück, Gebäude und Maschinen an die Treuhand bezahlen.

Mit 18 Mitarbeitern startete die MABA Spezialmaschinen GmbH 1991. Heute beschäftigt das Unternehmen rund 30 Mitarbeiter, entwickelt, konstruiert und montiert für 330 Kunden Komponenten und Komplettanlagen. Ingrid Weinhold, schrieb das *Handelsblatt*, »steht für eine der erstaunlichsten Verwandlungen, die die deutsche Vereinigung hervorgebracht hat«.[9] Im Februar 2019 hat Ingrid Weinhold, seit 2000 alleinige Gesellschafterin, ihre Firma einem Nachfolger übergeben.[10]

»Warum«, fragte Monika Maron in ihrem *Bitterfelder Bogen*, »haben in den letzten zwanzig Jahren nicht Leute wie ... Ingrid Weinhold das öffentliche Bild von den Ostdeutschen geprägt? Warum waren es vor allem die Nostalgiker, PDS-Wähler und Rechtsradikalen, die als Bevölkerung der ›neuen Länder‹ auf den Bildschirmen und in den Zeitungen präsentiert wurden, als hätte es die Wagemutigen, die Zähen und Erfinderischen nicht gegeben, als wären nicht Hunderttausende klaglos jahrelang nach Bayern und Baden-Württemberg gependelt oder hätten nach jeder Pleite ihres Arbeitgebers unermüdlich nach einem neuen gesucht? Wären diese zwanzig oder dreißig Prozent nicht allen Ostdeutschen so lange als ihr Spiegelbild vorgehalten worden, bis sie selbst glauben mussten, sie seien ein Volk von antriebsschwachen, obrigkeitshörigen Sozialfällen, würden gegenwärtige Umfragen nach ostdeutschen Identitätsgefühlen vermutlich weniger deprimierend ausfallen ... Vielleicht kennen ja sogar die Ostdeutschen ihre eigenen Erfolgsgeschichten zu wenig, um stolz auf sie und sich selbst zu sein.«[11]

Monika Marons Befund ist heute so aktuell wie vor zehn Jahren.

Dass ausgerechnet das boomende Bitterfeld zu einer AfD-Hochburg werden konnte, ist schwerlich mit der Treuhand-Vergangenheit zu erklären. Die Rechtsaußenpartei erzielte im Wahlkreis 29 Bitterfeld bei der Landtagswahl 2016 mit 33,4 Prozent der Erst- und 31,9 Prozent der Zweitstimmen das beste Ergebnis in Sachsen-Anhalt. Die Linke stürzte bei den Zweitstimmen auf 13,4 Prozent ab und lag damit weit unter dem Landesdurchschnitt. Die einstige Arbeiterpartei SPD kam auf gerade einmal 8,4 Prozent. Bei der Bundestagswahl 2017 und der Europawahl 2019 reduzierte sich der Stimmenanteil der AfD immerhin auf landesübliche 22 Prozent.

Die Arbeitslosenquote liegt seit Jahren stabil unter acht Prozent. Der Pharmakonzern Bayer produziert in einer schneeweißen Fabrik Aspirintabletten. Heraeus stellt hier Quarzglas her, das »Rückgrat des Informationszeitalters«, wie es auf der Firmen-Homepage heißt. Das niederländische Unternehmen Nouryon, früher AkzoNobel, produziert Chlor und Natronlauge, Stoffe, die Papier reißfest und weiß und Wasser keimfrei machen sowie in vielen Produkten des täglichen Lebens stecken, wo der Laie sie nicht vermutet, etwa in Lebens- und Reinigungsmitteln. Rings um Bitterfeld-Wolfen ist ein landschaftliches Paradies entstanden: Die Krater des Braunkohletagebaus wurden geflutet, die Goitzsche wurde zu einem See mit kleinem Hafen gestaut. Früher spottete man: »Alles ist grau, nur die Flüsse sind bunt.« Jetzt wirbt die Kommune für die »grüne Industriestadt am See«.

»Sehn wir uns nicht auf dieser Welt, so sehn wir uns in Bitterfeld«, lautet ein oft zitierter Spruch aus dem Märchen *Zauberverblendung* von Ludwig Bechstein. Es handelt von einem Magier, der mit seinem Kunststück das Volk entzückte, und dieses »staunte mit weit offnem Munde«. Heute haben die Bitterfelder dazu wieder allen Grund.

Auch Glashütte hat nach 1990 ein Wunder erlebt, an das niemand mehr geglaubt hatte: die Wiedererstehung weltberühmter Uhrenmanufakturen. In der osterzgebirgischen Kleinstadt mit 6800 Einwohnern sind inzwischen zehn Uhrenfabriken ansässig, darunter drei, die unter alten Markennamen exquisite mechanische Uhren herstellen. Es herrscht praktisch Vollbeschäftigung. Aber auch in diesem prosperierenden Ort hat die AfD eine extrem starke Position. 37,3 Prozent der Stimmen holte die Partei bei der Bundestagswahl 2017 in der Stadt Glashütte. Der Wahlkreis 158 Sächsische Schweiz/Osterzgebirge hatte mit 35,5 Prozent den höchsten AfD-Stimmenanteil in ganz Sachsen.

Solche Wahlergebnisse und die rechtsextremen Exzesse gefährden nicht nur das Image der Region, sondern auch die einheimische Wirtschaft. Nun sind womöglich Arbeitsplätze bedroht, die in den 1990er-Jahren von der Treuhand gerettet wurden. 2015 veröffentlichte die Dresden Marketing GmbH eine Studie, aus der hervorging, wie sehr Pegida und Co. der sächsischen Landeshauptstadt und dem Standort schaden. Insbesondere unter Studierenden, Wissenschaftlern und Bewohnern aus dem übrigen Bundesgebiet sei Dresden durch diese Aufmärsche weniger attraktiv geworden, heißt es dort. Es könnte auch Glashütte treffen.

Zwei Tage nach der Bundestagswahl veröffentlichte die Geschäftsführung von Nomos Glashütte einen offenen Brief an »Kunden und Freunde«: In Sachsen habe eine Partei gewonnen, »deren Äußerungen oft außerhalb des demokratischen Spektrums liegen«. Man distanziere sich »ausdrücklich von jeglichem rassistischen Gedankengut«, stand in dem Brief. »Kein anderes Unternehmen in Deutschland, mit dieser Bekanntheit und diesem Gewicht, positioniert sich so scharf nicht nur gegen rechts, sondern explizit gegen die AfD«, schrieb der *Spiegel* nach den Ausschreitungen in Chemnitz im August 2018.[12] Seither habe man um die 100 Zuschriften erhalten, berichtete Nomos-Mitgeschäftsführerin Judith Borowski, aus Deutschland und viele aus dem Ausland, die meisten aus den USA. »Die Kunden wollen wissen, ob ein Nazi an ihrer Uhr gearbeitet hat«, sagte sie.[13] Nach der *Spiegel*-Veröffentlichung gab es, wie die drei Geschäftsführer in einem weiteren offenen Brief mitteilten, »viel Lob und Anerkennung«, aber auch »ordentlich Gegenwind«. Die Betriebsführung unterstrich, dass es nicht ihre erste Aufgabe sei, »politisch zu sein«. Aber man wolle »klar gegen Hass und Gewalt und den Radikalisierungsprozess in unserem Land« Position beziehen. »Unser Standpunkt ist: Wir alle sollten die Demokratie, für die 1989 insbesondere bei uns in Sachsen gekämpft wurde, verteidigen.« Sie sei »die Grundlage für alles, was wir hier tun. Glashütte, wie wir es heute kennen, wäre nicht ohne die Wende, ohne Freiheit und Demokratie. Wir würden nicht unsere schönen Uhren in alle Welt verkaufen.«

Gleich nach der friedlichen Revolution begann in Glashütte der Aufschwung. Bereits im Dezember 1990 gründete der Nürnberger Unternehmer Günter Blümlein die Firma A. Lange & Söhne neu, zusammen mit Walter Lange, dem Urenkel von Ferdinand Adolph Lange, der 1845 die erste Uhrenmanufaktur in Glashütte eröffnet hatte. 1991 meldete der Düsseldorfer EDV-Experte und Fotograf Roland Schwertner den längst verblichenen Markennamen Nomos Glashütte an. 1994 erwarb der aus der Oberpfalz stammende Feinwerktechniker und Betriebswirt Heinz W. Pfeiffer gemeinsam mit dem Nürnberger Juwelier Alfred Wallner von der Treuhand die aus einem VEB hervorgegangene Glashütter Uhrenbetrieb GmbH, die jetzt unter dem Markennamen »Glashütte Original« erfolgreich ist. Allein diese drei Firmen, die ausschließlich mechanische Luxusuhren produzieren, beschäftigen rund 1000 Mitarbeiter, weitere 1000 arbeiten in den sieben anderen Uhrenwerkstätten.

Der VEB Glashütter Uhrenbetriebe (GUB) gehörte in der DDR zum Kombinat Mikroelektronik Erfurt. Hergestellt wurde billige Massenware, jährlich über eine Million Uhren. Zuletzt waren es meist Quarzuhren, von denen viele vom Versandhaus Quelle als dessen Hausmarke »Meister-Anker« verkauft wurden. Über 2000 Mitarbeiter waren 1989 bei GUB beschäftigt.

Die Privatisierungsbemühungen der Treuhand verliefen zäh. Von zwei Interessenten zog einer sein Angebot zurück, das des anderen war für die Treuhand nicht akzeptabel. Der Vorstand hatte den Betrieb bereits in die Kategorie »nicht sanierungsfähig« eingestuft.[14] Im Dezember 1992 war doch noch ein Käufer gefunden: Das französische Unternehmen France Ebauches bot für die Firma eine Million Mark und sicherte »langfristig 230 bis 290 Arbeitsplätze« sowie 30 Millionen DM an Investitionen zu; die Treuhand wollte 21 Millionen DM als Anschubfinanzierung gewähren sowie Grundstücke, Gebäude und Museumsexponate für knapp 15 Millionen DM herauskaufen.[15] Aber nach einem halben Jahr gab France Ebauches mangels eines tragfähigen Konzepts auf.[16] Da inzwischen zwei neue Uhrenmanufakturen – A. Lange & Söhne und Nomos – in Glashütte gegründet worden waren, schien das Ende des traditionsreichen Betriebs unabwendbar.

In einem letzten Kraftakt entwarfen der 1990 als GmbH-Geschäftsführer eingesetzte Bernd Reddel und ein von der Treuhand bestellter Unternehmensberater ein neues Konzept, worauf sich doch noch einmal 40 Interessenten meldeten. Die Wahl fiel schließlich auf den aus der bayerischen Oberpfalz stammenden Unternehmer Heinz W. Pfeiffer und den Nürnberger Uhren- und Schmuck-Fachhändler Alfred Wallner, die den Betrieb im November 1994 mit 70 Beschäftigten übernahmen.[17]

Seit 2000 gehört die Firma zur schweizerischen Swatch Group. Die von vielen befürchtete Produktionsverlagerung in die Schweiz fand nicht statt, im Gegenteil: Swatch investierte kräftig. Heute fertigt Glashütte Original über 10 000 Uhren im Jahr. Die Marke A. Lange & Söhne befindet sich seit 2001 unter dem Dach des Schweizer Luxusgüterkonzerns Richemont, Nomos Glashütte wird weiterhin von seinen Inhabern geführt. Der Mythos Glashütte lebt wieder.

»Kein Märchen ist schöner«, titelte das einstige SED-Zentralorgan *Neues Deutschland*, das sonst zuverlässig über den Rückstand Ost klagt.[18] Es war allerdings auch ein einmaliger Vorgang: Eine ostdeutsche Firma übernahm einen westdeutschen Konkurrenten. Der Name des Bezwingers legte das Wortspiel nahe: Nicht der böse Kapitalistenwolf fraß das arme Rotkäppchen auf, sondern Rotkäppchen schluckte den Wolf. Die Sektkellerei Rotkäppchen aus dem sachsen-anhaltischen Freyburg an der Unstrut verleibte sich 2001 die hessischen Traditionsmarken Mumm und MM ein, die bis dahin zum kanadischen Seagram-Konzern gehört hatten. Mit einem Schlag wurde der ostdeutsche Schaumweinhersteller zum gesamtdeutschen Marktführer vor Henkell & Söhnlein.

Das war 1990 nicht vorherzusehen. Der ehemalige DDR-Monopolist, der zum Kombinat Spirituosen, Wein und Sekt in Berlin gehörte, war aus heiterem Himmel in den Keller gesaust. 15,3 Millionen Flaschen hatte die Firma 1987, in ihrem besten Geschäftsjahr, verkauft: Ob Jugendweihe oder andere Familienfeiern, immer war die Flasche mit der namengebenden roten Stanniolkappe dabei, und auch Erich Honecker prostete Staatsgästen gern mit Rotkäppchen zu. Die veralteten Abfüllanlagen hatten die Menge kaum geschafft, und weil Flaschen knapp waren, mussten trotz Devisenmangel viele aus dem Westen importiert werden.

Aber schon den ersten Jahreswechsel nach dem Mauerfall feierten die Noch-DDR-Bürger lieber mit moussierenden Westgetränken als mit der süßlichen »Blubberbrause«. Der Dezember 1989 wurde mit nur 979 000 Flaschen zum umsatzschwächsten Verkaufsmonat des ganzen Jahres, trotz Weihnachten und rauschender Silvesterfeiern. Rotkäppchen war zur Ladenhüterplörre geworden, die man selbst im Osten nicht mehr trinken wollte. Die Marke drohte in der Versenkung zu verschwinden.[19]

Im zweiten Halbjahr 1990, nach der Währungsunion und nachdem die Treuhand die aus dem Kombinat herausgelöste Sektkellerei übernommen hatte, sackte der Absatz auf 1,8 Millionen Flaschen. Die Belegschaft wurde von 364 auf 205 am Jahresende reduziert. Weil der Vertrieb nicht mehr funktionierte, fuhren die Mitarbeiter mit ihren Privatautos oder Barkas-Kleintransportern auf Märkte und Volksfeste und verkauften den Sekt direkt aus dem Kofferraum oder von der Ladefläche herunter.[20] Im Frühsommer 1991 wurde eine neue Hochleistungsabfüllanlage aufgebaut. Die hochmoderne Technik war noch zu DDR-Zeiten beim bayerischen Weltmarktführer Krones AG geordert worden. Jetzt konnten, theoretisch, zwölf Millionen Flaschen pro Jahr abgefüllt werden, im Zweischichtbetrieb wären sogar doppelt so viele möglich gewesen. Aber für die Treuhand war die Modernisierung eher ein Verkaufshindernis: Potenzielle Investoren bezweifelten, dass die Anlage je ausgelastet werden könnte. Die Belegschaft schrumpfte weiter, auf schließlich nur noch 66 Mitarbeiter im dritten Quartal 1992. Immerhin stieg der Verkauf wieder an, auf 5,7 Millionen Flaschen in jenem Jahr.

In der Berliner Treuhand-Zentrale kümmerte sich Jürgen Haag, Direktor für den Bereich Nahrungs- und Genussmittel, um die Rotkäppchen-Sektkellerei.[21] Er glaubte an die Marktfähigkeit des Traditionsunternehmens, vor allem setzte er Vertrauen in das Potenzial der leitenden Mitarbeiter, die zu DDR-Zeiten oft unter schwierigen Bedingungen hervorragende Arbeit geleistet hatten. Haag setzte die Verkaufsbemühungen deshalb erst einmal aus. Statt das Traditionsunternehmen zu veräußern, suchte er eine Mannschaft mit dem besten Konzept.[22] Die fand er schließlich in einer Gruppe von fünf leitenden Mitarbeitern, angeführt von dem Lebensmitteltechnikingenieur Gunter Heise, der 1973 als 22-Jähriger bei Rotkäppchen angefangen hatte und zum technischen Leiter aufgestiegen war. Die Treuhand hatte ihn 1991 als Geschäftsführer der GmbH eingesetzt. Irgendwann im Sommer 1992 stellten Heise und einige Mitstreiter Überlegungen an, die Firma selbst zu übernehmen, als Management-Buy-out. Drei langjährige leitende VEB-Kollegen und ein Westdeutscher, der als Marketing-Chef nach Freyburg gekommen war, wollten das Wagnis eingehen. Sie verhandelten mit Banken, setzten Hab und Gut ein und gaben im November 1992 bei der Treuhand ein Angebot ab.

Noch reichte es nicht gegen andere Bieter, aber da kam Heise ein Zufall zu Hilfe. Im August 1991 hatte er bei einer Geburtstagsfeier in Nordhausen den rheinhessischen Unternehmer Harald

Eckes-Chantré kennengelernt. Dessen Eckes AG hatte gerade von der Treuhand die Firma Nordbrand, den Hersteller des Echten Nordhäuser Doppelkorn, erworben. Auf der Heimreise machte Eckes-Chantré spontan einen Abstecher nach Freyburg. In der Folge lernten er und Heise sich schätzen, und rasch war Eckes-Chantré überzeugt, dass die Sektmarke mit großer Vergangenheit auch eine erfolgreiche Zukunft haben würde. Anfang 1993 stand sein Angebot, als Privatinvestor Miteigentümer zu werden.[23] Eckes-Chantré und seine beiden Töchter erwarben 40 Prozent der Geschäftsanteile, die übrigen 60 Prozent übernahmen Heise und seine Manager-Kollegen.[24]

Es gelang, die ostdeutsche Hausmarke auch auf dem Westmarkt zu etablieren. Im Jahr 2000 verkaufte Rotkäppchen 50 Millionen Flaschen. Nun war genug Geld in der Kasse, um im Westen auf Einkaufstour zu gehen. Dass Rotkäppchen bei Mumm und MM den Zuschlag erhielt, lag nicht nur an dem finanzkräftigen Partner Eckes-Chantré, die ostdeutschen Sektproduzenten waren die Einzigen, die die 240 Arbeitsplätze im Westen garantierten.[25] Ein Jahr später kaufte die Rotkäppchen-Mumm Sektkellereien GmbH die kleine badische Sekt-Edelmarke Geldermann dazu.

Das Freyburger Sekthaus besitzt inzwischen einen Marktanteil von mehr als 50 Prozent im deutschen Einzelhandel. Allein am Stammsitz in Sachsen-Anhalt mit rund 200 Beschäftigten werden jedes Jahr mehr als 150 Millionen Flaschen abgefüllt.[26] Unter Heises unternehmerischer Führung hat sich nach der erfolgreichen Privatisierung im März 1993 aus einem regionalen Sekthaus ein bundesweit erfolgreiches diversifiziertes Unternehmen entwickelt, das inzwischen auch ins Wein- und Spirituosengeschäft eingestiegen ist. 2018 machte Rotkäppchen-Mumm einen Gesamtumsatz von über einer Milliarde Euro.[27] Die vier aus dem Osten stammenden Rotkäppchen-Gesellschafter, mittlerweile aus dem operativen Geschäft ausgeschieden, sind immer noch mit zusammen 42 Prozent am Unternehmen beteiligt.[28] Rotkäppchen gilt als die ostdeutsche Erfolgsgeschichte schlechthin. Aber Mauerfall und deutsche Einheit seien kein »Kommunikationsthema«, sagt Peter O. Claußen, bis 2018 Leiter der Unternehmenskommunikation.[29] »Rotkäppchen Sekt ist kein Ostprodukt und keine DDR-Marke, sondern versteht sich als Marke, die schon 1894 eingeführt wurde, als eine nationale Marke mit starker regionaler Wurzel.«[30]

Management-Buy-out, Erwerb eines Unternehmens durch eine zuvor angestellte Geschäftsführung, war auch bei vielen anderen Treuhand-Privatisierungen die Zauberformel für durchschlagenden und nachhaltigen Erfolg. So gelang es, einen ostdeutschen Mittelstand aufzubauen.

Das Elektro-Apparate-Werk (EAW) in Berlin-Treptow, die größte Fabrik in der ehemaligen »Hauptstadt der DDR«, war ein Fossil, das in der neuen Zeit nicht überleben konnte. 8500 Mitarbeiter hatten 50 000 verschiedene Produkte gefertigt: elektronische Schalter und Relais, Computer und Radiorekorder bis hin zu Pkw-Wohnanhängern und einer Diebstahlsicherung mit Sirene für Fahrräder.[31] Entwickelt wurden die Geräte im Zentrum für Forschung und Technologie (ZFT). Mit dem Ende des Kombinats drohte auch dem ZFT das Aus. Silvester 1990 sollte Schluss sein, 200 Mitarbeiter hätten dann auf der Straße gestanden. Für Peter Schmidt, Entwicklungsingenieur und seit dem Umbruch Direktor des ZFT, gab es nur eine Alternative: »Entweder arbeitslos oder das Unternehmen kaufen.«[32] Mit einem Aushang am Schwarzen Brett der Firma suchte Schmidt Mitstreiter für sein Vorhaben. 36 Kollegen waren bereit, das Risiko einzugehen. Am 30. April 1991 unterschrieben sie den Vertrag über die Gründung der Aucoteam Ingenieurgesellschaft für Automatisierungs- und Computertechnik. Fünf leitende Mitarbeiter übernahmen 75 Prozent des Stammkapitals, jeder von ihnen musste 1,5 Millionen DM privat verbürgen, 31 weitere Mitarbeiter wurden Minderheitsgesellschafter mit Einlagen zwischen 500 und 20 000 DM.[33]

Aucoteam war eines der ersten von insgesamt rund 3000 Treuhand-Unternehmen, die im Wege eines Management-Buy-out privatisiert wurden. Mehr als jede vierte Privatisierung hat die Treuhand nach diesem Modell vollzogen. Dahinter stand die Absicht, Ostdeutsche besser zum Zug kommen zu lassen. Für den Kauf größerer Unternehmen fehlte ihnen das Kapital, aber wenn sie Geld von Angehörigen zusammenpumpten, Schulden aufs Haus aufnahmen oder sich mehrere zusammentaten, war es oft zu stemmen. Im Durchschnitt verfügten einzelne Übernahmewillige, wie ein Banker damals erzählte, nur über 16 000 Mark eigene Mittel. Nur gut ein Prozent aller im ersten Jahr geförderten Existenzgründer konnten mehr als 100 000 Mark aus eigener Schatulle beisteuern.[34]

Wenn ein ostdeutscher Betriebsleiter eine derart hohe Summe aufbringen konnte, stellte sich allerdings oft die Frage, ob nicht ein westdeutscher Strohmann dahintersteckte, der billig an ein Unternehmen kommen wollte. Die Treuhand-Niederlassungen gewährten nämlich regelmäßig Rabatte für kaufwillige Geschäftsführer, um die ostdeutsche Eigeninitiative zu fördern. Die Berliner Zentrale sah das freilich nicht gerne. »Wenn wir 30, 40 Prozent Abschlag für den MBO gewähren«, wurde ein Partner der Unternehmensberatung Roland Berger zitiert, »wäre jeder Investor aus dem Westen dumm, der sich keinen Geschäftsführer als Strohmann sucht.« Statt Nachlässe zu gewähren, stundete die Treuhand-Zentrale lieber den Kaufpreis, verlängerte die Bürgschaften oder verkaufte das Anlagevermögen nicht gleich, sondern verpachtete es nur. Damit erleichtere man den Ostdeutschen die Finanzierung, wurde argumentiert.[35]

Wolfgang Thierse, der in der Endzeit der DDR Vorsitzender der Ost-SPD und als Nachfolger Richard Schröders Chef der SPD-Volkskammerfraktion war, setzte sich bei Birgit Breuel dafür ein, das ZFT an die Mitarbeiter zu verkaufen. Ein Verwandter Thierses war dort beschäftigt. Anlässlich des 25. Firmengeburtstags im Jahr 2006 erinnerte sich Thierse in einem Beitrag für die Festschrift, wie er auf Birgit Breuel »einzureden und sie zu überzeugen ... das Vergnügen hatte«. Thierses Einsatz beflügelte die Geschäftsidee. Management-Buy-out, schrieb Breuel im März 1991 an die Treuhand-Unternehmen, erlaube »die unternehmerische Entfaltung von engagierten Unternehmensleitungen« und trage »zur Schaffung eines eigenständigen Mittelstandes in den neuen Bundesländern bei«.[36] Im Mai 1991 veranstaltete die Treuhand in Berlin eine erste MBO-Messe, bei der 750 ostdeutsche Firmenchefs informiert wurden, wie sie zu Arbeitgebern werden können. Das Interesse war gewaltig: Obwohl der Eintritt 400 DM kostete, mussten weitere 500 Interessenten vor der Tür bleiben.[37] Bis dahin waren noch nicht einmal 50 Unternehmen an leitende Angestellte verkauft worden.[38]

Unter den Kühnen und Verwegenen, die das MBO-Wagnis eingingen, war auch der Geschäftsführer der Florena Cosmetic GmbH, die aus dem VEB Chemische Werke Miltitz hervorgegangen war. Heiner Hellfritzsch, Ingenieur und Betriebsökonom, war seit 1981 Betriebsleiter der Fabrikationsstätten in Waldheim und Döbeln, zwei Städtchen zwischen Leipzig und Dresden. Hauptprodukt der Firma war eine Hautcreme, die als »Nivea des Ostens« galt und in der blau-weißen Dose dem Beiersdorf-Erzeugnis aus Hamburg zum Verwechseln ähnlich sah. Auch Seifen, Schaumbäder,

Rasiercremes und Duftwässer standen auf der Produktpalette. 1989 waren hier rund 700 Mitarbeiter beschäftigt, die rund 250 verschiedene Produkte fertigten.

Seit November 1990 bemühte sich Hellfritzsch zusammen mit zwei weiteren leitenden Mitarbeitern um ein MBO. Die Verhandlungen mit der Treuhand zogen sich hin, unter anderem weil Alteigentümer einer für die Produktion wichtigen Immobilie Rückgabeansprüche geltend machten. Erst Anfang 1992 konnte ein Kaufvertrag mit den drei neuen Eigentümern abgeschlossen werden. Dass Florena die Durststrecke überstand, lag an einer merkwürdigen Beziehung zu Beiersdorf: Einerseits hatte der Hamburger Konzern gegen die Farbgebung der Ostprodukte vergebens prozessiert, als Florena auch in Westmärkte vordrang; andererseits begann im Herbst 1989 in Waldheim die »Gestattungsproduktion« für Cremes von Beiersdorf, die vor allem in den DDR-Devisenläden, den Intershops, verkauft werden sollten. Weil diese Auftragstätigkeit auch nach 1990 fortgesetzt wurde, konnte der Umsatzeinbruch abgemildert und die Produktionskapazität halbwegs ausgelastet werden.

Florena hatte, wie fast alle DDR-Betriebe, einen »viel zu hohen Personalstand«, wie Hellfritzsch rückblickend sagte. »Qualifikation, Motivation und technisches Wissen« seien jedoch »als hoch eingeschätzt« worden. Hellfritzsch sagte 1990: »So schlecht waren und sind wir schließlich nicht, ganz im Gegenteil, wir brauchen nur mehr Selbstvertrauen und Mut, unsere eigenen Konzepte zu erarbeiten und zu realisieren.«[39] Als sehr wichtig erwies es sich, den leistungsfähigen Forschungsbereich zu erhalten. Dadurch war Florena imstande, die Produkte schrittweise technologisch zu verbessern und qualitativ zu den größeren Wettbewerbern im mittleren und oberen Preissegment aufzuschließen. Hellfritzsch: »Wir wollten auf jeden Fall den Fehler anderer ostdeutscher Hersteller vermeiden, die ihr Heil in der abrupten Umstellung ihres Angebots und die Flucht in das niedrigste Preissegment suchten und dabei meist Schiffbruch erlitten.« Dass das Personal drastisch abgebaut werden musste, von 680 auf 186 am Jahresende 1992, wurde von den drei Gesellschaftern von Anfang an offen kommuniziert.[40]

Der Hamburger Beiersdorf-Konzern erwies sich überdies als uneigennütziger Helfer in der Not. Beiersdorf-Chef Hans-Otto Wöbke gab die Devise aus, den Sachsen auf dem Weg in die Marktwirtschaft zu helfen. So ließ Beiersdorf eigene Produkte in Lohnfertigung bei Florena herstellen. 2002 verkaufte das Gründertrio das Unternehmen an Beiersdorf, das Werk in Waldheim wurde eine 100-prozentige Tochtergesellschaft. Drei Ostdeutsche hatten es geschafft, ohne westliche Kapitalbeteiligung und ohne westliches Management aus dem ehemals größten Betrieb des Kosmetikkombinats ein auch in der Marktwirtschaft erfolgreiches Unternehmen zu machen.

In anderen Fällen kamen Helfer aus dem Westen, um Arbeitsplätze im Osten zu sichern. Wie bei Fit, dem Spülmittel, das in der DDR 85 Prozent des Bedarfs abdeckte. Erfunden hatten es in den 1950er-Jahren Chemiker des VEB Fettchemie Karl-Marx-Stadt, hergestellt wurde es seit 1967 in Hirschfelde bei Zittau. Als der DDR-Ministerrat 1984 beschloss, dass die Kombinate auch dringend benötigte Konsumgüter herzustellen hätten, wurde Fit dem Kombinat VEB Leuna-Werke Walter Ulbricht zugeschlagen.

Die staatliche Einheit bescherte dem beliebten Geschirrreiniger einen gewaltigen Absturz. Wurden 1989 noch 55 000 Tonnen produziert, waren es 1991 nur noch 9000 Tonnen. Dem von der Treuhand verwalteten Betrieb drohte das Aus. Viele der neuen Handelsketten im Osten wollten Fit nicht listen, weshalb es aus den Regalen verschwand. Weil jedoch weiter produziert wurde, wuchsen die Lagerbestände, bis der Platz knapp war. Die Mitarbeiter, bereits auf 60 reduziert, mieteten Lastwagen, stellten sich direkt vor die neuen Supermärkte und fanden jede Menge treuer Abnehmer, die nicht auf ihre gewohnte Abwaschhilfe verzichten wollten. Den Supermärkten brachte das erhebliche Umsatzeinbußen im Spülmittelsegment, und die Konzerne reagierten: Kurz darauf war Fit wieder im Einzelhandel erhältlich. Eine Bestandsgarantie war dies freilich nicht.

Kein westdeutscher Konzern mochte die Firma kaufen. Da meldete sich im Frühjahr 1992 der Chemiker und Leiter der Forschungsabteilung von Procter & Gamble in Mannheim, Wolfgang Groß, bei der Treuhand. Er besichtigte die Produktionsanlagen, in denen Fit hergestellt wurde – und erkannte sofort die hochintelligente, effiziente Fertigung. Das Spülmittel wurde in selbst produzierte, aus nur einem Stück bestehende Plastikflaschen abgefüllt, die Produktionsreste wurden sofort recycelt. Dies sei die preiswerteste Herstellung gewesen, die er je gesehen habe, sagte Groß: »Die Leute hatten aus dem allgegenwärtigen Mangel etwas ganz Wichtiges geschaffen.«[41] Zum Jahresbeginn 1993 übernahm Groß den Betrieb von der Treuhand, ohne eigenes Kapital. Die Banken hatten Bedenken, nur die Mittelständische Beteiligungsgesellschaft Sachsen gewährte Groß einen Kredit. Den von der Treuhand geforderten Erhalt von 60 Arbeitsplätzen garantierte er.

Es war der Beginn einer rasanten Erfolgsstory. Im Jahr 2000 übernahm Groß Rei und Sanso von seinem früheren Arbeitgeber Procter & Gamble, später Kuschelweich und Sunil von Unilever, 2015 schließlich das Haarpflegemittel Gard, womit die Fit GmbH »ihr Portfolio um eine weitere interessante Produktkategorie« ergänzte. Die Zukäufe dienten Groß als »Trojaner«, um Fit auch in den westdeutschen Markt zu schieben: Wer die alten Westmarken haben will, muss auch Fit ins Regal stellen. Heute beschäftigt die Fit GmbH rund 250 Mitarbeiter in Hirschfelde.

Die vielfach geäußerte Kritik, Treuhand-Unternehmen seien zu oft an Westdeutsche veräußert worden, weist Birgit Breuel zurück. »Leider konnte es keine ostdeutschen Käufer für die großen Betriebe geben. Aber wirtschaftlich kommt es doch nicht darauf an, wer Eigentümer ist, sondern wo investiert wird.«[42] Ein prominenter Westdeutscher, der sich frühzeitig als Aufbauhelfer im Osten engagierte, war Klaus von Dohnanyi. Das Leipziger Schwermaschinenkombinat TAKRAF – das Akronym steht für Tagebau-Ausrüstungen, Kranbau und Förderanlagen – holte Dohnanyi, noch zur Zeit der Modrow-Regierung und vor der Gründung der Treuhandanstalt, in den Aufsichtsrat der in eine AG umgewandelten TAKRAF Schwermaschinenbau, dessen Vorsitz er Anfang Juli 1990 übernahm. Das Kombinat, einer der größten Schwermaschinenkonzerne Europas, hatte rund 26 000 Mitarbeiter in 26 Tochtergesellschaften beschäftigt, die sich auf 53 Produktionsstätten in vier der fünf östlichen Bundesländer verteilten.[43]

Dohnanyi verfügte über eigene unternehmerische Erfahrungen. Ehe er 1968 in die Politik ging, war der promovierte Jurist unter anderem Manager bei Ford und geschäftsführender Gesellschafter des Meinungsforschungsinstituts Infratest gewesen. Nun verschrieb er sich der Aufgabe, so viel wie möglich von TAKRAF zu retten. Ihm war klar: »Es gab keine wettbewerbsfähigen Unternehmen, die in der Lage gewesen wären, sich in einem offenen freien Markt zu behaupten.« Er sei »fünf Jahre lang vier Tage die Woche in Leipzig« gewesen, erinnert er sich, und habe »faktisch das Unternehmen geführt«.[44] Vorstandschef Gerd-Rainer Grimm, der schon Betriebsdirektor des Kombinats gewesen war und bis November

1990 auch dem Treuhand-Verwaltungsrat angehörte, wurde im Dezember 1992 von zwei westdeutschen Managern abgelöst.

Gemeinsam mit der Treuhand machte Dohnanyi das ehemalige Kombinat für die Marktwirtschaft fit. Im März 1994 war der Konzern aufgelöst, aus 26 Unternehmen wurden durch Zusammenlegungen und durch Schließung von drei Betrieben 16 selbständige Unternehmen. 5900 Beschäftigte waren in den Ruhestand gegangen, 9300 Arbeitsplätze konnten erhalten werden. Die Treuhand übernahm fast 823 Millionen DM Altschulden der TAKRAF und ihrer Tochterunternehmen.[45] TAKRAF ist eine der ostdeutschen Erfolgsgeschichten, noch dazu in einer besonders schwierigen Branche. Dohnanyi kritisierte, dass »die trainierte, muskulöse Westwirtschaft den Ostbetrieben ihre angestammten Märkte weggenommen« habe. Daraufhin berief der Treuhand-Vorstand Anfang 1993 den Kritiker zum Beauftragten für Behördenmarketing/Marktsektor Staat. Fortan kümmerte sich Dohnanyi darum, dass ostdeutsche Unternehmen bei Aufträgen der öffentlichen Hand besser zum Zuge kamen.[46]

Lange nach der Schließung der Treuhandanstalt legte Dohnanyi im Juni 2004, als Initiator und Sprecher eines von der rot-grünen Bundesregierung eingesetzten »Gesprächskreises Ost«, 19 Thesen für eine »Kurskorrektur« vor. Im Kern waren es ganz ähnliche Empfehlungen wie die, die jetzt das Leibniz-Institut für Wirtschaftsforschung Halle gab. »Im Zentrum der Strategie Aufbau Ost müssten ... das verarbeitende Gewerbe, insbesondere die Industrie, eine sie begleitende, umfassende Forschungslandschaft und eine dementsprechende Ausbildung stehen.« Die Kurskorrektur müsse erfolgen durch eine »Schwerpunktverlegung von der Infrastruktur zum Aufbau von Wirtschaftsunternehmen« und durch einen »Übergang von der Flächenförderung zur entschlossenen

Konzentration auf Wachstumskerne«. Dabei erforderlich sei »eine zumutbare verkehrspolitische Einbindung der wachstumsschwächeren Regionen«.[47]

Einer der unbestrittenen Wachstumskerne war Jena. Als ein »Musterbeispiel ostdeutscher Industriepolitik« rühmte Treuhand-Präsidentin Birgit Breuel die Rettung des vormaligen Kombinats VEB Carl Zeiss Jena.[48] Um kaum eine DDR-Hinterlassenschaft kümmerte sich die Treuhand so intensiv wie um dieses Vorzeigeunternehmen. Allerdings war es aufgrund vertrackter Eigentumsverhältnisse ein schier unentwirrbares Konfliktknäuel.

Das Unternehmen gehörte ursprünglich der 1948 enteigneten Carl-Zeiss-Stiftung, die auch das Jenaer Glaswerk Schott besaß. Zeiss-Mitarbeiter gründeten nach dem Zweiten Weltkrieg im schwäbischen Oberkochen unter gleichem Namen eine neue Firma, ebenso etablierte sich in Mainz ein zweites Jenaer Glaswerk Schott. In Heidenheim wurde eine neue Carl-Zeiss-Stiftung gegründet, während die Stiftung in Jena weiterbestand. In der Zeit des Kalten Krieges stritten Zeiss-Ost und Zeiss-West um die Namens- und Warenzeichenrechte. Im Frühjahr 1989 hatten die Zeiss-Stiftungen getrennt in Stuttgart und Jena den 100. Jahrestag ihrer Gründung gefeiert.

Ende Juni 1990 übernahm die Treuhand das Kombinat VEB Carl Zeiss Jena mit 14 selbständigen Betrieben und rund 60 000 Beschäftigten.[49] Sie beabsichtigte, das auf mehr als 80 Standorte in Thüringen verteilte Firmenkonglomerat aufzuteilen und die beiden Stiftungen wieder zusammenzuführen.[50] Das aber stellte ein unternehmerisches Risiko dar. Wer würde garantieren, dass Zeiss-West nach einer Übernahme nicht den Betrieb im Osten einstellen würde? Die Produktpaletten stimmten in weiten Teilen überein, mit den westlichen Kapazitäten hätte auch die zusätzliche Nachfrage befriedigt werden können.[51] In ihrer vorletzten Sitzung im September 1990 übertrug die Volkskammer 20 Prozent des Treuhand-Eigentums an die Carl-Zeiss-Stiftung in Jena. Dadurch bekam das Land Thüringen Mitspracherecht in der inzwischen in eine Kapitalgesellschaft umgewandelten Jenoptik Carl Zeiss Jena GmbH mit nunmehr 13 Betrieben und 30 000 Beschäftigten.

Am 13. Februar 1991, kurz nachdem die Schließung des Wartburg-Werks in Eisenach verkündet worden war, demonstrierten auch in Jena 20 000 Zeissianer für die Erhaltung ihrer Arbeitsplätze. Thüringens Ministerpräsident Josef Duchač (CDU) fürchtete Aufruhr in seinem Land, wenn auch noch Zeiss geschlossen würde. Deshalb forderte er die vollständige Rückführung der Jenaer Betriebe in das Eigentum der Stiftung. Anfang März bot Rohwedder der Regierung in Erfurt an, sowohl die Jenoptik als auch die Jenaer Glaswerke an die Carl-Zeiss-Stiftung zu übergeben. Die Treuhand wollte der Jenoptik sogar die Altschulden in Höhe von rund einer Milliarde DM erlassen.

Im April 1991 engagierte Duchač den früheren baden-württembergischen Regierungschef Lothar Späth als Berater, der von nun an mit der Treuhand über das Zeiss-Erbe verhandelte. Der Stuttgarter Parteifreund war wegen des Vorwurfs, er habe sich Dienst- und Urlaubsreisen von Firmen befreundeter Manager bezahlen lassen, erst drei Monate zuvor zurückgetreten. Für den 53-jährigen Späth war die »Traumschiff-Affäre« absehbar das Ende seiner politischen Karriere,[52] für Jena war sie ein Glücksfall. Hier sollten neben seiner politischen Erfahrung auch seine guten Kontakte zur Wirtschaft genutzt werden. »Eigentlich ganz lustig«, scherzte Späth, »denn in Stuttgart hatte man mir ja zu dieser Zeit zu enge Drähte zur Wirtschaft vorgeworfen.«[53] Er wusste sich also in einer starken Verhandlungsposition. Eine Abwicklung kam für die Treuhand schon aus politischen Gründen nicht infrage. Für Späth war klar: »Wie hätte ganz Deutschland mit seiner neu gewonnenen Einheit da ausgesehen? ... Wenn diese weltweit bekannten Filetstücke nichts mehr taugen, dann ist der Rest der DDR-Wirtschaft auch nur noch Schrott.«[54]

Zungenflink handelte der mit allen Wassern gewaschene Politprofi, den man »Schwertgosch« und »Cleverle« nannte, einzigartige Konditionen mit der Treuhand aus. »Über eine Milliarde Altschulden. Über eine Milliarde Verpflichtung aus der Zeiss-Zusatzrente, gigantische laufende Kosten für Personal und Immobilien, hohe Verpflichtungen gegenüber Vertragspartnern des Kombinats und so weiter. Mit diesen riesigen Klötzen am Bein wäre es aussichtslos gewesen, etwas anderes als den Gang zum Konkursrichter anzutreten. Da war schnell klar: Entweder die Treuhand nimmt das nötige Geld in die Hand – oder wir sperren zu.«[55]

Nach langem Ringen um das richtige Konzept wurde schließlich vereinbart, dass die traditionellen Geschäftsfelder Optik und Feinmechanik auf die neu gegründete Carl Zeiss Jena GmbH übergingen, an der Carl Zeiss in Oberkochen eine 51-Prozent-Mehrheit übernahm, während die Jenoptik GmbH, Rechtsnachfolgerin des Kombinats und 100-prozentige Tochter des Freistaats Thüringen, die restlichen Anteile hielt. Aus dem Vermögen des Kombinats wählte Carl Zeiss Jena die erforderlichen Produktionsstätten mit Grund und Boden, Immobilien und technischen Betriebseinrichtungen aus und garantierte, mindestens 2800 Mitarbeiter zu übernehmen. Die Jenoptik GmbH, die die Sparten Optoelektronik, Systemtechnik und Präzisionsfertigungen weiterführte, verpflichtete sich, in der Region 10 200 Arbeitsplätze zu sichern.[56]

Späth setzte durch, dass die Treuhand die Jenoptik GmbH mit einem Startkapital von 2,725 Milliarden DM ausstattete, das Land

Thüringen steuerte knapp 900 Millionen DM bei.[57] Mit 990 Millionen DM wurden Altkredite abgelöst, 800 Millionen wurden für Abfindungen und Sozialpläne verwendet. Die Carl Zeiss Jena GmbH bekam 600 Millionen DM für die Zusage, in Jena 2800 Arbeitsplätze zu erhalten.[58] Die Treuhand fürchtete, dass ein Präzedenzfall geschaffen werde, und betonte, »dass ein Aufwand in dieser Höhe nur für einen Sonderfall gerechtfertigt werden« könne; dieser sei »im Hinblick auf die Bedeutung der Zeiss-Stiftung für den Raum Jena und für das Land Thüringen anzunehmen«, zumal es »keine weitere Stiftung der entsprechenden Art« gebe. Im Vorstand bestehe »über das Ergebnis der Verhandlungen keine Zufriedenheit«, angesichts der konkreten Situation sei »eine akzeptable Alternative aber nicht gegeben«.[59] Experten rechneten aus, dass das »Jenaer Modell«, wäre es auf die gesamte DDR-Wirtschaft angewendet worden, 600 Milliarden DM erfordert hätte.

Die augenscheinliche Bevorzugung bekümmerte Späth nicht: »Es ging um die Zukunft der Forschungs-, Wissenschafts- und Technologieregion Jena, die ganz stark davon abhängig war, dass ihr industrieller Kern nicht wegschmilzt. Tausende hochbegabte Ingenieure, Techniker, Wissenschaftler und Fachleute hätten ihre Zukunft nicht in Jena, sondern irgendwo in Deutschland und der Welt gesucht.«[60] Zwei Tage nach der entscheidenden Verhandlungsrunde mit der Treuhand wurde Späth zum Vorsitzenden der Geschäftsführung der neu geschaffenen Jenoptik berufen. Als ehemaliger Geschäftsführer eines Wohnungsbauunternehmens und einer Baufirma in den 1970er-Jahren brachte er unternehmerische Erfahrung mit.

Späth begann, Jenoptik komplett umzukrempeln. Militär- und Raumfahrttechnik ließ er abwickeln, nachdem die Sowjetunion als Hauptabsatzmarkt zusammengebrochen war. 15 500 Arbeitsplätze fielen weg, weitere 7000 ehemalige Zeiss-Werker landeten in Umschulungs- und Arbeitsbeschaffungsmaßnahmen. »Wo der Ofen aus ist, darf man keine Kohle nachlegen«, sagte Späth. Große Teile der Zeiss-Werke wurden abgerissen, um neue Gewerbegebiete zu schaffen und Investoren anzusiedeln. Späth räumte auf und baute um. Er verkaufte lukrative Immobilien und kaufte vom Erlös westdeutsche Unternehmen, die den Jenaer Firmen Vertriebskanäle erschließen sollten. 1998 ging Jenoptik an die Börse und wurde in den MDAX aufgenommen (inzwischen im TecDAX).

Späth erwarb auch ein kriselndes ostdeutsches Unternehmen. Die Keramischen Werke Tridelta in Hermsdorf hatten 1992 die Folgen der Währungsunion noch immer nicht verkraftet und produzierten mit gut 2500 Mitarbeitern ein monatliches Defizit von fünf bis zehn Millionen DM, die die Treuhand als Eigentümerin zu bezahlen hatte. Die Treuhand hatte seit Mitte 1991 vergeblich versucht, das Unternehmen zu privatisieren. Späth riet Duchač, Tridelta unter der Bedingung zu kaufen, dass die Treuhand für alle Verluste und Sozialplankosten aufkäme.

Seit März 1992 verhandelte die Treuhand mit Späth. Die Jenoptik erklärte ihre Absicht, die »für das Land Thüringen strukturbestimmende Gesellschaft« Tridelta zu übernehmen, »um diese für die Region durch behutsame Sanierung bzw. Weiterprivatisierung langfristig zu erhalten«. Am 6. April mündeten die Verhandlungen in eine Grundsatzvereinbarung zwischen dem Land Thüringen, Jenoptik und Treuhand.[61] Jenoptik erwarb das »operative Geschäft der Tridelta AG mit dem Ziel, sie möglichst schnell zu privatisieren«.[62] Die Jenoptik bekam Tridelta und noch 200 Millionen DM dazu.[63]

Späths Radikalsanierung in Jena zeitigte Erfolge. Nachdem er anfangs als »abgehalfteter West-Politiker« beargwöhnt worden war,[64] wurde er nun als Retter Jenas gefeiert. Mit dem üppigen Startkapital kaufte er umsatzstarke Technologieunternehmen im Westen und steigerte so den Umsatz von Jenoptik kräftig. 1995 lag er bereits bei knapp 600 Millionen Euro. Ein Jahr später brachte Späth Jenoptik an die Börse, 1997 hatte sich der Umsatz noch einmal mehr als verdoppelt, er lag jetzt bei knapp 1,4 Milliarden Euro. Die aus fast konkursreifen Teilen des Zeiss-Kombinats gegründete Jenoptik entwickelte sich zum größten eigenständigen Industriekonzern mit Sitz in Ostdeutschland.

8. Nach der Wende ist vor der Wende

»Die Irritationen im Osten begannen nicht erst, als Westdeutsche kamen und beim ›Aufbau Ost‹ mithalfen.«

Für ostdeutsche Treuhand-Kritiker fängt die Zeitrechnung erst im Jahr 1990 an, als hätte es kein Davor gegeben. Die Ursachen der gegenwärtigen Demokratiedefizite liegen für sie allein in den Lebensbedingungen der vergangenen 30 Jahre.

Warum die »Distanz zu Demokratie und Politik in Sachsen und Ostdeutschland so groß« ist und die »Rechtspopulisten hier stärker« sind »als im Westen«, lasse sich nur ergründen, »wenn wir uns ehrlich und offen mit der Nachwendezeit beschäftigen«, meint Petra Köpping.[1] Auch Wolfgang Engler behauptet, der weit überdurchschnittliche Erfolg der AfD bei den Ostdeutschen finde »seine so gut wie vollständige Erklärung in den Erfahrungen, die sie *nach* 1990 sammelten und eben nicht im Rekurs auf ihren vermeintlich obrigkeitsstaatlichen, führerorientierten DDR-Habitus«.[2]

Der Tenor ist immer derselbe: Ohne die vom Westen gesteuerte Treuhand wären die Ostdeutschen nicht für Rechtsextremismus anfällig. So ist die Schuldfrage schon mal geklärt.

»Die Irritationen im Osten begannen nicht erst, als Westdeutsche kamen und beim ›Aufbau Ost‹ mithalfen«, hält Ilko-Sascha Kowalczuk dagegen. Die Gründer der Bürgerrechtsgruppen 1989, ruft der Historiker ins Gedächtnis, gehörten zu »gesellschaftlichen Randgruppen« in Kirchen und Opposition. Nie habe »jemand jene gezählt, die 1989 nicht mitmachten«, aber klar: »Es war die Mehrheit.« Bei den Wahlen am 18. März 1990 hätten die gewonnen, »die die einfachsten Lösungen versprachen«. Wenn die DDR-Aufarbeitung die Demokratie im Osten stärken wolle, müsse sie »beginnen, die ganze Palette der DDR-Gesellschaft und die Transformationsgeschichte miteinander verknüpft zu erzählen.« Denn: »Das Leben vor und nach 1989 gehört zusammen.«[3] Seiner Ansicht nach ist die Aufarbeitung der DDR-Geschichte komplett missraten. »Als die DDR-Vergangenheit ab 1990 öffentlich erzählt wurde, staunten die meisten Ostler. Vieles sei ihnen neu, hörte man immer wieder. Das war oft schwer zu glauben. Diese Geschichte von Leid, Opfern, Unterdrückung und Widerstand erreichte die Gesellschaft nicht, es war nicht ihre Geschichte.«[4]

Der Münchner Soziologe und *Kursbuch*-Herausgeber Armin Nassehi, der im Oktober 2018 die Festrede zum 20. Jahrestag der Gründung der Bundesstiftung zur Aufarbeitung der SED-Diktatur hielt, ist »überzeugt, dass die Verwerfungen zwischen Ost und West auch heute noch ihre Wurzeln weit vor der Wende haben – letztlich in der Bewältigung der DDR-Vergangenheit«.[5] Zur Untermauerung seiner These berief sich Nassehi auf zwei Ostdeutsche verschiedener Generationen.

Der eine ist Richard Schröder, Jahrgang 1943, seinerzeit Vorsitzender der unter anderem von Altkanzler Helmut Schmidt gegründeten Deutschen Nationalstiftung, die das Zusammenwachsen von Ost- und Westdeutschland fördern will. Schröder wies in einem Aufsatz, wie Kowalczuk, auf die Zweiteilung der DDR-Gesellschaft hin, die sich erst nach der Vereinigung als »Volk der Ostdeutschen« konstituiert habe. Im SED-Staat, so Schröder, habe es die einen gegeben, die sich »als Deutsche im geteilten Deutschland verstanden«, die am »Zusammengehören« festhielten und deshalb »durchaus aufsässig oder gar subversiv« waren; und die anderen, die »sozialistischen Internationalisten«, die Honeckers paradoxe Formel von den »zwei Nationen auf deutschem Boden« teilten.[6]

Noch vor dem Mauerfall, als die SED zunehmend in Misskredit geriet, sei auf den Leipziger Montagsdemonstrationen der Ruf nach »Deutschland einig Vaterland« laut geworden, einem Zitat aus dem von der Staatsführung verbotenen Text der DDR-Nationalhymne. Diese Losung, schrieb Schröder, sei »erfreulich naiv affirmativ in der Deutschland-Frage« gewesen, »aber oft auch unbedarft naiv in der … Abgrenzung gegen Rechtsextremismus und Nationalismus«. Diese Unbedarftheit gehe auf den von der SED verordneten staatlichen Antifaschismus zurück, der Nazis nur im Westen verortete. Doch auch in der DDR gab es eine Skinhead-Szene, die freilich von den parteitreuen Medien geleugnet wurde. Erst in den späten 1980er-Jahren ging die Stasi gegen Neonazis vor, von denen einige Gefängnisstrafen erhielten. Aber »1990 kamen sie aufgrund der allgemeinen Amnestie frei und fühlten sich nun als Helden«, schrieb Schröder; die Folge sei »ein im Osten verbreitetes mangelndes Gespür für notwendige Grenzziehungen zu Rechtsextremismus, Nationalismus und Rassismus«.[7]

Als zweiten Zeugen für eine den Mauerfall überdauernde Tradition im Osten benannte Nassehi den *taz*-Redakteur Daniel Schulz, Jahrgang 1979. Der Journalist schilderte in einem Essay, für den er den Deutschen Reporterpreis 2018 und den Theodor-Wolff-Preis 2019 erhielt, seine Erinnerungen an die DDR seiner Kindheit. Anknüpfend an die Ausschreitungen in Chemnitz, wo »Männer meiner Generation, so um die vierzig, … Hitlergrüße zeigen und Menschen angreifen, deren Hautfarbe ihnen nicht passt«, tritt Schulz den Geschichten entgegen, die die Generation seiner Eltern und Großeltern jetzt über die 1990er-Jahre erzählen, »nicht das erste Mal, aber es scheint die richtige Zeit zu sein«.[8] Die sächsische Staatsministerin Köpping, die »einige dieser Geschichten aufgeschrieben« hat, fülle »in Ostdeutschland zurzeit jedes Haus«. Es gehe in diesen Geschichten »viel um verlorene Arbeitsplätze«. Aber »in diesem preußischen Vollbeschäftigungsstaat namens DDR, in dem Arbeit gleich Lebenssinn war und die wenigen, die keine Jobs hatten, ›Assis‹ gerufen wurden«, also als »Asoziale« galten, habe der Verlust des Arbeitsplatzes dramatische Folgen gehabt:

»Kollegen, Brüder, Ehemänner, die sich erhängten, Geschwister und Cousins, die sich langsam zu Tode soffen.«

Während in Lukas Rietzschels Roman *Mit der Faust in die Welt schlagen* dieser Trübsinn und das Abdriften ostdeutscher Jugendlicher ins Neonazi-Milieu wie eine zwangsläufige Folge der angeblich von der Treuhand angerichteten Verheerungen erscheint, gräbt Schulz tiefer nach den Ursachen. Er findet sie in der realsozialistischen Vergangenheit und in seiner eigenen Biografie. »Für mich«, schreibt er, »begann es nicht 1989. Für mich begann es in der DDR.« Er berichtet von rechtsradikalen Jugendlichen in den 1980er-Jahren, die es gar nicht hätte geben dürfen. Denn »in der Verfassung der DDR stand, der Faschismus sei besiegt. Und weil er nun einmal besiegt war, durfte er nicht existieren.« Deshalb nannte die Staatssicherheit »Hakenkreuze auf jüdischen Friedhöfen und Neonazis, die andere Menschen zusammenschlugen, ›Rowdytum‹ und tat so, als gäbe es keinen politischen Hintergrund«.

Offiziell pflegte die DDR die »Völkerfreundschaft«. Unter dieser Parole wurden ausländische Arbeiter und Studenten aus »befreundeten jungen Nationalstaaten« in die Arbeitskollektive eingegliedert. Von den 1970er-Jahren bis zum Ende der DDR kamen insgesamt rund 90 000 Algerier, Angolaner, Kubaner, Mosambikaner und Vietnamesen als Vertragsarbeiter oder Hochschüler ins Land, dazu etwa 2000 chilenische Flüchtlinge, die nach dem Putsch gegen Salvador Allende 1973 hier Asyl fanden. Die Vertragsarbeiter, meist in Sammelunterkünften von den Einheimischen abgeschottet und an ihren Arbeitsstellen eher ausgebeutet als ausgebildet, sollten nach vier oder fünf Jahren in ihre Heimatländer zurückkehren. Integration war nicht vorgesehen, Kontakt zu DDR-Bürgern unerwünscht. 1990 wurden sie als Erste entlassen und nach Hause geschickt.

Die Filmemacherin und Autorin Angelika Nguyen hat die Fremdenfeindlichkeit in der DDR am eigenen Leib erfahren. »Rassismus ist kein Phänomen der Nachwendezeit«, schreibt sie, »schon in der DDR konnte man den täglichen Psychoterror spüren, wenn man wie ich einen vietnamesischen Vater hatte.«[9] Der Alltagsrassismus habe sie »viele Jahre begleitet, nicht nur in der Schule, auch in öffentlichen Verkehrsmitteln, auf Straßen und Spielplätzen, in Restaurants, Ferienlagern und Ostsee-Erholungsheimen der DDR-Gewerkschaften«. Insofern müsse man sich »über die AfD ... nicht wundern«.

In ihrem autobiografisch grundierten Roman *Als ich mit Hitler Schnapskirschen aß* erzählt die im brandenburgischen Zehdenick geborene Autorin Manja Präkels von ihrer Jugend in der DDR und wie ihr Freund Oliver nach dem Mauerfall zum Anführer einer Neonazi-Bande wurde. Die netten Jungs von nebenan verwandelten sich in kahl rasierte Schläger, die mit Baseballschlägern und Springerstiefeln Hippies und Punks, Schwule und vietnamesische Zigarettenhändler überfielen und brutal misshandelten. Beiläufig zeigt der mit mehreren Literaturpreisen ausgezeichnete Roman, wie sehr auch die normalen, unauffälligen Bewohner dieser Kleinstadt schon zu DDR-Zeiten von latentem Rassismus und Fremdenfeindlichkeit geprägt waren. Im Nachhinein, sagt Präkels, sei ihr »klar geworden, dass da schon viel angelegt war«.[10]

Bereits im ersten Jahr nach der Wiedervereinigung waren ostdeutsche Städte Schauplätze rechtsextremistischer Gewalttaten mit mehreren Toten. So traten junge Männer im November 1990 in Eberswalde dem Angolaner Amadeu António Kiowa brutal gegen den Kopf, bis er ins Koma fiel und wenige Tage später starb. 20 Polizisten, die in der Nähe des Tatorts standen, griffen nicht ein.

Im September 1991 attackierten Dutzende von Neonazis im sächsischen Hoyerswerda mit Steinen und Molotow-Cocktails ein Wohnheim für Vertragsarbeiter aus Vietnam und Mosambik, Hunderte Anwohner feuerten die Gewalttäter an. Schließlich wurden die Vertragsarbeiter mit Bussen evakuiert, nach Frankfurt am Main gebracht und in ihre Heimat abgeschoben. Der Rechtsstaat kapitulierte vor den Rassisten.

Und im August 1992 wurden in Rostock-Lichtenhagen Flüchtlinge tagelang von mehreren Hundert Rechtsextremisten angegriffen. Eine johlende Menge randalierte vor der zentralen Asylbewerberstelle und warf Brocken zertrümmerter Betonplatten auf das Gebäude, Tausende Zuschauer aus der Nachbarschaft applaudierten. Schließlich wurden die Asylbewerber mit Bussen weggebracht. Daraufhin setzte der Pöbel ein benachbartes Wohnheim für vietnamesische Vertragsarbeiter in Brand. Die von der Situation völlig überforderte Polizei brach den Einsatz ab, die 115 Vietnamesen konnten aus dem lichterloh brennenden Gebäude nur mit knapper Not über das Dach entkommen. Wieder wich der Staat vor dem rechten Mob zurück. »Sie begreifen sich als Sieger dieser Kämpfe«, sagt Präkels, »weil nichtweiße Menschen damals aus Ostdeutschland abtransportiert worden sind. Das hat die Gewalt jener Jahre in ihren Augen nachträglich legitimiert.«[11]

Das Neonazi-Milieu in der DDR war insgeheim sogar im Staatsauftrag erforscht worden. Bernd Wagner, Diplom-Kriminalist und Oberstleutnant der DDR-Kriminalpolizei, der nach der Einheit mit einer Dissertation über »Rechtsradikalismus in der Spät-DDR« promoviert wurde, leitete 1988 ein vom DDR-Innenministerium initiiertes und von der Abteilung Sicherheit des SED-Zentralkomitees genehmigtes geheimes Projekt »AG Skinhead«. Den Anstoß dazu gab der Überfall auf ein Punkkonzert in der Ostberliner Zionskirche am 17. Oktober 1987, der nicht mehr vertuscht werden konnte, weil neben der Ostberliner Punkband mit dem beziehungsreichen Namen *Die Firma* auch die Westband *Element of Crime* aufgetreten war. 30 Angreifer hatten mit »Sieg Heil«-Rufen das Gotteshaus gestürmt, »Juden raus aus deutschen Kirchen« gegrölt und Besucher verletzt.

Durch Auswertung von Strafakten und anderen Unterlagen von Polizei und Justiz ermittelte ein Team von Kriminologen und Soziologen, dass in der DDR etwa 6000 Neonazis erfasst waren, von denen rund 1000 als »rückfällig dauergewaltbereit« eingeschätzt wurden; monatlich wurden 1988 bis zu 500 Taten aus diesem Milieu registriert. »Die meisten Neonazis kamen aus der ›jungen Arbeiterklasse‹«, schreibt Wagner, »und stammten aus gutem, ja parteitreuem DDR-Elternhaus.« Diese Erkenntnisse verschreckten die Machthaber so sehr, dass sie die Forschergruppe alsbald wieder auflösten und zum Stillschweigen verdonnerten; die Studie kam unter Verschluss, die Autoren wurden fortan von der Stasi überwacht.[12]

Der Regisseur Konrad Weiß schrieb im Juni 1988 in einem Kommentar für die evangelische Wochenzeitung *Kirche*, die »Gefahr von rechts« komme aus der Mitte der DDR-Gesellschaft. Daraufhin wurde die Auslieferung der Zeitung verboten. Im März 1989 publizierte Weiß den aufsehenerregenden Text in der Untergrundzeitschrift *Kontext*, die erste öffentliche Analyse des Rechtsradikalismus in der DDR. Weiß listete beispielhaft sieben neonazistische Gewalttaten auf, die freilich »nur die spektakuläre Spitze des Eisberges« waren, weil sie sich nicht hatten verheimlichen lassen. Die DDR-Medien, schrieb Weiß, hätten die »faschistischen Ausschreitungen als Einzelerscheinungen, als Perversion gewissermaßen« verharmlost und sie »in Form und Inhalt aus dem Westen importiert« dargestellt.¹³

Konrad Weiß, der 1989 zu den Erstunterzeichnern der Bürgerrechtsbewegung Demokratie Jetzt gehörte und später für Bündnis 90 in der Volkskammer und im Bundestag saß, ist überzeugt, dass die jetzt in Ostdeutschland, namentlich in Sachsen, aufflammende rechte Gewalt »etwas mit der unaufgearbeiteten DDR-Vergangenheit zu tun« hat: »Es ging nach 1989 weiter wie vor 1989 – das Nazi-Problem im Osten wurde verheimlicht.« Bei den Pegida-Demonstrationen sehe man »vielfach schon am Alter der Teilnehmer, dass es sich im Wesentlichen um in der DDR sozialisierte Leute handelt«, die »nach wie vor nicht mit Demokratie, Offenheit und Freiheit« zurechtkämen.¹⁴

»Den Zulauf, den Pegida, AfD und Identitäre Bewegung in den letzten Jahren erfahren haben«, schreiben vier Historiker der Universität Jena, könne »nur verstehen, wer die Geschichte Ostdeutschlands vor und nach der Einheit berücksichtigt.« Unter dem »Eindruck des ökonomischen Kahlschlags und der sozialen und kulturellen Verwerfungen« sei ein Klima entstanden, »in dem globale Erschütterungen wie die Finanzmarktkrise und die Flucht- und Migrationsbewegungen besonders starke Wirkungen« entfaltet hätten. »Westdeutsche Ostlandritter – nationalkonservative Strategen, neurechte Theoretiker und rechtsradikale Demagogen, die nach 1990 in die neuen Bundesländer gezogen sind – und einheimische Aktivisten haben es verstanden, diese Situation für den Aufbau einer gesamtdeutschen, vermeintlich bürgerlichen ›Sammlungsbewegung‹ zu nutzen.«¹⁵

Den »Schlüssel zum Verständnis« sieht der aus Leipzig stammende Demokratieforscher Michael Lühmann in jener »Kohorte der um 1970 geborenen Männer, von denen schon die DDR-Jugendforschung wusste, dass sie dem hohl gewordenen Antifaschismus der DDR verloren gegangen waren«. Sie seien es gewesen, »die in den Neunzigerjahren die Straßen leer prügelten und Pogrome verübten – und sie sind es, die heute AfD und NPD wählen«. »Es ist nicht alles gut gelaufen nach 1989 im Osten«, räumt Lühmann ein. »Aber dafür nach 30 Jahren – und seit 30 Jahren – die Schuld noch immer im Westen suchen zu wollen, das ist nicht nur historisch falsch. Hier werden die Ostdeutschen infantilisiert und wird ihnen die gebührende Verantwortung mal wieder abgenommen.«[16]

In der DDR waren Bürger- und Unternehmertum weitgehend eliminiert worden, und nach 60 Jahren ununterbrochener Diktatur, angefangen mit der »Machtergreifung« der Nazis 1933, fortgesetzt mit sowjetischer Besatzung und autoritärem SED-Regime, gab es auch keine demokratische Tradition. »Nur zehn Prozent der 1989 lebenden DDR-Bürger hatten noch bewusste Erinnerungen an die Weimarer Demokratie«, rechnet der Historiker Kowalczuk vor, und deshalb habe es in diesem Landesteil »nicht nur keine Demokratie, sondern auch keine Zivilgesellschaft gegeben«. Im Westen habe Pegida von Anfang an geringeren Zulauf gehabt, weil die Bewegung »dort sofort auf einen starken zivilgesellschaftlichen Widerstand traf«, stellen die Autoren der Jenaer Untersuchung über den neu aufgeflammten Rechtsextremismus fest.[17]

Wie sehr das Leben der Ostdeutschen vor und nach 1989 eine Kontinuität bildet, zeigt sich auch daran, dass sich für die damaligen Ereignisse der nichtssagende Begriff »Wende« eingebürgert hat. Der Ausdruck ist eine bequeme Möglichkeit, nicht Position beziehen zu müssen zu dem, was sich in der DDR abspielte, als Erich Honecker gestürzt wurde und die Staatsführung vor ihren Bürgern kapitulierte. Auf die Vokabel Wende können sich fast alle ehemaligen DDR-Bewohner einigen, nur ehemalige Dissidenten beharren darauf, dass es sich um eine Revolution gehandelt habe.

Geschichtsvergessen wird die Herkunft des Begriffs ignoriert. Es war Egon Krenz, der im Oktober 1989 in seiner Antrittsrede als SED-Generalsekretär davon sprach, dass nun »eine Wende eingeleitet« werde; er meinte damit eine Wende in der SED-Politik, mit der die Partei »vor allem die politische und ideologische Offensive wiedererlangen« wolle. Es ging Honeckers kurzzeitigem Nachfolger um die Stabilisierung der SED-Vorherrschaft, nicht um eine Demokratisierung des Landes.

Ihre größten Erfolge bei der Bundestagswahl 2017 verbuchte die AfD in vier sächsischen, in zwei unmittelbar an Sachsen angrenzenden brandenburgischen Wahlkreisen (Oberspreewald-Lausitz II und Cottbus-Spree-Neiße) sowie in einem sachsen-anhaltischen (Burgenland-Saalekreis). Diese Bereiche decken sich weitgehend mit dem Gebiet, das man in der DDR als »Tal der Ahnungslosen« bezeichnete, weil man dort, wie auch im Raum Greifswald, kein Westfernsehen empfangen konnte. Deshalb, meint Jürgen Opitz, der Bürgermeister von Heidenau, wo es 2015 fremdenfeindliche Ausschreitungen gab, hätten die Menschen in Dresden und Umgebung noch weniger Gelegenheit gehabt als sonst wo in der DDR, sich mit anderen Kulturen und Ethnien auseinanderzusetzen.[18] Hier, im Südosten Sachsens, seien »die Reserven gegenüber der westlichen Demokratie und der Anti-Amerikanismus … in einer Massivität verbreitet, wie man sie in anderen Regionen der neuen Länder kaum noch findet«, beobachtete der Historiker Heinrich August Winkler.[19]

Weil man kein Westfernsehen empfangen konnte, vermutet Richard Schröder, sei bei den Menschen aber auch »ein superidealisiertes Bild von der Bundesrepublik« entstanden. In seinem

Briefroman *Neue Leben* beschreibt Ingo Schulze die irrealen Vorstellungen und enttäuschten Erwartungen vieler Ostdeutscher. Der Protagonist träumt von einem Land, in dem »die Straßen unterirdisch beheizt« wurden, »die Tankstellen schlossen nie, und weil die Leute im Westen gar nicht mehr wussten, was sie noch schöner machen sollten, hackten sie aus lauter Spaß die Straßen wieder auf, die sie gerade erst mit Asphalt überzogen hatten … Im Westen duftete das Benzin wie Parfüm, und die Bahnhöfe glichen tropischen Gärten.«[20]

Wer sich, so Schröder, hingegen via Westfernsehen informieren konnte, erfuhr auch von den Schattenseiten der westdeutschen Wirklichkeit. Das habe, wie ihm ein in der Ständigen Vertretung der Bundesrepublik in Ostberlin tätiger Westverwandter erzählte, auch die DDR-Führung bemerkt, weil in dieser Region die Zahl der Ausreiseanträge besonders hoch gewesen sei. Deshalb hätten Vertreter des Rates des Bezirks Dresden angeregt, in Löbau einen Transponder zu errichten, um die Sendeleistung zu erhöhen, damit das Westfernsehen auch in Dresden und östlich davon empfangen werden könnte. Die Idee sei daran gescheitert, dass die DDR mangels Devisen das Projekt von der Bundespost habe finanzieren lassen wollen, was diese aber ablehnte.[21]

9. Epilog

*»Das Verhältnis zwischen
Erinnerung und Realität ist ein sehr flexibles.«*

Vorurteile beruhen auf Nichtwissen. So wie damals im sächsischen »Tal der Ahnungslosen« der westdeutsche Lebensstil vergötzt wurde, wird heute in ganz Ostdeutschland die Treuhandanstalt als Ursprung allen Übels dämonisiert. Gegen Nichtwissen hilft aber nur Aufklärung. Das bedeutet auch, sich Erkenntnissen zu öffnen, die eigenen Empfindungen und eigenem Erinnern zuwiderlaufen.

Die Historiker Jörg Ganzenmüller und Christiane Kuller haben das Dilemma beschrieben: Im Rückblick auf den Sturz des alten Systems und die darauffolgenden Veränderungen, von den Ostdeutschen als tiefe biografische Einschnitte erlebt, bestehe ein »Erinnerungskonflikt zwischen einem Revolutionsgedächtnis, das die demokratischen Errungenschaften hochhält, und einem Verlustgedächtnis, das den Umbruch als Zeit der Verunsicherung und enttäuschten Erwartungen abgespeichert hat und bis heute eine skeptische Haltung zur neuen politischen Ordnung einnimmt«.[1] Diese Zeitzeugen bildeten sich ihr Urteil über die 1990er-Jahre weniger aufgrund »kritisch-reflektierten Wissens«, sondern aus Erinnerungen und Familienerzählungen. Das macht es schwierig, verfestigten Standpunkten mit Fakten gegenübertreten zu wollen.

»Geschichte und Erinnerung sind zwei grundverschiedene Dinge«, weiß der Sozialpsychologe Harald Welzer. »Während die Geschichtsschreibung eine möglichst objektive Wahrheit sucht, bezieht sich Erinnerung immer auf die Identität desjenigen, der sich erinnert. Er behält im Gedächtnis, was für ihn selbst und vor allem für die eigene Gegenwartsbewältigung wichtig ist.«[2] Oder er löscht aus seinem Kopf, was für ihn unangenehm und belastend ist. Flapsig formulierte es der Kabarettist Peter Ensikat: »Das Schönste am Gedächtnis sind die Löcher.«

Das Gehirn schustert sich Erinnerungen zusammen. Es wählt aus, was es für wichtig hält, und es erfindet dazu. »Das Verhältnis zwischen Erinnerung und Realität ist ein sehr flexibles«, sagt Harald Welzer. Man wisse aus der Erinnerungsforschung, »dass wir mühelos in der Lage sind, Episoden in unsere eigene Lebensgeschichte zu integrieren, die wir überhaupt nie erlebt haben, sondern die aus ganz anderen Quellen stammen«.[3] Auch wenn die Erinnerungen trügen, sind sie für die Betroffenen »so wichtig, dass sie sich diese und die damit verbundenen Gefühle nicht mehr nehmen lassen wollen«, erläutert Welzer. Es gehe schließlich um »Ereignisse, die lebensgeschichtlich so einschneidend waren, dass sie diese niemals vergessen könnten«.

Jedes Mal, wenn man mit anderen über gemeinsam Erlebtes spricht, verfestigen sich die Erzählungen, ja reichern sich mit weiteren Nuancen an. Bei einschneidenden Erlebnissen, wie es beispielsweise der Arbeitsplatzverlust ist, »beobachten Sozialforscher regelmäßig das Phänomen, dass diese Erinnerungen standardisiert werden: auf das Format, in dem auch andere sich erinnern«. So entstehen »Erinnerungsgemeinschaften, die Berichte so lange austauschen und dabei ausgestalten, bis jeder über einen ähnlichen Fundus von Geschichten verfügt«.[4]

Wenn Petra Köpping Aussagen von Betroffenen referiert und auf den Vorhalt entgegenstehender Fakten erwidert: »Soll ich den Leuten sagen, ihr lügt?«, dann hat sie einerseits recht: Eine bewusste Lüge ist es in vielen Fällen wohl nicht. Erlebtes wurde eben in der Erinnerung so abgespeichert, wie man es für wahr hält. Andererseits wird die Diskrepanz zwischen Wahrnehmung und Wirklichkeit auf diese Weise niemals aufgelöst. Tribunale über die Treuhand, wie sie Köpping oder Bodo Ramelow vorschweben, sind keine geeigneten Foren. Die lauthals geforderte Aufarbeitung des

Treuhand-Komplexes kann ohne Vertiefung der vorhandenen Gräben nur gelingen, wenn sich Ost- und Westdeutsche ohne Klischees und Vorwurfshaltung begegnen – und mit der Bereitschaft, Fakten und sachliche Argumente zu akzeptieren. Die Debatte darf auch nicht aus der Sorge heraus unterdrückt werden, man könnte Ostdeutsche beschämen, wenn man sie mit unangenehmen Wahrheiten konfrontiert. Sprachlosigkeit ist auch keine Lösung.

Die Geschichtsforscher Ganzenmüller und Kuller ziehen aus solchen Überlegungen zwei Schlüsse. Der eine: »Ohne ein erfahrungsgeschichtliches Fundament wird es nicht gelingen, die Erinnerungskonflikte mit neuem historischem Wissen produktiv zu konfrontieren und zu einem selbstkritischen Hinterfragen liebgewonnener Überzeugungen anzuregen.« Der andere: »Historische Forschung muss in einen strukturierten Dialog mit Zeitzeugen und gesellschaftlichen Geschichtsakteuren eintreten.«[5] Deshalb kommt es darauf an, Dialogformate zu finden, die Einsichten vermitteln, ohne zu verletzen. Ein Modell könnten die »Biografiegespräche« sein, die seit 1994 regelmäßig beim Ost-West-Forum auf Gut Gödelitz zwischen Leipzig und Meißen geführt werden.

Der 1943 hier geborene Publizist Axel Schmidt-Gödelitz hat selbst einen west-östlichen Lebenslauf. Das einst von seinen Großeltern und Eltern bewirtschaftete Gut wurde nach dem Zweiten Weltkrieg bei der »Bodenreform« enteignet, die Familie vom Hof verjagt. Schmidt-Gödelitz wuchs in Baden-Württemberg auf und studierte in Westberlin. Er war Referent bei Günter Gaus in der Ständigen Vertretung der Bundesrepublik in Ostberlin und Repräsentant der Friedrich-Ebert-Stiftung unter anderem in Peking, wo er am 10. November 1989 vom Mauerfall im fernen Berlin erfuhr.

Zu DDR-Zeiten war Gut Gödelitz ein Staatsbetrieb und wurde deshalb 1990, anders als Landwirtschaftliche Produktionsgenossenschaften, der Treuhand unterstellt. Das ansonsten angewandte Prinzip »Rückgabe vor Entschädigung« wurde bei »Bodenreform«-Land ausdrücklich ausgeschlossen – angeblich eine Bedingung der Sowjetunion in den Verhandlungen über die deutsche Einheit. Die frei gewählte DDR-Volkskammer war einhellig der Meinung, dass die Enteignungen zwischen 1945 und 1949 nicht rückgängig gemacht werden sollten, weil man altes Unrecht nicht durch neues Unrecht wiedergutmachen könne. So kaufte die Familie Schmidt-Gödelitz das heruntergekommene Gut 1992 von der Treuhand zurück und richtete es wieder her. Die alte Schäferei wurde zum Veranstaltungsort für Vorträge und Konzerte ausgebaut.

Im Gutshaus erzählen sich regelmäßig seit 1994 jeweils eine Handvoll Ost- und Westdeutsche ein Wochenende lang gegenseitig ihre Lebensgeschichten. Wolfgang Thierse und der niedersächsische, aus Mecklenburg stammende Politologe Peter von Oertzen haben die Anregung zu diesem Dialogformat gegeben. Die Gesprächsteilnehmer, insgesamt waren es bereits mehr als 3000, hören einander zu, lassen ausreden, niemand wird beurteilt oder kritisiert. Damit sollen, wie es auf der Homepage des Vereins heißt, »vor allem die tiefgehenden Vorurteilsstrukturen aufgebrochen werden, die die Beziehungen zwischen Ost- und Westdeutschen belasten«.

So könnte es auch gelingen, die Geschichte der Treuhand neu zu erzählen: ehrlich und wahrhaftig, differenziert und sachlich, ohne Übertreibungen und Pauschalisierungen. Man müsste allerdings ruhig zuhören und neue Einsichten zulassen, auch wenn sie unbequem sind.

Dank

Darf ein Westdeutscher über ostdeutsche Verhältnisse urteilen? Ja, er darf. Ich schreibe ja auch kritisch über andere Länder, in denen ich nicht aufgewachsen bin. »Kann denn wirklich nur urteilen, wer dabei war?«, fragte Peter Ensikat angesichts der Abwehrhaltung vieler Ostdeutscher gegen Besser-Wessis. »Gehört der Blick von außen nicht unbedingt dazu, um der Wahrheit über die DDR näher zu kommen?« Ensikat erinnerte daran, dass nichts die SED-Funktionäre seinerzeit so aufgebracht habe wie die »Einmischung in die inneren Angelegenheiten« ihres Staates.[1] Soll das jetzt wieder gelten?

Ich befasse mich als Autor mit der DDR und ihrem Erbe, seit ich unmittelbar nach dem Mauerfall Leiter des Berliner *Spiegel*-Büros wurde. Ich habe damals viele Amtsträger des untergegangenen Staates ebenso kennengelernt wie Bürgerrechtler und Politikneulinge, mit zahlreichen Ostdeutschen stehe ich seither in freundschaftlichem Kontakt.

Zu diesem Buch inspiriert hat mich Prof. Dr. Richard Schröder, der einstige Vorsitzende der SPD-Fraktion in der letzten, demokratisch gewählten DDR-Volkskammer. Schröders Ausführungen über die Treuhand in seinem Buch *Irrtümer über die deutsche Einheit* haben mich veranlasst, den dort aufgeführten Argumenten gegen falsche und verzerrte Darstellungen mit eigenen umfangreichen Quellenstudien nachzugehen. Was Richard Schröder durch öffentlich zugängliche Informationen und durch seine persönlichen Kenntnisse über das damalige Geschehen zusammengetragen hat, fand ich in den seit Kurzem zugänglichen Akten der Treuhand und durch zahlreiche wissenschaftliche Untersuchungen bestätigt.

Richard Schröder hat das Entstehen dieses Buches mit vielen Ratschlägen und Hinweisen begleitet, wofür ich ihm herzlich Dank sage.

Bei der Auswahl meiner Gesprächspartner habe ich mich von dem Grundsatz leiten lassen, neben einstigen Akteuren in Politik und Treuhand in erster Linie ostdeutsche Zeitzeugen und ostdeutsche Wissenschaftler zu befragen. Außer mit Prof. Dr. Richard Schröder führte ich Interviews mit Birgit Breuel, Dr. Klaus von Dohnanyi, Dr. Gerd Gebhardt, Dr. Horst Köhler, Petra Köpping, Prof. Dr. Raj Kollmorgen, Dr. Ilko-Sascha Kowalczuk, Dr. Thilo Sarrazin, Axel Schmidt-Gödelitz und Wolfgang Thierse. Ihnen allen danke ich für anregende und informative Gespräche. Dr. Maria von Loewenich vom Bundesarchiv in Berlin bin ich für ihre Einführung in die Treuhand-Bestände und für ihre fachliche Beratung sehr dankbar.

Von Anfang an zu diesem Buch ermutigt haben mich mein Freund und Kollege Volker Skierka, mit dem ich viele Abende diskutiert habe, sowie meine Ehefrau Petra Pötzl, der ich vor allem auch für ihre Geduld und Nachsicht während der Schreibarbeit danke.

Mein Dank gilt schließlich meinem Verleger Dr. Sven Murmann, den ich sofort für das Thema gewinnen konnte, dem Herausgeber der kursbuch.edition, Dr. Peter Felixberger, für seine Denkanstöße, Dr. Luise Ritter, Redaktion und Kommunikation der Kursbuch Kulturstiftung, für ihre reibungslose Organisation beim Entstehen des Buches, Evelin Schultheiß für ihr sorgfältiges Lektorat sowie Barbara Stang für ihre Medienarbeit und Veranstaltungsplanung.

Anmerkungen

1. Das Verlangen nach Aufarbeitung

1 Dietrich Mühlberg: »Vom langsamen Wandel der Erinnerung an die DDR«, in: *Kulturation* 1/2003.
2 »Uwe Steimle, ›Polizeiruf‹-Kommissar«, in: *Focus online* vom 20.05.2009.
3 Interview des Verfassers mit Horst Köhler.
4 Bundesarchiv (BA) B 412/2558, Bl. 11; BA B 412/2559, Bl. 11.
5 Wilhelm Bittorf: »Harakiri auf ostdeutsch«, in: *Der Spiegel* vom 11.02.1991.
6 BA B 412/9034, Bl. 296, Sitzung des Verwaltungsrats am 01.02.1991.
7 BA B 412/2556, Bl. 74, Sitzung des Vorstands am 20.12.1990.
8 BA B 412/2556, Bl. 6.
9 BA B 412/9034, Bl. 296.
10 BA B 412/9034, Bl. 297.
11 »Als sich Opel meldete, war das wie eine Eintrittskarte«, in: *Thüringer Allgemeine* vom 27.09.2016.
12 »Opel rollt von der Wartburg«, in: *taz* vom 24.09.1992; »Als der Wartburg Hoffnung für eine ganze Stadt war«, in: *Die Welt* vom 02.10.2014; »Wende-Manöver«, in: *sueddeutsche.de* vom 18.09.2015.
13 BA B 412/2572, Bl. 13.
14 Amrei Drechsler: »Der Fackelträger«, in: Heike Kleffner, Matthias Meisner (Hrsg.): *Unter Sachsen. Zwischen Wut und Willkommen.* Berlin 2017, S. 101 ff.
15 »Uwe Steimle und das verspätete Ende der Akzeptanz«, in: *Übermedien* vom 30.06.2018.
16 Wolfgang Engler, Jana Hensel: *Wer wir sind. Die Erfahrung, ostdeutsch zu sein.* Berlin 2018, S. 9 f.
17 »Die Wölfe sind los«, in: *Der Spiegel* vom 21.12.2018.
18 »Ostdeutsche haben wenig Vertrauen in Staat und Demokratie«, Umfrage des Instituts für Demoskopie Allensbach, in: *Frankfurter Allgemeine Zeitung* vom 23.01.2019.
19 »Das Treuhand-Trauma«, in: *Der Spiegel* vom 23.11.2017.
20 Ebd.
21 Constantin Goschler, Marcus Böick: *Studie zur Wahrnehmung und Bewertung der Arbeit der Treuhandanstalt.* Bochum 2017, S. 10.
22 Ebd., S. 113.
23 Richard Schröder: *Irrtümer über die deutsche Einheit.* Freiburg 2014, S. 9 f.
24 Goschler, Böick 2017, S. 17.
25 Ebd., S. 16.

26 »Das Treuhand-Trauma«, in: *Der Spiegel* vom 23.11.2017.
27 »Wir müssen den Stolz der Ostdeutschen stärken«, in: *Welt am Sonntag* vom 26.08.2018.
28 Deutsche Presseagentur, 19.04.2019.
29 »Klaffende Wunde bei Ostdeutschen«, in: *Der Tagesspiegel* vom 19.04.2019.
30 »Größte Vernichtung von Produktivvermögen«, in: *Der Tagesspiegel* vom 01.03.2019.
31 »Das Treuhand-Trauma ist immer noch da«, in: *Frankfurter Allgemeine Zeitung* vom 23.04.2019.
32 Petra Köpping: »*Integriert doch erst mal uns!*« *Eine Streitschrift für den Osten.* Berlin 2018, S. 9.
33 Ebd., S. 9.
34 Interview des Verfassers mit Petra Köpping.
35 Ebd., S. 18.
36 »Jammern hilft nicht«, in: *Thüringer Allgemeine* vom 09.02.2019.
37 Interview des Verfassers mit Petra Köpping.
38 Köpping 2018, S. 28.
39 Ebd., S. 29.
40 Ebd., S. 101.
41 »Die Treuhand – und kein Ende«, in: *Ostsee-Zeitung.de* vom 10.07.2018; vgl. Uwe Siegmund: *Privatisierungspolitik in Ostdeutschland. Eine politökonomische Analyse der Treuhandanstalt.* Wiesbaden 2001, S. 19, S. 36.
42 Vgl. Carsten Dreher, Thomas Michler: »Entwicklung und Chancen der mittels MBO/MBI entstandenen mittelständischen Industrieunternehmen in Ostdeutschland«, in: Doris Holland, Stefan Kuhlmann (Hrsg.): *Systemwandel und industrielle Innovation.* Heidelberg 1995, S. 147 ff.
43 Ilko-Sascha Kowalczuk: »Und was hast du bis 1989 getan?«, in: *Süddeutsche Zeitung* vom 22.10.2018.
44 Interview des Verfassers mit Ilko-Sascha Kowalczuk.
45 Interview des Verfassers mit Axel Schmidt-Gödelitz.
46 Interview des Verfassers mit Raj Kollmorgen (auch die folgenden Zitate).
47 Leibniz-Institut für Wirtschaftsforschung Halle (Hrsg.): *Vereintes Land – drei Jahrzehnte nach dem Mauerfall,* März 2019, https://www.iwh-halle.de/file admin/user_upload/publications/sonstint/2019_iwh_vereintes_land_de.pdf
48 Vgl. Bundesministerium für Wirtschaft und Energie (Hrsg.): *Jahresbericht der Bundesregierung zum Stand der Deutschen Einheit 2018*, S. 10, https://www.bmwi.de/Redaktion/DE/Publikationen/Neue-Laender/jahresbe richt-zum-stand-der-deutschen-einheit-2018.pdf?__blob=publicationFile &v=2
49 Nexiga *Kaufkraft-Karte* 2019, https://www.nexiga.com/pressemitteilungen/kaufkraft-karte-2019/

50 »Ideen, egal wo«, in: *Der Spiegel* vom 09.03.2019.
51 »Haseloff legt sich mit IWH-Chef an«, *Volksstimme.de* vom 05.03.2019.
52 »Ramelow ›empört‹ über Studie zur Produktivität im Osten«, *Thüringer-Allgemeine.de* vom 04.03.2019.
53 »Stadt statt Land«, in: *Der Tagesspiegel* vom 05.03.2019.
54 »Ökonomen schreiben Ost-Dörfer ab«, in: *Die Welt* vom 04.03.2019.
55 Zum Beispiel: BVerfG, Urteil des Zweiten Senats vom 26.10.2005.
56 »Der Osten ist nicht Dunkeldeutschland«, in: *Augsburger Allgemeine* vom 05.11.2018.
57 Wirtschafts- und Sozialwissenschaftliches Institut der Hans-Böckler-Stiftung, April 2019, https://www.boeckler.de/120088_120095.htm
58 Heinrich Best, Everhard Holtmann (Hrsg.): *Aufbruch der entsicherten Gesellschaft*. Frankfurt am Main 2012, S. 13.
59 de.statista.com/statistik/daten/studie/36651/umfrage/arbeitslosenquote-in-deutschland-nach-bundeslaendern/
60 Bundesministerium für Wirtschaft und Energie 2018.
61 *IAB-Forum* 1/2015, S. 22 ff.
62 ZDF, *heute* vom 26.09.2018.
63 Deutsche Rentenversicherung: »Rentenversicherung in Zahlen 2018«, https://www.deutsche-rentenversicherung.de/cae/servlet/contentblob/238692/publicationFile/61815/01_rv_in_zahlen_2013.pdf
64 Durchschnittliche Beitragsjahre: Männer West 40,6 Jahre, Ost 44,6 Jahre, Frauen West 28 Jahre, Ost 41 Jahre (Quelle: ebd.).
65 Interview des Verfassers mit Wolfgang Thierse.
66 Wolfgang Böhmer: »Was soll das?«, in: *Die Zeit* vom 28.02.2019.
67 www.bpb.de/geschichte/deutsche-einheit/zahlen-und-fakten-zur-deutschen-einheit/212659/die-frage-nach-den-kosten-der-wiedervereinigung; www.wirtschaftsdienst.eu/archiv/jahr/2010/6/20-jahre-deutsche-einheit; Klaus Schroeder: »Ostdeutschland 20 Jahre nach dem Mauerfall. Eine Wohlstandsbilanz«, Gutachten für die Initiative Neue Soziale Marktwirtschaft, http://www.insm.de/insm/publikationen/studien/wohlstandsbilanz-2010.html
68 »Zwei schwierige Wörter, deutsch und Identität«, in: *Der Spiegel* vom 08.09.2018.
69 »Es wächst nicht mehr zusammen, was zusammen ist«, in: *Berliner Zeitung* vom 25.09.2018.
70 »Eine neue Dimension von Rechtsextremismus«, in: *Frankfurter Rundschau* vom 19.09.2018.
71 Interview des Verfassers mit Raj Kollmorgen (auch die folgenden Zitate).
72 Michael Lühmann: »Ostdeutsche Lebenslügen«, in: *Blätter für deutsche und internationale Politik* 11/2017 (auch die folgenden Zitate).

73 »Wir aus dem Osten sind fast rassistisch benachteiligt«, Interview mit Christiane Thiel, Deutschlandfunk, 27.12.2018 (auch die folgenden Zitate).
74 »Sind Ostdeutsche benachteiligt?«, Interviews mit Christiane Thiel und Wolfgang Thierse, Deutschlandfunk, 19.01.2019.
75 »Ostdeutsche nach der Einheit. Gauck sieht fehlenden Willen«, ZDF, *heute* vom 02.04.2019.
76 Interview des Verfassers mit Wolfgang Thierse.
77 Michael Bluhm, Olaf Jacobs: *Wer beherrscht den Osten? Ostdeutsche Eliten ein Vierteljahrhundert nach der deutschen Wiedervereinigung.* Leipzig 2016, S. 15 f.
78 Zum Beispiel: »Ostdeutsche an die Spitze«, in: *Frankfurter Rundschau* vom 12.06.2018.
79 Raj Kollmorgen: »Die falsche Therapie«, in: *Die Zeit* im Osten vom 11.04.2019.
80 »Jeder Zweite im Osten für Ostquote«, in: *Frankfurter Allgemeine Zeitung* vom 17.03.2019.
81 www.zdf.de/nachrichten/heute/gespraech-im-kubus-mit-joachim-gauck-102.html
82 Bluhm, Jacobs 2016, S. 4.
83 »Wo sind all die Ossis hin?«, in: *Die Zeit* im Osten vom 02.05.2019.
84 Interview des Verfassers mit Wolfgang Thierse.
85 Köpping 2018, S. 9.
86 Ebd., S. 13.
87 Richard Schröder: »Ist die SPD auf dem Weg zur Sekte?«, in: *The European* vom 31.10.2018.
88 Sieglinde Geisel: »Deutsche Ängste«, in: tell-review.de/deutsche-aengste/, 02.03.2018.
89 Hans-Joachim Maaz: *Der Gefühlsstau. Psychogramm einer Gesellschaft.* München 2018.
90 »Angela Merkel handelt vollkommen irrational«, in: *The Huffington Post* vom 24.01.2016; Boris Rosenkranz: »Fragen wir mal Dr. Laber«, in: *Übermedien* vom 03.02.2016.
91 Ernst Elitz: »Eine entgangene Chance«, in: *Cicero online* vom 03.04.2018.
92 Sighard Neckel: »Liebenswerter Volksstamm im Stande der Unschuld«, in: *Frankfurter Rundschau* vom 09.10.2002.
93 Vor allem Wolfgang Engler: *Die Ostdeutschen. Kunde von einem verlorenen Land.* Berlin 1999; ders.: *Die Ostdeutschen als Avantgarde.* Berlin 2002.
94 Engler 2002, S. 9.
95 Konrad Weiß: »Zum Buch von Wolfgang Engler: Die Ostdeutschen«, SFB Radio Kultur, 18.10.1999.

96 Wolfgang Engler, Jana Hensel: *Wer wir sind. Die Erfahrung, ostdeutsch zu sein.* Berlin 2018.
97 Ebd., S. 94.
98 Ebd., S. 87.
99 »Ruinöser Ausverkauf oder alternativloser Umbau?«, in: *Frankfurter Allgemeine Zeitung* vom 24.01.2017.
100 Köpping 2018, S. 39.
101 Antwort der Bundesregierung auf eine Kleine Anfrage von Abgeordneten und Fraktion Bündnis 90/Die Grünen, Bundestagsdrucksache 19/7166, 18.01.2019; Antwort von Staatsministerin Monika Grütters auf eine schriftliche Frage des Linken-Abgeordneten Dietmar Bartsch, 08.04.2019.
102 Ebd.
103 www.ifz-muenchen.de/aktuelles/themen/geschichte-der-treuhandanstalt/
104 Köpping 2018, S. 39.
105 Richard Schröder: »Das Jedermannprinzip«, in: *Der Tagesspiegel* vom 27.01.2019.
106 Marcus Böick: *Die Treuhand. Idee – Praxis – Erfahrung 1990–1994.* Göttingen 2018.
107 »Treuhand-Vergangenheit soll aufgearbeitet werden«, MDR, 10.07.2018.
108 Goschler, Böick 2017, S. 27.
109 Richard Schröder: »Sündenbock Treuhand« in: *Iablis. Jahrbuch für europäische Prozesse*, 2019.
110 Heinz Suhr: *Der Treuhandskandal. Wie Ostdeutschland geschlachtet wurde.* Frankfurt am Main 1991; Böick 2018, S. 19.
111 Otto Köhler: *Die große Enteignung. Wie die Treuhand eine Volkswirtschaft liquidierte.* Berlin 2011; Böick 2018, S. 20.
112 Dirk Laabs: *Der deutsche Goldrausch. Die wahre Geschichte der Treuhand.* München 2012.
113 Böick 2018, S. 20.
114 Ralph Hartmann: *Die Liquidatoren.* Berlin 2008; Klaus Huhn: *Raubzug Ost. Wie die Treuhand die DDR plünderte.* Berlin 2009; Böick 2018, S. 20.
115 Böick 2018, S. 62.
116 Jörg Roesler: »Die Wirtschaftsentwicklung in Ostdeutschland. Legenden und Versuche einer Annäherung an die Wirklichkeit«, in: Wolfgang Thierse, Ilse Spittmann-Rühle, Johannes L. Kuppe (Hrsg.): *Zehn Jahre deutsche Einheit.* Opladen 2000, S. 49 ff.
117 Michael Jürgs: *Die Treuhändler. Wie Helden und Halunken die DDR verkauften.* München 1997.
118 Ebd., S. 34, S. 41.

119 Wolfgang Seibel: *Verwaltete Illusionen. Die Privatisierung der DDR-Wirtschaft durch die Treuhandanstalt und ihre Nachfolger 1990–2000*. Frankfurt am Main 2005.
120 Ebd., S. 13.

2. Die Illusion vom Volksvermögen

1 Michael Mara, Thorsten Metzner: *Matthias Platzeck. Die Biografie*. Kreuzlingen, München 2006, S. 51 f.
2 Interview des Verfassers mit Gerd Gebhardt.
3 »Der Treuhand-Komplex«, Deutschlandfunk Kultur, 29.06.2005.
4 Hermann Golle: *Das Know-how, das aus dem Osten kam*. Stuttgart 2002.
5 Vgl. Bernd Martens: »Wirtschaftlicher Zusammenbruch und Neuanfang 1990«, Bundeszentrale für politische Bildung, 30.03.2010.
6 Christa Luft: *Treuhandreport*. Berlin, Weimar 1992, S. 32.
7 12. Sitzung des Zentralen runden Tisches, Vorlage 12/29, 12.02.1990 (auch die folgenden Zitate).
8 *Berliner Zeitung* vom 15.02.1990.
9 Richard Schröder: »Die Treuhand und das Ende der DDR-Wirtschaft«, Rede auf der Wartburg/Eisenach, 30.09.2013.
10 Rudi Hermann: »Die Couponprivatisierung im Rückblick«, Radio Prag, 09.10.2001.
11 Helmut Leipold: »Alternative Privatisierungs- und Sanierungsmethoden in Mittel- und Osteuropa«, in: H. Jörg Thieme (Hrsg.): *Privatisierungsstrategien im Systemvergleich*. Berlin 1993, S. 25.
12 OECD-Report 1998, S. 49, zit. nach Monika Schnitzer: »Privatisierung in Osteuropa«, in: Franziska Schaft, Patricia Schläger-Zirlik, Monika Schnitzer: *Privatisierung in Osteuropa*. Forost Forschungsverbund Ost- und Südosteuropa. München 2003, S. 9; Emil Voráček: »Die Transformation der Wirtschaft in Tschechien und ihre Schattenseiten: Privatisierung, ›Untertunnelung‹ und Korruption«, in: *Berliner Osteuropa Info* 11/1998, S. 28 ff.; Tomáš Samek: »Der tschechische Weg als Verbrechen«, in: *Prager Zeitung* vom 29.06.2016.
13 Vgl. Maria Huber: »Gutschein für die neue Zeit«, in: *Die Zeit* vom 02.10.1992; Ewa Dabrowska: »Voucher-Privatisierung«, www.dekoder.org/de/gnose/voucher-privatisierung-wirtschaftsreform
14 Luft 1992, S. 47.
15 Flugblatt der Freien Forschungsgemeinschaft Selbstorganisation.
16 »Matuschka und die große Marie«, in: *Der Spiegel* vom 04.12.1989.
17 »Was macht eigentlich … Albrecht Graf Matuschka«, in: *manager magazin* 3/2007.
18 Hans Modrow auf einer Pressekonferenz in Bonn, 13.02.1990.

19 Vgl. Egon Krenz: *Herbst '89*. Berlin 1999, S. 174.
20 Lothar de Maizière gegenüber Richard Schröder, Januar 1997, nach: Eberhard Kurth, Hansjörg F. Buck, Gunter Holzweißig (Hrsg.): *Die Endzeit der DDR-Wirtschaft*. Opladen 1999, S. 226 f.
21 Interview mit Lothar de Maizière, Deutschlandfunk, 25.01.2007.
22 Armin Mitter, Stefan Wolle: »*Ich liebe euch doch alle ...« Befehle und Lageberichte des MfS Januar bis November 1989*. Berlin 1990, S. 125.
23 Gerhard Schürer et al.: »Analyse der ökonomischen Lage der DDR mit Schlussfolgerungen«, Vorlage für das Politbüro des Zentralkomitees der SED, 30.10.1989, (auch die folgenden Zitate).
24 *Deutschland Archiv* 10/1992, S. 1029; Arno Donda: Manuskript eines Vortrags in der Leibniz-Sozietät e. V., Berlin, 16.11.1995; der Monatsbericht der Bundesbank vom Juli 1990 weist eine Nettoverschuldung der DDR per 31.05.1990 von 14,8 Milliarden US-Dollar aus.
25 Schürer et al. 1989.
26 Hans-Hermann Hertle: *Chronik des Mauerfalls*. Berlin 2009, S. 271.
27 Schreiben Gebhardts an Prof. Hans-Werner Sinn vom 04.10.2016.
28 »Es wird eine Grauzone geben«, in: *Der Spiegel* vom 11.06.1990.
29 Schröder 2014, S. 161.
30 *Zur Sache*, Talkshow Deutscher Fernsehfunk, 19.02.1990, zit. nach Laabs 2012, S. 45.
31 Luft 1992, S. 27 f.
32 Luft 1992, S. 51 f.
33 Luft 1992, S. 30.
34 »Das Eigentum der DDR wurde zum Faustpfand für die Einheit«, in: *Märkische Onlinezeitung MOZ* vom 13.07.2015.
35 Seibel 2005, S. 77.
36 Luft 1992, S. 46 f.
37 »SPD für Anteilsscheine«, in: *taz* vom 15.03.1990.
38 Peter Ensikat: *Das Schönste am Gedächtnis sind die Lücken*. München 2005, S. 218, 220.
39 Interview des Verfassers mit Gerd Gebhardt.
40 Luft 1992, S. 54.
41 Bundesstiftung Aufarbeitung, https://deutsche-einheit-1990.de/ministerien/ministerium-fuer-wirtschaft/treuhandgesetz-und-treuhandanstalt/
42 Martin Flug: *Der Treuhand-Poker. Die Mechanismen des Ausverkaufs*. Berlin 1992, S. 18.
43 Edelgard Jeske: »Studie zum Thema Seilschaften«, in: Deutscher Bundestag (Hrsg.): *Materialien der Enquetekommission »Aufarbeitung von Geschichte und Folgen der SED-Diktatur in Deutschland«*, Bd. 8. Frankfurt am Main 1995, S. 767.

44 Andreas Förster: *Auf der Spur der Stasi-Millionen*. Berlin 1998, S. 189, 271.
45 Wissenschaftliche Dienste des Deutschen Bundestags, Aktenzeichen WD 4-3000-126/11, Berlin 2011.
46 Seibel 2005, S. 82.
47 Hannes Bahrmann: »Treuhandanstalt für den Jahrhundertdeal«, in: *taz* vom 16.06.1990.
48 »Die warten auf Konkurse«, in: *Der Spiegel* vom 20.08.1990.
49 »Traumjob Treuhand?«, Podiumsdiskussion der Bundesstiftung Aufarbeitung, 05.07.2018.
50 Schröder 2014, S. 89; ergänzende Mitteilung Schröders an den Verfasser.
51 Andreas Busch: »Die deutsch-deutsche Währungsunion«, in: Ulrike Liebert, Wolfgang Merkel (Hrsg.): *Die Politik zur deutschen Einheit*. Wiesbaden 1991, S. 192.
52 »Im Nachhinein ein Riesenfehler«, Interview mit Hans-Werner Sinn, in: Deutschlandfunk, 28.02.2015.
53 »DDR-Bürger erhalten die Hälfte des Vermögens aller Kombinate«, Interview mit Peter Moreth, in: *Die Welt* vom 30.04.1990.
54 Zit. nach Jürgs 1997, S. 85.
55 »Heikle Sortierarbeit der Treuhand«, in: *Der Spiegel* vom 25.02.1991.
56 »Wie in der alten DDR«, in: *Der Spiegel* vom 02.09.1991.
57 »Treuhandanstalt für den Jahrhundertdeal«, in: *taz* vom 16.06.1990.
58 »Präsizierte Fassung zur Feststellung der Rentabilitätslage der Betriebe/Unternehmungen«, 16.05.1990, in: Treuhandanstalt (Hrsg.): *Dokumentation 1990–1994*, Bd. 2. Berlin 1994, S. 68.
59 »Größte Vernichtung von Produktivvermögen«, in: *Der Tagesspiegel* vom 01.03.2019; »Ausverkauf im Eiltempo«, in: *Der Tagesspiegel* vom 04.07.2018.
60 Andreas Förster: *Schatzräuber. Die Suche der Stasi nach dem Gold der Nazizeit*. Berlin 2000, S. 33.
61 Deutscher Bundestag (Hrsg.): *Protokolle der Volkskammer der Deutschen Demokratischen Republik. 10. Wahlperiode*. Wiesbaden 2010, S. 480.
62 »Die Aufgaben: Privatisierung – Sanierung – Stilllegung«, Interview mit Detlev Rohwedder, in: *Neues Deutschland* vom 17.07.1990.
63 Am 13.07.1990 auf eine Frage des PDS-Abgeordneten Klaus Steinitz.
64 »Alles muss hoppla-hopp gehen«, Interview mit Detlev Rohwedder, in: *Der Spiegel* vom 28.01.1991.
65 Jens Gieseke: Mielke-Konzern. *Die Geschichte der Stasi*. Stuttgart 2001, S. 231; Bernd Stöver: *Der Kalte Krieg. Geschichte eines radikalen Zeitalters 1947–1991*. München 2007, S. 169.
66 Kristie Macrakis: »Das Ringen um wissenschaftlich-technischen Höchststand. Spionage und Technologietransfer in der DDR«, in: Dieter Hoffmann,

Kristie Macrakis (Hrsg.): *Naturwissenschaft und Technik in der DDR*. Berlin 1997, S. 84 f.
67 Interview mit Gerhard Schürer in: Theo Pirker et al.: *Der Plan als Befehl und Fiktion. Wirtschaftsführung in der DDR*. Opladen 1995, S. 88.
68 Ebd., S. 336.
69 »Dann ist der Ofen aus«, in: *Der Spiegel* vom 29.10.1990.
70 Birgit Breuel (Hrsg.): *Treuhand intern*. Berlin 1993, S. 103.
71 Richard Schröder: »Die Treuhand und das Ende der DDR-Wirtschaft«, in: Günther Heydemann, Karl-Heinz Paqué (Hrsg.): *Planwirtschaft – Privatisierung – Marktwirtschaft*. Göttingen 2017, S. 27 ff., hier S. 36 f.

3. Die Illusion vom zweiten Wirtschaftswunder

1 Bulletin des Presse- und Informationsamtes der Bundesregierung, 03.07.1990.
2 Ebd.
3 »Kohl belog Ostdeutsche«, in: *Der Spiegel* vom 26.05.2018.
4 *Neue Bundesländer Illustrierte* (Wahlzeitung der CDU), 1998.
5 Helmut Kohl: *Erinnerungen 1990–1994*. München 2007, S. 87.
6 Hans-Georg Wieck: »Geheime Nachrichtendienste«, in: Siegmar Schmidt, Gunther Hellmann, Reinhard Wolf (Hrsg.): *Handbuch zur deutschen Außenpolitik*. Wiesbaden 2007, S. 261.
7 »Durch das Volk und für das Volk wurde Großes vollbracht«, in: *Neues Deutschland* vom 09.10.1989.
8 Friedrich-Ebert-Stiftung, Büro Berlin (Hrsg.): *Anatomie einer Pleite. Der Niedergang der DDR-Wirtschaft seit 1971*. Berlin 2000, S. 23.
9 André Steiner: »Wie die DDR unter die zehn führenden Industrieländer der Welt geriet«, in: *Gerbergasse 18* 3/2017, S. 3 ff.
10 Arno Donda, Vorwort zu: Statistisches Amt der DDR (Hrsg.): *Statistisches Jahrbuch der Deutschen Demokratischen Republik '90*. Berlin 1990, S. III.
11 Zit. nach Jörg Roesler: »Die Wirtschaftsentwicklung in Ostdeutschland«, in: Wolfgang Thierse, Ilse Spittmann-Rühle, Johannes L. Kuppe (Hrsg.): *Zehn Jahre Deutsche Einheit*. Opladen 2000, S. 53.
12 Zit. nach Thomas Karlauf: *Helmut Schmidt. Die späten Jahre*. München 2016, S. 211.
13 Karl-Heinz Janßen, Haug von Kuenheim, Theo Sommer: *Die Zeit. Geschichte einer Wochenzeitung 1946 bis heute*. München 2006, S. 312.
14 Ilko-Sascha Kowalczuk: *Endspiel. Die Revolution von 1989 in der DDR*. München 2009, S. 116 f.
15 Zit. nach Jürgs 1997, S. 190 f.
16 Peter Ensikat: *Populäre DDR-Irrtümer*. Berlin 2008, S. 49.

17 Interview des Verfassers mit Horst Köhler.
18 Thilo Sarrazin: »Die Vorbereitung der deutsch-deutschen Währungsunion 1989/90«, in: *Vierteljahrshefte zur Wirtschaftsforschung* 1/2011, S. 121.
19 Ebd., S. 120.
20 Ludwig Erhard: »Wirtschaftliche Probleme der Wiedervereinigung«, Bulletin, 12.09.1953, Wiederabdruck in: Karl Hohmann (Hrsg.): *Ludwig Erhard. Gedanken aus fünf Jahrzehnten*. München 1990, S. 381 f.
21 Ebd.
22 Vgl. Marcus Böick: »Das ist nunmal der freie Markt«, in: *Zeithistorische Forschungen* 3/2015, S. 448 ff.
23 Vermerk des Regierungsdirektors Nehring, 06.02.1990, in: Bundesministerium des Innern (Hrsg.): *Dokumente zur Deutschlandpolitik*. München 1998, S. 761.
24 Zentralinstitut für Jugendforschung, Leipzig, in Zusammenarbeit mit dem *Spiegel*: »Meinungsbarometer September 1990. Einstellung zur Entwicklung in der DDR«. Variablenverzeichnis M08_0016, o. S.
25 Werner Abelshauser: »Erhards Illusion«, in: *Die Zeit* vom 19.03.1993.
26 www.chronik-der-mauer.de/chronik/_year1989/_month5/?month=5&year =1989&opennid=181586&moc=1; diese Zahlen sind realistischer als die Angaben des Zentralen Statistikamtes der DDR (November 73 000, Dezember 59 000), da sich nicht alle Fortziehenden bei den zuständigen Behörden abgemeldet haben.
27 Wolfgang Schäuble: *Der Vertrag. Wie ich über die deutsche Einheit verhandelte*. Stuttgart 1991, S. 21 f.
28 Ingrid Matthäus-Maier: »Signal zum Bleiben«, in: *Die Zeit* vom 19.01.1990.
29 Sondergutachten »Zur Unterstützung der Wirtschaftsreform in der DDR«, Bundestagsdrucksache 11/8472.
30 Brief des Sachverständigenrates vom 9. Februar 1990 an den Bundeskanzler, Bundestagsdrucksache 11/8472 (auch die folgenden Zitate).
31 Horst Köhler: »Alle zogen mit«, in: Theo Waigel, Manfred Schell (Hrsg.): *Tage, die Deutschland und die Welt veränderten. Vom Mauerfall zum Kaukasus. Die deutsche Währungsunion*. München 1994, S. 128.
32 Interview des Verfassers mit Horst Köhler.
33 Interview des Verfassers mit Thilo Sarrazin.
34 Interview des Verfassers mit Horst Köhler.
35 Vgl. André Hahn: »Geschichte und Szenarien der Übersiedlung«, in: Ralf Schwarzer, Matthias Jerusalem (Hrsg.): *Gesellschaftlicher Umbruch als kritisches Lebensereignis*. München 1994, S. 29.
36 Interview des Verfassers mit Horst Köhler.
37 Seibel 2005, S. 95.
38 Edgar Most: *Fünfzig Jahre im Auftrag des Kapitals*. Berlin 2009, S. 163.

39 »Als die D-Mark in die DDR kam«, Interview mit Edgar Most, Deutschlandfunk, 01.07.2010.
40 »Der Preis der deutschen Wiedervereinigung«, in: *Neue Zürcher Zeitung* vom 30.06.2015.
41 Vgl. Erika Maier: »Wie würde Ludwig Erhard 1990 entscheiden?«, in: *taz* vom 04.08.1990.
42 Klaus von Dohnanyi: *Brief an die Deutschen Demokratischen Revolutionäre*. München 1990, S. 12.
43 Interview des Verfassers mit Klaus von Dohnanyi.
44 Gerhard Lehmbruch: »Die deutsche Vereinigung. Kaltstart oder Fehlstart?«, in: *Deutschland Ost – Deutschland West* 4/2000, www.buergerimstaat.de/4_00/ostwest02.htm
45 Arnulf Baring, Gregor Schöllgen: *Kanzler, Krisen, Koalitionen*. Berlin 2002, S. 247, 260.
46 Klaus von Dohnanyi: *Das Deutsche Wagnis. Über die wirtschaftlichen und sozialen Folgen der Einheit*. München 1990, S. 144 f.
47 Ebd., S. 145 f.
48 Ebd., S. 146.
49 Zit. nach »Das deutsche Wagnis«, in: *Der Spiegel* vom 24.09.1990.
50 Dohnanyi, Wagnis 1990, S. 261.
51 Andreas Rödder: *Geschichte der deutschen Wiedervereinigung*. München 2011, S. 97.
52 Vgl. Otto Depenheuer, Karl-Heinz Paqué (Hrsg.): *Einheit – Eigentum – Effizienz*. Berlin, Heidelberg 2012, S. 23.
53 Breuel 1993, S. 111.
54 Zit. nach Wolfgang Schäuble: »Patriot und Vorbild«, in: Depenheuer, Paqué 2012, S. 4.
55 Andrè Steiner: »Der Weg der DDR in den Untergang«, in: *Frankfurter Allgemeine Zeitung* vom 28.09.2010.
56 Stenografische Niederschrift der Volkskammersitzung vom 13.09.1990; abgedruckt in: Treuhandanstalt (Hrsg.): *Dokumentation 1990–1994*, Bd. 2 (Anm. 13), S. 155.
57 »Die Treuhandanstalt konstituiert sich«, Deutschlandfunk Kultur, 16.07.2015.
58 »Pentacon stellt sich japanischer Konkurrenz«, in: *Neues Deutschland* vom 31.05.1990.
59 »Allein unter japanischen Kameraherstellern«, in: *Handelsblatt* vom 26.09.2018.
60 »Die heben einfach die Hände«, in: *Der Spiegel* vom 25.06.1990.
61 BA B 412/2541, Bl. 55–58.
62 Laabs 2012, S. 139.
63 BA B 412/2543, Bl. 107.

64 www.photoscala.de/2009/07/28/es-war-einmal-veb-pentacon-dresden/
65 BA B 412/2576, Bl. 134.

4. Aufbau Ost

1 »Alles muss hoppla-hopp gehen«, Interview mit Detlev Rohwedder, in: *Der Spiegel* vom 28.01.1991.
2 Seibel 2005, S. 133
3 Treuhand-Aktiengesellschaften sollten gegründet werden für Schwerindustrie, Investitionsgüterindustrie, Konsumgüterindustrie, Handel und Dienstleistungen sowie Land- und Forstwirtschaft; Anlage zur Satzung der Treuhandanstalt, BA B 412/8835.
4 Vgl. Böick 2018, S. 284.
5 Interview des Verfassers mit Birgit Breuel (auch die folgenden Zitate).
6 Seibel 2005, S. 130.
7 »Abwickler in Abwicklung«, Deutschlandfunk, 09.12.2000.
8 Seibel 2005, S. 133.
9 BA B 412/8834, Bl. 78.
10 Vgl. Seibel 2005, S. 130; Jürgen Kühl, Jürgen Wahse: »Die Rolle der Treuhandanstalt für die Beschäftigungsentwicklung in Ostdeutschland«, in: Hildegard Maria Nickel, Jürgen Kühl, Sabine Schenk (Hrsg.): *Erwerbsarbeit und Beschäftigung im Umbruch*. Berlin 1994, S. 131.
11 BA B 412/2564, Bl. 72, Vorstandssitzung am 26.02.1991.
12 Ebd.
13 »Bundesregierung hat bei Treuhand ›Besserwessi-Blick‹«, Nachricht von Dietmar Bartsch, Die Linke im Bundestag, 28.03.2019.
14 BA B 412/8833, Bl. 30, Verwaltungsratssitzung am 15.07.1990.
15 BA B 412/8833, Bl. 4.
16 »Zwischen Baum und Borke«, in: *Die Zeit* vom 13.09.1991.
17 »Zum Sündenbock gestempelt«, in: *Die Zeit* vom 05.04.1991.
18 Roland Czada: »Vom Plan zum Markt«, www.politik.uni-osnabrueck.de/POLSYS/Archive/fs_tha/personal.htm#HD_NM_4
19 Vgl. Schröder 2014, S. 170f.
20 Marion Krieger: »Die Wessis aus Sicht einer Ostdeutschen im Bereich Treuhand, Steuer- und Wirtschaftsprüferwesen«, in: Friedrich Thießen (Hrsg.): *Die Wessis. Westdeutsche Führungskräfte beim Aufbau Os*t. Köln 2009, S. 243 ff.
21 Ebd., S. 245.
22 Czada, www.politik.uni-osnabrueck.de/POLSYS/Archive/fs_tha/organisa.htm
23 Seibel 2005, S. 138f.

24 Roland Czada: »Das Erbe der Treuhandanstalt«, in: Depenheuer, Paqué 2012, S. 128.
25 »Das unzähmbare Ungeheuer«, in: *Zeit online* vom 06.11.2014.
26 »Die wollen gar keine Hilfe«, in: *Der Spiegel* vom 15.10.1990.
27 »Dinger, die glaubt man nicht«, in: *Der Spiegel* vom 29.10.1990.
28 »Die brauchen klare Orientierung«, in: *Der Spiegel* vom 14.10.1990 (auch die folgenden Zitate).
29 »So wurde Thüringens Wirtschaft abgewickelt«, Interview mit Volker Großmann, in: *Thüringer Allgemeine* vom 15.07.2012.
30 »Das letzte Opfer des Treuhand-Skandals von Halle«, in: *Mitteldeutsche Zeitung* vom 17.05.2012.
31 Interview des Verfassers mit Birgit Breuel.
32 »Frontier-Erfahrung im ›wilden Osten‹«, Interview mit Marcus Böick, in: *Zeitgeschichte online* vom September 2018.
33 Elmar Lange, Peter Schöber: *Sozialer Wandel in den neuen Bundesländern*. Opladen 1993, S. 223.
34 BA B 412/2545, Bl. 23.
35 BA B 412/9034, Bl. 171–174 (auch die folgenden Zitate).
36 »Zu viel Ideengut von gestern«, Interview mit Conrad-Michael Lehment, in: *Der Spiegel* vom 01.07.1991.
37 BA B 412/9034, Bl. 100, Mitteilung von Birgit Breuel in der Sitzung des Verwaltungsrats am 13.09.1991.
38 www.politik.uni-osnabrueck.de/POLSYS/Archive/fs_tha/personal.htm#HD_NM_4
39 Vgl. Umfrage von Roland Czada und Wolfgang Seibel, in: Seibel 2005, S. 174.
40 BA B 412/3943.
41 BA B 412/8834, Bl. 76.
42 BA B 412/8834, Bl. 79; irrtümlicherweise werden hier 10,3 Millionen DM genannt, was aber auf der folgenden Seite (»10 Mrd. DM«) richtiggestellt wird.
43 Zit. nach Jürgs 1997, S. 275 f.
44 BA B 412/2543, Bl. 8–13; Breuel 1993, S. 89; Markus Rauschnabel: *Sanierungsstrategien der Treuhandanstalt*. Wiesbaden 1996, S. 109; Seibel 2005, S. 135 ff.
45 Breuel 1993, S. 89.
46 Christopher J. Schwarzer: *Inside Ost. Vom West-Berater zum Ost-Unternehmer*. München 2014, S. 44. ff.
47 Böick 2018, S. 285.
48 BA B 412/8834, Bl. 80.
49 Roland Czada: »Vom Plan zum Markt«, www.politik.uni-osnabrueck.de/POLSYS/Archive/fs_tha/personal.htm
50 BA B 412/8834, Bl. 84.

51 Vgl. Seibel 2005, S. 127 ff.
52 Birgit Breuel: »Treuhandanstalt: Bilanz und Perspektiven«, in: *Aus Politik und Zeitgeschichte* vom 28.10.1994, S. 14.
53 Vgl. Wolfgang Uellenberg-van Dawen: »Gewerkschaften und deutsche Einheit«, in: Detlev Brunner, Michaela Kuhnhenne, Hartmut Simon (Hrsg.): *Gewerkschaften im deutschen Einheitsprozess. Möglichkeiten und Grenzen in Zeiten der Transformation.* Bielefeld 2018, S. 54.
54 Vgl. Paul Windolf: »Die wirtschaftliche Transformation«, in: Wolfgang Schluchter, Peter E. Quint (Hrsg.): *Der Vereinigungsschock.* Weilerswist 2001, S. 398; Karl Brenke: »Zu schnelle Lohnanpassung nach der Wende«, in: *DIW-Wochenbericht* 24/2001.
55 »Wir sind in einer Zwickmühle«, Interview mit Franz Steinkühler, in: *Der Spiegel* vom 18.06.1990.
56 »Neue Tarife schon im Mai?«, in: *Neues Deutschland* vom 24.04.1990.
57 Vgl. Brenke in: *DIW-Wochenbericht* 2001.
58 Vgl. Gerhard A. Ritter: *Der Preis der deutschen Einheit. Die Wiedervereinigung und die Krise des Sozialstaats.* München 2006, S. 313.
59 BA B 412/2544, Bl. 73.
60 BA B 412/8840, Bl. 94.
61 Klaus von Dohnanyi: »Die Lage ist dramatisch«, in: *Der Spiegel* vom 17.07.1995.
62 Klaus von Dohnanyi: »Die Weisheit des Marktes überschätzt«, in: *Die Zeit* vom 28.10.1999.
63 Vgl. Seibel 2005, S. 157.
64 ARD-Dokumentation *Hüter des verlorenen Schatzes*, 07.03.1991.
65 Pressemitteilung des Generalbundesanwalts, 16.05.2001.
66 Gerhard Stadelmaier: »Nachschuss. Hochhuths Terror-Theater«, in: *Frankfurter Allgemeine Zeitung* vom 26.05.1992.
67 Zit. nach »Dann wird man Sie ermorden«, in: *Der Spiegel* vom 01.06.1992.
68 Zit. nach »Kein Ossi, nirgends«, in: *Die Zeit* vom 05.06.1992.
69 »Der Leser verlangt nach Zumutungen«, Interview mit Günter Grass, in: *Stern* vom 17.08.1995.
70 »Einfältig und banal«, Interview mit Birgit Breuel, in: *Der Spiegel* vom 11.09.1995.
71 Günter Grass: *Ein weites Feld.* Göttingen 1995, S. 517 f.
72 Ebd., S. 411, S. 324 f.
73 BA B 412/2988, Bl. 9–10, Vorstandssitzung am 13.12.1994; vgl. »Der Mohr kann gehen«, in: *Die Zeit* vom 23.12.1994.
74 Bundeszentrale für politische Bildung: »Das Vermögen der DDR und die Privatisierung durch die Treuhand«, 26.08.2015, www.bpb.de/geschichte/deutsche-einheit/zahlen-und-fakten-zur-deutschen-einheit/211280/

75 Hans-Joachim Stadermann: *Arbeitslosigkeit im Wohlfahrtsstaat*. Tübingen 1998, S. 68.

5. Goldene Nasen

1 »Eine einzige Schweinerei«, Interview mit Edgar Most, Deutschlandfunk Kultur, 28.02.2015.
2 »Gelernt, mit dem Kapital zu tanzen«, Interview mit Edgar Most, in: *Süddeutsche Zeitung* vom 17.05.2010.
3 Vgl. Most 2009, S. 149f.
4 www.mdr.de/heute-im-osten/egar-most-erster-privatbankier-der-ddr100.html
5 Most 2009, S. 152f.
6 BA B 412/2550, Bl. 149.
7 »Fuß in der Tür«, Interview mit Edgar Most, in: *taz* vom 28.06.1990.
8 Vgl. Günther Troppmann: »Die Deutsche Kreditbank. Die Entwicklung einer Bank, die aus dem Osten kommt«, in: Frank Keuper, Dieter Puchta (Hrsg.): *Deutschland 20 Jahre nach dem Mauerfall*. Wiesbaden 2010, S. 135ff.
9 »Auf dem Dritten Weg den Kapitalismus neu gestalten« Interview mit Edgar Most, in: *Der Standard* vom 20.03.2009.
10 Bundestagsdrucksache 13/933 vom 28.03.1995.
11 »Fuß in der Tür«, Interview mit Edgar Most, in: *taz* vom 28.06.1990.
12 »Das ist schon eine Revolution«, Interview mit Edgar Most, in: *Die Zeit* vom 23.03.1990.
13 »Einen Schritt weiter«, in: *Der Spiegel* vom 23.04.1990.
14 »Volksbanken wieder überall in der DDR«, in: *Neues Deutschland* vom 20.04.1990; »Einen Schritt weiter«, in: *Der Spiegel* vom 23.04.1990; Marvin Brendel: »Die Transformation der ostdeutschen Genossenschaftsbanken nach 1989«, in: *Deutschland Archiv* vom 01.07.2015, https://www.bpb.de/geschichte/zeitgeschichte/deutschlandarchiv/208818/die-transformation-der-ostdeutschen-genossenschaftsbanken-nach-1989
15 Vgl. Most 2009, S. 159.
16 Ebd.
17 www.mdr.de/heute-im-osten/egar-most-erster-privatbankier-der-ddr100.html
18 Ebd.
19 Most 2009, S. 155.
20 »Wer das Geld kontrolliert, hat auch die Macht im Staat«, in: *Berliner Morgenpost* vom 22.10.2009.
21 »Der Scout«, in: *Die Welt* vom 01.09.2004.

22 Uwe Mummert: »Ordnungswechsel und politisch-ökonomische Prozesse«, in: Ordo. *Jahrbuch für die Ordnung von Wirtschaft und Gesellschaft*, Band 49. Stuttgart 1998, S. 406.
23 Bundesrechnungshof: »Bericht über die Abwicklung von Altkrediten der ehemaligen DDR und die Übernahme von Geschäften ehemaliger DDR-Kreditinstitute«, 27.09.1995.
24 Most 2009, S. 172.
25 »Zweite Enteignung«, in: *Der Spiegel* vom 23.10.1995.
26 »Der Treuhand-Komplex«, Deutschlandfunk Kultur, 29.06.2005.
27 »Das Zinswunder im Osten«, in: *Der Spiegel* vom 07.03.1994.
28 Claus Krömke: »Betriebe und Kombinate im Wirtschaftssystem der DDR«, in: Rosa-Luxemburg-Stiftung (Hrsg.): *Erfahrungen und Probleme der Planung und der wirtschaftlichen Entwicklung in der DDR*. Berlin 2007, S. 65; Gerhard Schürer: »Erfahrungen als Leiter der Staatlichen Plankommission«, in: Heiner Timmermann (Hrsg.): *Die DDR. Analysen eines aufgegebenen Staates*. Berlin 2001, S. 34.
29 BA B 412/8835, Bl. 67.
30 »Schulden ohne Sühne«, in: *Der Tagesspiegel* vom 01.07.2005.
31 »Von der Last erdrückt«, in: *Der Spiegel* vom 27.08.1990.
32 BA B 412/9034, Bl. 456.
33 Ebd., Bl. 466.
34 Zit. nach »Wer wen melkt«, in: *Der Spiegel* vom 17.10.1990.
35 BA B 412/3702.
36 BA B 412/8852, Bl. 84.
37 *Versicherungsbote* vom 09.11.2014.
38 Barbara Eggenkämper, Gerd Modert, Stefan Pretzlik: *Die Staatliche Versicherung der DDR. Von der Gründung bis zur Integration in die Allianz*. München 2010, S. 154.
39 »Der Schatz im Paternoster«, in: *Der Spiegel* vom 02.10.2015.
40 Zit. nach Gesamtverband der Deutschen Versicherungswirtschaft (Hrsg.): »Aufbruch Ost«, in: *Positionen* vom 01.09.2014.
41 Vgl. Eggenkämper et al. 2010, S. 176.
42 »Ganz kühl abgefertigt«, in: *Der Spiegel* vom 23.12.1991.
43 »25 Jahre Mauerfall, das Ende der Staatlichen Versicherung der DDR«, in: *Versicherungsbote* vom 09.11.2014.
44 »Ganz kühl abgefertigt«, in: *Der Spiegel* vom 23.12.1991.
45 Vgl. Eggenkämper et al. 2010, S. 189.
46 Ebd., S. 215, 220, 229.
47 »Aufbruch Ost«, in: *Positionen* vom 01.09.2014.
48 »Der Schatz im Paternoster«, in: *Der Spiegel* vom 02.10.2015.

6. Gefühlte Wahrheiten

1 »Nur die Reichen können sich einen armen Staat leisten«, in: *sueddeutsche.de* vom 28.12.2018.
2 Christian Brinkmann, Eberhard Wiedemann: »Arbeitsmarktrisiken im ostdeutschen Transformationsprozess«, in: *Mitteilungen aus der Arbeitsmarkt- und Berufsforschung* 3/1995, S. 325.
3 Burkart Lutz, Holle Grünert: »Beschäftigung und Arbeitsmarkt«, in: Hans Bertram, Raj Kollmorgen (Hrsg.): *Die Transformation Ostdeutschlands.* Opladen 2001, S. 148.
4 Karl Ulrich Mayer, Heike Solga: »Lebensverläufe im deutsch-deutschen Vereinigungsprozess«, in: Peter Krause, Ilona Ostner (Hrsg.): *Leben in Ost- und Westdeutschland.* Frankfurt am Main 2010, S. 44.
5 Martina Gregor-Ness, Klaus Ness: »Fünf Erfahrungen aus 20 Jahren Brandenburg«, in: *Der Schulzendorfer* vom 18.08.2011.
6 »Die Millionen, die gingen«, in: *Die Zeit im Osten* vom 02.05.2019.
7 Paul Windolf: »Die wirtschaftliche Transformation«, in: Wolfgang Schluchter, Peter E. Quint (Hrsg.): *Der Vereinigungsschock. Vergleichende Betrachtungen zehn Jahre danach.* Weilerswist 2001, S. 411; Paul Windolf, Ulrich Brinkmann, Dieter Kulke: *Warum blüht der Osten nicht?* Berlin 1999, S. 31–49.
8 Mitteilung von Paul Windolf an den Verfasser.
9 BA B 412/2993, Bl. 185.
10 Interview des Verfassers mit Raj Kollmorgen.
11 Lutz, Grünert in: Bertram, Kollmorgen 2001, S. 149.
12 Mayer, Solga 2010, S. 45 (auch das folgende Zitat).
13 Vgl. Bettina Wiener: »Ausdifferenzierungsprozesse im Erwerbssystem und Neustrukturierung von Erwerbsmustern«, in: Sabine Schenk (Hrsg.): *Ostdeutsche Erwerbsverläufe zwischen Kontinuität und Wandel.* Wiesbaden 1997, S. 13.
14 Mayer, Solga 2010, S. 51.
15 Stefan Wolle: *Die heile Welt der Diktatur.* Berlin 2013, S. 312.
16 Ebd.
17 *Mitteilungen aus der Arbeitsmarkt- und Berufsforschung* 3/1995, S. 329.
18 Vgl. Berndt Keller, Fred Henneberger: »Beschäftigung und Arbeitsbeziehungen im öffentlichen Dienst der neuen Bundesländer«, in: *Gewerkschaftliche Monatshefte* 6/1992. S. 331 ff.
19 www.topagrar.com/management-und-politik/news/die-wende-das-schwere-erbe-der-ddr-landwirtschaft-9427912.html
20 Köpping 2018, S. 24.
21 Ebd., S. 24 f.

22 Richard Schröder: »Ist die SPD auf dem Weg zur Sekte?«, in: *The European* vom 31.10.2018.
23 »In Weißwasser ehrlich über Probleme reden«, Interview mit Petra Köpping, in: *Lausitzer Rundschau online* vom 02.03.2018.
24 »Aus Demütigung entsteht Wut«, Interview mit Petra Köpping, in: *Spiegel online* vom 08.09.2018.
25 »Integrationsministerin Köpping stellt Buch vor«, MDR Sachsen, 04.09.2018.
26 Bundestagsdrucksache 12/1996.
27 BA B 412/7354.
28 Bundestagsplenarprotokoll 12/82, S. 6828 (auch das folgende Zitat).
29 BA B 412/7354.
30 BA B 412/7354, Bl. 12, Bl. 31.
31 Ebd., Bl. 26, Bl. 49.
32 Ebd., Bl. 48.
33 »Erinnerung an die Besetzung der M-Hütte«, *saechsische.de* vom 16.06.2017.
34 Interview des Verfassers mit Petra Köpping.
35 Köpping 2018, S. 151.
36 BA B 412/16308, Bl. 151, 153, 160 (auch die folgenden Zitate); vgl. auch Franz Schuster: *Thüringens Weg in die soziale Marktwirtschaft*. Köln, Weimar, Wien 2015, S. 130.
37 »Tridelta Hermsdorf fast von Treuhand in Ruin getrieben«, in: *Thüringer Allgemeine* vom 23.10.2012.
38 »Thüringer Modell«, in: *Der Spiegel* vom 18.05.1992.
39 »Lasst uns nicht das Armenhaus Thüringens sein«, in: *Thüringer Allgemeine* vom 09.11.2012.
40 Jana Hensel: Achtung Zone. *Warum wir Ostdeutschen anders bleiben sollten*. München 2009, S. 69.
41 »Hinterm Berg«, in: *Die Zeit* vom 27.03.2014.
42 Vgl. Rainer Karlsch: »Das ›weiße Gold‹ – Exportgut Kali« und ders.: »Das Kaliprogramm«, in: Werner Abelshauser et al. (Hrsg.): *Wirtschaftspolitik in Deutschland 1917–1990*, Bd. 3. Berlin, Boston 2016, S. 298 ff., 341 ff.
43 »Die Chronik eines Skandals«, in: *Thüringer Allgemeine* vom 10.04.2014.
44 BA B 412/9034, Sitzung des Verwaltungsrats am 01.02.1991.
45 Schriftliche Stellungnahme des ehemaligen Ministerpräsidenten Bernhard Vogel gegenüber dem Thüringer Landtag, 03.06.2014, zit. nach Schuster 2015, S. 64.
46 »Empörung über Kali-Vertrag von 1993«, in: *Mitteldeutsche Zeitung* vom 03.04.2014.
47 BA B 412/3367, Bl. 117.
48 »Geld, Lügen und ein Geheimvertrag«, in: *Frankfurter Allgemeine Zeitung* vom 28.03.2014.

49 Vgl. Richard Schröder in: Konrad-Adenauer-Stiftung (Hrsg.): *Die Treuhand und das Ende der DDR-Wirtschaft*. St. Augustin 2013, S. 17.
50 Vgl. Michael Schramm: »Vorkommen natürlicher Gase in Salz«, in: Gesellschaft für Anlagen- und Reaktorsicherheit (Hrsg.): *Gas in Endlagern in Salz*. Berlin 2008, S. 161.
51 BA B 412/16218, Bl. 201 ff., Sitzung des Leitungsausschusses am 08.11.1991.
52 Ebd., Bl. 218 ff.
53 BA B 412/16219, Bl. 14, Sitzung des Leitungsausschusses am 22.11.1991.
54 Bericht von Klaus Sander, 20.10.1992; BA B 412/16208, Bl. 272 (auch die folgenden Zitate).
55 BA B 412/2771, Bl. 551.
56 BA B 412/2715, Bl. 8 ff., Vorstandssitzung am 08.12.1992; BA B 412/8867, Bl. 153 ff., Sitzung des Verwaltungsrats am 09.12.1992.
57 BA B 412/3182, Bl. 62 ff.
58 BA B 412/3365.
59 BA B 412/2763.
60 »Wie im wilden Westen«, in: *Der Spiegel* vom 24.07.2000.
61 BA B 412/3366.
62 BA B 412/3182, Bl. 62 ff.
63 »Da müssen wir durch«, Interview mit Klaus Schucht, in: *Der Spiegel* vom 19.07.1993.
64 BA B 412/3371, Bl. 84 ff.
65 »Hoffen auf den letzten Investor«, in: *Thüringer Allgemeine* vom 03.03.2014.
66 BA B 412/3182, Bl. 62 ff.
67 Böick 2018, S. 460.
68 »Es war fünf vor zwölf im Land«, in: *Thüringische Landeszeitung* vom 29.09.2010; »Kali, Kohl und schwarze Konten«, in: *Thüringer Allgemeine* vom 05.06.2014.
69 »Thüringen bezahlt für Beseitigung der Kali-Altlasten nur unter Vorbehalt«, *thueringer-allgemeine.de* vom 29.06.2016.
70 Bundestagsdrucksache, Plenarprotokoll 12/176, 23.09.1993, S. 15269.
71 BA B 412/2715 Bl. 8–11, Vorstandssitzung am 08.12.1992; BA B 412/8867, Bl. 153–165 und 172–184, Sitzung des Verwaltungsrats am 09.12.1992.
72 BA B 412/10833, Bl. 336 (Stand 28.02.1994).
73 Norbert Steiner, Vorstandsvorsitzender der K+S AG, Rede auf der Hauptversammlung am 14.05.2014.
74 »Lieber Laienspieler als Amigo«, Interview mit Lothar de Maizière, in: *Der Spiegel* vom 27.01.1997.
75 So der Wirtschaftshistoriker Franz-Josef Brüggemeier, in: »Der Kampf um Subventionen«, Deutschlandfunk Kultur, 18.12.2018.
76 »Abwickler in Abwicklung«, Deutschlandfunk, 09.12.2000.

77 Böick 2018, S. 374.
78 »Alle roten Lampen an«, in: *Die Zeit* vom 31.08.1990.
79 »Alter Stil«, in: *Der Spiegel* vom 09.07.1990.
80 Bericht des Bundeskartellamtes über seine Tätigkeit in den Jahren 1989/1990, Bundestagsdrucksache 12/847 vom 26.06.1991.
81 www.interflug.biz/1984.htm
82 »Alles muss hoppla-hopp gehen«, Interview mit Detlev Rohwedder, in: *Der Spiegel* vom 28.01.1991.
83 Breuel 1993, S. 181.
84 BA B 412/2561, Bl. 93.
85 »Alles muss hoppla-hopp gehen«, Interview mit Detlev Rohwedder, in: *Der Spiegel* vom 28.01.1991.
86 »Für Interflug war nach der Wende kein Platz«, in: *Der Tagesspiegel* vom 10.08.2014.
87 BA B 412/8845, Bl. 98.
88 Breuel 1993, S. 183.
89 Ebd., S. 184.
90 BA B 412/8845, Bl. 98.
91 »Man lässt uns nicht sterben«, in: *Der Spiegel* vom 04.02.1991.
92 Schuster 2015, S. 99.
93 »Wildwest in der Wirtschaft«, in: *Die Zeit* vom 24.06.1994.
94 Goschler, Böick 2017, S. 73.
95 Kai Renken, Werner Jenke: »Wirtschaftskriminalität im Einigungsprozess«, in: *Aus Politik und Zeitgeschichte* B 32–33/2001, S. 28.
96 »Lieber Laienspieler als Amigo«, Interview mit Lothar de Maizière, in: *Der Spiegel* vom 27.01.1997.
97 Vgl. Barbara Bischoff, Thomas Wiepen: »Formelle und informelle soziale Kontrolle im Zusammenhang mit der Privatisierung«, in: Klaus Boers, Ursula Nelles, Hans Theile (Hrsg.): *Wirtschaftskriminalität und die Privatisierung der DDR-Betriebe*. Baden-Baden 2010, S. 567 f.
98 Vgl. Roland Czada: »Nach 1989«, in: Roland Czada, Hellmut Wollmann (Hrsg.): *Von der Bonner zur Berliner Republik*. Wiesbaden 2000, S. 40 f.
99 BA B 412/3172, Bl. 101, Direktorat Recht, 27.08.1993.
100 BA B 412/2993, Bl. 61.
101 Ebd., Bl. 62.
102 Ebd., Bl. 63.
103 Zit. nach Jürgs 1997, S. 320.
104 »Leipziger Historiker kritisiert Einheits-Kritiker«, Interview mit Günther Heydemann, in: *Leipziger Volkszeitung* vom 01.10.2015.

7. Erfolgsgeschichten

1 Monika Maron: *Bitterfelder Bogen. Ein Bericht.* Frankfurt am Main 2009, S. 28.
2 Monika Maron: *Flugasche.* Frankfurt am Main 1981, S. 16.
3 »Durch eine schwere Zeit gegangen«, Interview mit Monika Maron, in: *Der Spiegel* vom 15.06.2009.
4 »Seh'n wir uns nicht auf dieser Welt ...«, Deutschlandfunk Kultur, 29.10.2009.
5 Maron 2009, S. 153 f.
6 »Durch eine schwere Zeit gegangen«, Interview mit Monika Maron, in: *Der Spiegel* vom 15.06.2009.
7 »Seh'n wir uns nicht auf dieser Welt ...«, Deutschlandfunk Kultur, 29.10.2009.
8 Vgl. Herbert Bode: »Geschichte der Filmfabrik Wolfen«, in: *Mitteilungen Gesellschaft Deutscher Chemiker*, Fachgruppe Geschichte der Chemie, Bd. 13, 1997, S. 157 ff.
9 »Von der Industriekloake zur Zukunftshoffnung«, in: *Handelsblatt* vom 19.10.2009.
10 »Maba unter neuer Führung«, News Archiv Chemiepark Bitterfeld-Wolfen, 14.02.2019.
11 Maron 2009, S. 152 f.
12 »Klare Ansage«, in: *Der Spiegel* vom 15.09.2018.
13 Ebd.
14 BA B 412/2675, Bl. 26.
15 BA B 412/2717, Bl. 11, 36, Vorstandssitzung am 22.12.1992.
16 BA B 412/2788, Vorstandssitzung am 26.10.1993.
17 www.glashuetteuhren.de/die-uhrenfabriken/glashuette-original/
18 *Neues Deutschland* vom 24.01.2001.
19 Vgl. Ralf Kahmann: *Eine prickelnde Geschichte. Die Rotkäppchen Sektkellerei 1856–2006.* Freyburg, Unstrut 2006, S. 75.
20 Ebd., S. 76 f.
21 BA B 412/3263.
22 Vgl. Kahmann 2006, S. 81.
23 Vgl. Ebd., S. 82 f.
24 Vgl. Erik Lindner: *Auf der Suche nach dem Nudossi-Äquator. Karrierewege bekannter DDR-Marken bis heute.* Hamburg 2015.
25 »Die Rache des Ostens«, in: *Der Spiegel* vom 18.02.2002.
26 »Rotkäppchen-Mumm knackt die Umsatzmilliarde«, in: *Leipziger Volkszeitung* vom 02.04.2019.
27 Pressemitteilung Rotkäppchen-Mumm, 02.04.2019.
28 »Generationswechsel bei Rotkäppchen«, in: *Leipziger Volkszeitung* vom 13.11.2018.

29 »Deutsches Prickeln«, in: *Der Spiegel* vom 29.12.2008.
30 »›Ostalgie‹ bei Rotkäppchen«, n-tv, 30.09.2010.
31 »Schlimmer als erwartet«, in: *Der Spiegel* vom 18.02.1991.
32 Zit. nach »Wir kaufen die Firma, wer macht mit?«, in: *Der Tagesspiegel* vom 05.07.2001.
33 Ebd.; Firmenbroschüre Aucoteam.
34 »Em-bi-ou im VEB«, in: *Die Zeit* vom 24.05.1991.
35 Ebd.
36 Ebd.
37 Ebd.
38 Jörg Roesler: »Dreimal abgewiesen«, in: *Der Freitag* vom 26.06.2011.
39 Zit. nach Torsten Wulf: *Entwicklung ostdeutscher Unternehmen. Eine Fallstudienanalyse privatisierter Industrieunternehmen*. Wiesbaden 2000, S. 110.
40 Ebd., S. 103 ff.
41 »Sauber gemacht!«, in: *brand eins* 11/2016.
42 »Wir haben eine Menge erreicht«, Interview mit Birgit Breuel, in: *Handelsblatt* vom 01.10.2004.
43 Klaus von Dohnanyi: »Die Lage ist dramatisch«, in: *Der Spiegel* vom 17.07.1995.
44 Interview des Verfassers mit Klaus von Dohnanyi.
45 BA B 412/2630, Bl. 20.
46 »Guter Geist des Ostens«, in: *Der Spiegel* vom 03.05.1993.
47 Klaus von Dohnanyi, Edgar Most (Redaktion): *Kurskorrektur des Aufbau Ost*. Hamburg, Berlin 2004.
48 »Gewinne in weiter Ferne«, in: *Die Zeit* vom 12.08.1994.
49 BA B 412/2577, Bl. 249.
50 Vgl. Schuster 2015, S. 73.
51 Vgl. Heinz Schleef: »Vom Kombinat zum Konzern. Die Umgestaltung des VEB Carl Zeiss Jena«, in: *Industrielle Beziehungen* 4/1997, S. 339.
52 Im Jahr 2002 wurde Späth von dem damaligen Unions-Kanzlerkandidaten Edmund Stoiber als designierter Minister für Wirtschaft, Arbeit und Aufbau Ost in das »Schattenkabinett« von CDU und CSU berufen.
53 »Sonntags-Gespräch: Diesmal mit Lothar Späth«, in: *Thüringer Allgemeine* vom 03.02.2013.
54 Ebd.
55 Ebd.
56 Vgl. Schleef 1997, S. 339.
57 BA B 412/9034, Bl. 200, Sitzung des Verwaltungsrats am 21.06.1991; in dem Betrag war auch ein Zuschuss für das Jenaer Glaswerk enthalten.
58 »Ende einer Ära«, in: *manager-magazin.de* vom 17.06.2003.
59 Ebd.

60 »Sonntags-Gespräch: Diesmal mit Lothar Späth«, in: *Thüringer Allgemeine* vom 03.02.2013.
61 BA B 412/8861, Bl. 40.
62 Ebd., Bl. 62.
63 »In Jena war von Anfang an alles ganz anders«, in: *Thüringer Allgemeine* vom 06.02.2013.
64 »Traumschiff Jena«, in: *Die Zeit* vom 06.03.1992.

8. Nach der Wende ist vor der Wende

1 Köpping 2018, S. 15.
2 Engler, Hensel 2018, S. 51.
3 Kowalczuk in: *Süddeutsche Zeitung* vom 22.10.2018.
4 Ebd.
5 Armin Nassehi: »Festrede anlässlich des 20. Jahrestages der Gründung der Bundesstiftung zur Aufarbeitung der SED-Diktatur«, Berlin 17.10.2018, https://www.bundesstiftung-aufarbeitung.de/20-jahre-bundesstiftung-aufarbeitung-6949.html
6 Richard Schröder: »Die Erfindung des Ostdeutschen«, in: *Frankfurter Allgemeine Zeitung* vom 02.10.2018.
7 Ebd.
8 Daniel Schulz: »Wir waren wie Brüder«, in: *taz* vom 01.10.2018 (auch die folgenden Zitate).
9 Angelika Nguyen: »Über die AfD muss man sich nicht wundern«, *Zeit online* vom 22.12.2017; dies.: »Doppelt heimatlos?«, *Zeit online* vom 04.06.2018 (auch die folgenden Zitate).
10 »Sehr viel schöpft aus meinem Erleben«, Interview mit Manja Präkels, Deutschlandfunk Kultur, 04.01.2018.
11 Zit. nach Schulz, in: *taz* vom 01.10.2018.
12 Bernd Wagner: »Vertuschte Gefahr: Die Stasi & Neonazis«, www.bpb.de/geschichte/deutsche-geschichte/stasi/218421/neonazis
13 Konrad Weiß: »Die neue alte Gefahr. Junge Faschisten in der DDR«, in: *Kontext* 5/1989, www.bln.de/k.weiss/tx_gefahr.html
14 »Das Nazi-Problem wurde im Osten verheimlicht«, Interview mit Konrad Weiß, Gesellschaft für Zeitgeschichte, 01.03.2016, http://www.gesellschaft-zeitgeschichte.de/obere-navigation/aktuelles/anzeige-archivierte-news/article/das-nazi-problem-wurde-im-osten-verheimlicht/?no_cache=1
15 Norbert Frei et al.: *Zur rechten Zeit*. Berlin 2019, S. 16 f.
16 Michael Lühmann: »Der Osten muss erst mal seine eigene Geschichte aufarbeiten«, *Zeit online* vom 27.03.2019.
17 Frei et al. 2019, S. 195.

18 Franz Walter et al.: *Rechtsextremismus und Fremdenfeindlichkeit in Ostdeutschland. Ursachen, Hintergründe, regionale Kontextfaktoren.* Göttingen 2017, S. 106, https://kipdf.com/u-rs-ache-n-und-hi-nte-rg-r-nde_5ac8ee681723dd3790804dc8.html
19 »Islamische Gesellschaften tun sich schwer mit Demokratie«, Interview mit Heinrich August Winkler, in: *Der Tagesspiegel* vom 25.01.2015.
20 Ingo Schulze: *Neue Leben.* Berlin 2005, S. 135.
21 Richard Schröder: »Die Erfindung des Ostdeutschen«, in: *Frankfurter Allgemeine Zeitung* vom 02.10.2018.

9. Epilog

1 Jörg Ganzenmüller, Christiane Kuller: »Wie vermittelt man eine Transformationsgeschichte Ostdeutschlands?«, in: *Zeitgeschichte online* vom 18.03.2019, zeitgeschichte-online.de/thema/wie-vermittelt-man-eine-transformationsgeschichte-ostdeutschlands
2 Harald Welzer: »Wie das Gehirn Geschichte fälscht«, in: *Spiegel online* vom 12.05.2005.
3 »Erinnerung ist manipulierbar«, Interview mit Harald Welzer, Deutschlandfunk, 03.10.2004 (auch die folgenden Zitate).
4 Harald Welzer: »Wie das Gehirn Geschichte fälscht«, in: *Spiegel online* vom 12.05.2005.
5 Ganzenmüller, Kuller 2019.

Dank

1 Ensikat 2008, S. 294.

Literaturverzeichnis

Baring, Arnulf; Schöllgen, Gregor: *Kanzler, Krisen, Koalitionen*. Berlin 2002
Bertram, Hans; Kollmorgen, Raj (Hrsg.): *Die Transformation Ostdeutschlands*. Opladen 2001
Best, Heinrich; Holtmann, Everhard (Hrsg.): *Aufbruch der entsicherten Gesellschaft*. Frankfurt am Main 2012
Bluhm, Michael; Jacobs, Olaf: *Wer beherrscht den Osten? Ostdeutsche Eliten ein Vierteljahrhundert nach der deutschen Wiedervereinigung*. Leipzig 2016
Boers, Klaus; Nelles,Ursula; Theile, Hans (Hrsg.): *Wirtschaftskriminalität und die Privatisierung der DDR-Betriebe*. Baden-Baden 2010
Böick, Marcus: *Die Treuhand. Idee – Praxis – Erfahrung 1990–1994*. Göttingen 2018
Breuel, Birgit (Hrsg.): *Treuhand intern*. Berlin 1993
Brunner, Detlev; Kuhnhenne, Michaela; Simon, Hartmut (Hrsg.): *Gewerkschaften im deutschen Einheitsprozess. Möglichkeiten und Grenzen in Zeiten der Transformation*. Bielefeld 2018
Czada, Roland; Wollmann, Hellmut (Hrsg.): *Von der Bonner zur Berliner Republik*. Wiesbaden 2000
Depenheuer, Otto; Paqué, Karl-Heinz (Hrsg.): *Einheit – Eigentum – Effizienz*. Berlin, Heidelberg 2012
Dohnanyi, Klaus von: *Brief an die Deutschen Demokratischen Revolutionäre*. München 1990
Dohnanyi, Klaus von: *Das Deutsche Wagnis. Über die wirtschaftlichen und sozialen Folgen der Einheit*. München 1990
Eggenkämper, Barbara; Modert, Gerd; Pretzlik, Stefan: *Die Staatliche Versicherung der DDR. Von der Gründung bis zur Integration in die Allianz*. München 2010
Engler, Wolfgang: *Die Ostdeutschen als Avantgarde*. Berlin 2002
Engler, Wolfgang: *Die Ostdeutschen. Kunde von einem verlorenen Land*. Berlin 1999
Engler, Wolfgang; Hensel, Jana: *Wer wir sind. Die Erfahrung, ostdeutsch zu sein*. Berlin 2018
Ensikat, Peter: *Das Schönste am Gedächtnis sind die Lücken*. München 2005
Ensikat, Peter: *Populäre DDR-Irrtümer*. Berlin 2008
Flug, Martin: *Der Treuhand-Poker. Die Mechanismen des Ausverkaufs*. Berlin 1992
Förster, Andreas: *Auf der Spur der Stasi-Millionen*. Berlin 1998
Förster, Andreas: *Schatzräuber. Die Suche der Stasi nach dem Gold der Nazizeit*. Berlin 2000

Frei, Norbert et al.: *Zur rechten Zeit. Wider die Rückkehr des Nationalismus.* Berlin 2019

Gieseke, Jens: *Mielke-Konzern. Die Geschichte der Stasi.* Stuttgart 2001

Golle, Hermann: *Das Know-how, das aus dem Osten kam. Wie das westdeutsche Wirtschaftswunder von der SED-Politik profitierte.* Stuttgart 2002

Goschler, Constantin; Böick, Marcus: *Studie zur Wahrnehmung und Bewertung der Arbeit der Treuhandanstalt.* Bochum 2017

Grass, Günter: *Ein weites Feld.* Göttingen 1995

Hartmann, Ralph: *Die Liquidatoren.* Berlin 2008

Hensel, Jana: *Achtung Zone. Warum wir Ostdeutschen anders bleiben sollten.* München 2009

Hertle, Hans-Hermann: *Chronik des Mauerfalls.* Berlin 2009

Heydemann, Günther; Paqué, Karl-Heinz (Hrsg.): *Planwirtschaft – Privatisierung – Marktwirtschaft.* Göttingen 2017

Hoffmann, Dieter; Macrakis, Kristie (Hrsg.): *Naturwissenschaft und Technik in der DDR.* Berlin 1997

Hohmann, Karl (Hrsg.): *Ludwig Erhard. Gedanken aus fünf Jahrzehnten.* München 1990

Huhn, Klaus: *Raubzug Ost. Wie die Treuhand die DDR plünderte.* Berlin 2009

Janßen, Karl-Heinz; Kuenheim, Haug von; Sommer, Theo: *Die Zeit. Geschichte einer Wochenzeitung 1946 bis heute.* München 2006

Jürgs, Michael: *Die Treuhändler. Wie Helden und Halunken die DDR verkauften.* München 1997

Kahmann, Ralf: *Eine prickelnde Geschichte. Die Rotkäppchen Sektkellerei 1856–2006.* Freyburg an der Unstrut 2006

Karlauf, Thomas: *Helmut Schmidt. Die späten Jahre.* München 2016

Keuper, Frank; Puchta, Dieter (Hrsg.): *Deutschland 20 Jahre nach dem Mauerfall.* Wiesbaden 2010

Kohl, Helmut: *Erinnerungen 1990–1994.* München 2007

Köhler, Otto: *Die große Enteignung. Wie die Treuhand eine Volkswirtschaft liquidierte.* Berlin 2011

Köpping, Petra: *»Integriert doch erst mal uns!« Eine Streitschrift für den Osten.* Berlin 2018

Kowalczuk, Ilko-Sascha: *Endspiel. Die Revolution von 1989 in der DDR.* München 2009

Krause, Peter; Ostner, Ilona (Hrsg.): *Leben in Ost- und Westdeutschland.* Frankfurt am Main 2010

Laabs, Dirk: *Der deutsche Goldrausch. Die wahre Geschichte der Treuhand.* München 2012

Lange, Elmar; Schöber, Peter: *Sozialer Wandel in den neuen Bundesländern.* Opladen 1993

Liebert, Ulrike; Merkel, Wolfgang (Hrsg.): *Die Politik zur deutschen Einheit*. Wiesbaden 1991

Lindner, Erik: *Auf der Suche nach dem Nudossi-Äquator. Karrierewege bekannter DDR-Marken bis heute*. Hamburg 2015

Luft, Christa: Treuhandreport. Berlin, Weimar 1992

Maaz, Hans-Joachim: *Der Gefühlsstau. Psychogramm einer Gesellschaft*. München 2018

Mara, Michael; Metzner Thorsten: *Matthias Platzeck. Die Biografie*. Kreuzlingen, München 2006

Maron, Monika: Bitterfelder Bogen. Ein Bericht. Frankfurt am Main 2009

Maron, Monika: *Flugasche*. Frankfurt am Main 1981

Mitter, Armin; Wolle, Stefan: *»Ich liebe euch doch alle …« Befehle und Lageberichte des MfS Januar bis November 1989*. Berlin 1990

Most, Edgar: *Fünfzig Jahre im Auftrag des Kapitals*. Berlin 2009

Nickel, Hildegard Maria; Kühl, Jürgen; Schenk, Sabine (Hrsg.): *Erwerbsarbeit und Beschäftigung im Umbruch*. Berlin 1994

Pirker, Theo et al.: *Der Plan als Befehl und Fiktion. Wirtschaftsführung in der DDR*. Opladen 1995

Präkels, Manja: *Als ich mit Hitler Schnapskirschen aß*. Berlin 2017

Rauschnabel, Markus: *Sanierungsstrategien der Treuhandanstalt*. Wiesbaden 1996

Rietzschel, Lukas: *Mit der Faust in die Welt schlagen*. Berlin 2018

Ritter, Gerhard A.: *Der Preis der deutschen Einheit. Die Wiedervereinigung und die Krise des Sozialstaats*. München 2006

Rödder, Andreas: *Geschichte der deutschen Wiedervereinigung*. München 2011

Schäuble, Wolfgang: *Der Vertrag. Wie ich über die deutsche Einheit verhandelte*. Stuttgart 1991

Schenk, Sabine (Hrsg.): *Ostdeutsche Erwerbsverläufe zwischen Kontinuität und Wandel*. Wiesbaden 1997

Schluchter, Wolfgang; Quint, Peter E. (Hrsg.): *Der Vereinigungsschock*. Weilerswist 2001

Schmidt, Siegmar; Hellmann, Gunther; Wolf, Reinhard (Hrsg.): *Handbuch zur deutschen Außenpolitik*. Wiesbaden 2007

Schröder, Richard: *Irrtümer über die deutsche Einheit*. Freiburg 2014

Schulze, Ingo: *Neue Leben*. Berlin 2005

Schuster, Franz: *Thüringens Weg in die soziale Marktwirtschaft*. Köln, Weimar, Wien 2015

Schwarzer, Christopher J.: *Inside Ost. Vom West-Berater zum Ost-Unternehmer*. München 2014

Schwarzer, Ralf; Jerusalem, Matthias (Hrsg.): *Gesellschaftlicher Umbruch als kritisches Lebensereignis*. München 1994

Seibel, Wolfgang: *Verwaltete Illusionen. Die Privatisierung der DDR-Wirtschaft durch die Treuhandanstalt und ihre Nachfolger 1990–2000*. Frankfurt am Main 2005

Stadermann, Hans-Joachim: *Arbeitslosigkeit im Wohlfahrtsstaat*. Tübingen 1998

Stöver, Bernd: *Der Kalte Krieg. Geschichte eines radikalen Zeitalters 1947–1991*. München 2007

Suhr, Heinz: *Der Treuhandskandal. Wie Ostdeutschland geschlachtet wurde*. Frankfurt am Main 1991

Thieme, H. Jörg (Hrsg.): *Privatisierungsstrategien im Systemvergleich*. Berlin 1993

Thierse, Wolfgang; Spittmann-Rühle, Ilse; Kuppe, Johannes L. (Hrsg.): Zehn Jahre deutsche Einheit. Eine Bilanz. Opladen 2000

Thießen, Friedrich (Hrsg.): *Die Wessis. Westdeutsche Führungskräfte beim Aufbau Ost*. Köln 2009

Timmermann, Heiner (Hrsg.): *Die DDR. Analysen eines aufgegebenen Staates*. Berlin 2001

Waigel, Theo; Schell, Manfred (Hrsg.): *Tage, die Deutschland und die Welt veränderten. Vom Mauerfall zum Kaukasus. Die deutsche Währungsunion*. München 1994

Windolf, Paul; Brinkmann, Ulrich; Kulke, Dieter: *Warum blüht der Osten nicht?* Berlin 1999

Wolle, Stefan: *Die heile Welt der Diktatur*. Berlin 2013

Wulf, Torsten: *Entwicklung ostdeutscher Unternehmen. Eine Fallstudienanalyse privatisierter Industrieunternehmen*. Wiesbaden 2000

Personenregister

A

Abelshauser, Werner 82
Allende, Salvador 207
Artzt, Matthias 47, 60, 129

B

Bachmann, Lutz 11, 13
Baring, Arnulf 91
Bartsch, Dietmar 16, 102
Bechstein, Ludwig 181
Beil, Gerhard 53, 62
Best, Heinrich 26
Biedenkopf, Kurt 34, 133
Biermann, Wolf 32
Birthler, Marianne 29
Blüher, Hans-Jürgen 47, 129, 131
Blümlein, Günter 182
Böhmer, Wolfgang 28, 79
Böick, Marcus 14 ff., 40 f., 59, 109, 161, 165, 170
Borowski, Judith 182
Breuel, Birgit 41, 100, 103 f., 109, 112, 115, 121 f., 158, 190, 194, 196
Broder, Henryk M. 37
Bülow, Erich 110

C

Charbonnier, Volker 153
Christ, Peter 78
Claußen, Peter O. 188
Cornelsen, Doris 77
Czada, Roland 114

D

Dohnanyi, Klaus von 90 ff., 118, 130, 194 f.
Domagk, Manfred 135 f.
Donda, Arno 53, 77
Döring, Karl 103
Duchač, Josef 197, 200
Dyk, Silke van 35

E

Eckes-Chantré, Harald 187
Elitz, Ernst 37
Engels, Florian 143
Engler, Wolfgang 12, 37 f., 204
Ensikat, Peter 61, 216, 220
Erhard, Ludwig 81 f., 85

F

Flegel, Manfred 135 f.
Ford, John 42
Foroutan, Naika 31
Fossum, Ivar 156
Friderichs, Hans 93
Fröhlich, Hellmut 135

G

Ganzenmüller, Jörg 216, 218
Gauck, Joachim 32 f.
Gauland, Alexander 34
Gaus, Günter 218
Gebhardt, Gerd 46 f., 49, 51, 57, 60 f., 129
Gellert, Otto 103
Gleicke, Iris 14
Gohlke, Reiner Maria 103, 106 f.

Golle, Hermann 48
Gorbatschow, Michail 69
Goschler, Constantin 14f., 38, 40, 170
Grams, Wolfgang 120
Grass, Günter 121, 177
Gregor-Ness, Martina 143
Grimm, Gerd-Rainer 194
Gropp, Reint E. 25
Großmann, Volker 109
Groß, Wolfgang 193
Grünert, Holle 143, 145

H

Haag, Jürgen 186
Halm, Gunter 104
Hartmann, Ralph 41
Haseloff, Reiner 25
Heise, Gunter 186f.
Hellfritzsch, Heiner 190f.
Henkes, Klaus 166
Hensel, Jana 38, 154
Heydemann, Günther 172
Hickel, Rudolf 162
Hirte, Christian 17, 19
Hochhuth, Rolf 120f.
Höcke, Björn 13, 35
Höfner, Ernst 53
Holtmann, Everhard 26
Holzwarth, Fritz 67
Honecker, Erich 53f., 69, 76, 185, 205, 212
Huhn, Klaus 41

J

Jeske, Edelgard 62
Jürgs, Michael 42

K

Kalbitz, Andreas 35
Kaminsky, Horst 126, 129
Kauers, Brigitta 63f.
Kemmler, Marc 114
Kiowa, Amadeu António 208
Klamroth, Klaus 109
Koch, Alexander 110
Köhler, Claus 115, 117f., 134
Köhler, Horst 8f., 11, 80, 85ff., 93
Köhler, Otto 41
Kohl, Helmut 10, 14, 59, 74ff., 82ff., 88–92, 97f., 122, 132, 162
Kollmorgen, Raj 22ff., 30, 33, 145
König, Herta 55, 80
Kopper, Hilmar 127f.
Köpping, Petra 17ff., 35, 38, 40, 148ff., 152, 204, 206, 217
Kowalczuk, Ilko-Sascha 21, 204f., 212
Kramer, Andreas 166f.
Krause, Günther 68
Krause, Wolfram 58f., 62, 66, 68, 71, 103f.
Krenz, Egon 53, 56, 213
Kretschmer, Michael 25
Krieger, Albrecht 110
Krieger, Marion 105
Krömke, Claus 133
Kuller, Christiane 216, 218

L

Laabs, Dirk 41
Lambsdorff, Otto Graf 93
Lange, Ferdinand Adolph 182
Lange, Walter 182
Langner, Peter 108
Lehmbruch, Gerhard 90
Lehment, Conrad-Michael 111
Leibinger, Berthold 115
Leipold, Helmut 50
Lengsfeld, Vera 37
Lennings, Manfred 115
Liehmann, Paul 62
Löscher, Klaus 138

Ludewig, Johannes 93
Luft, Christa 17, 49, 51, 58 f., 61
Lühmann, Michael 30, 211 f.
Lutz, Burkart 143, 145

M

Maas, Heiko 11
Maaz, Hans-Joachim 36 f.
Maizière, Lothar de 53, 64–68, 77, 85, 93, 103, 107, 132, 134, 163, 170
Maizière, Thomas de 67
Manderman, Heinrich 97
Maron, Monika 176 ff., 180
Matthäus-Maier, Ingrid 83
Matuschka, Albrecht Graf 52
Mayer, Karl Ulrich 143 ff.
Merkel, Angela 34, 36
Michalk, Maria 150
Mielke, Erich 54
Milbradt, Georg 34
Mittag, Günter 48, 62, 133
Modrow, Hans 17, 49, 52 f., 55 f., 58 f., 61 ff., 67 f., 70, 83, 85, 104, 123, 135, 138, 194
Montag, Andreas 153
Moreth, Peter 61, 66
Most, Edgar 88 f., 126–132, 134 f.
Münkler, Herfried 29

N

Nassehi, Armin 205 f.
Neckel, Sighard 37
Ness, Klaus 143
Netzmann, Eckhard 17
Nguyen, Angelika 208
Noa, Daniel 171 f.

O

Odewald, Jens 107
Oertzen, Peter von 219

Opitz, Jürgen 213
Osenberg, Axel 127

P

Peine, Johannes 160 f.
Penig, Ludwig 68
Pfeiffer, Heinz W. 183 f.
Pillau, Gerd 153
Plaschna, Horst 113
Platzeck, Matthias 46, 143
Pöhl, Karl Otto 83
Polze, Werner 80
Präkels, Manja 208 f.

R

Ramelow, Bodo 16, 25, 162, 217
Reddel, Bernd 184
Reichardt, Martin 35
Reichenbach, Klaus 66 f.
Richter, Hans 171
Rickert, Dieter 107
Rietzschel, Lukas 36, 207
Ringstorff, Harald 64
Rödder, Andreas 92
Roesler, Jörg 41
Rohwedder, Detlev 68 ff., 91, 93 ff., 97, 100, 103, 106 f., 119 ff., 136, 159, 167, 197
Romberg, Walter 85
Ruhnau, Heinz 165
Rüsberg, Karl-Heinz 108

S

Sarrazin, Thilo 37, 80 f., 86
Schabowski, Günter 56
Schalck-Golodkowski, Alexander 53, 55 f.
Schäuble, Wolfgang 39, 56, 83
Scheunert, Detlef 95, 112
Schieren, Wolfgang 138 f.

Schiller, Karl 93
Schily, Otto 61
Schirner, Karl 119, 167 f.
Schlesinger, Helmut 80
Schmidt-Gödelitz, Axel 21, 218 f.
Schmidt, Helmut 93, 205
Schmidt, Peter 188
Schmidt, Uwe 169
Schöllgen, Gregor 91
Schröder, Richard 15, 35, 39 f., 50, 57, 71, 149, 190, 205 f., 213 f.
Schroeder, Klaus 26
Schucht, Klaus 158 ff.
Schulte-Noelle, Henning 139
Schulz, Daniel 206 f.
Schulze, Ingo 214
Schulzki, Gunter 96
Schürer, Gerhard 53 ff.
Schwertner, Roland 183
Seibel, Wolfgang 42, 88, 100, 133, 164 f.
Seiters, Rudolf 56
Sellering, Erwin 34
Siegert, Walter 139
Sinn, Hans-Werner 65
Slomka, Marietta 11
Solga, Heike 143 ff.
Sommer, Theo 78
Späth, Lothar 197–201
Stadelmaier, Gerhard 121
Stadermann, Hans-Joachim 123
Steigenberger, Egon 136
Steimle, Uwe 8, 11 ff.
Steinecke, Jochen 68
Steiner, André 77
Stoph, Willi 139
Streich, Rudolf 57
Suhr, Heinz 41
Supranowitz, Stephan 68

T

Tausch-Marton, Harald 115
Tellkamp, Uwe 37
Thiel, Christiane 31
Thierse, Wolfgang 28, 31 f., 34, 190, 219
Tiefensee, Wolfgang 27
Tietmeyer, Hans 80

U

Ullmann, Wolfgang 46, 59, 129
Ullrich, Günter 138 f.

V

Vogel, Bernhard 34, 160 f.

W

Wagner, Bernd 209 f.
Waigel, Theo 83, 126, 162
Wallner, Alfred 183 f.
Weinhold, Ingrid 178 f.
Weiß, Konrad 38, 210 f.
Wellensiek, Jobst 97
Welzer, Harald 216 f.
Wieck, Hans-Georg 76
Wild, Klaus-Peter 10
Windolf, Paul 144
Winkler, Heinrich August 213
Wöbke, Hans-Otto 192
Woidke, Dietmar 142 f.
Wolle, Stefan 147
Wotte, Helmut 168
Würzen, Dieter von 93, 115

Z

Zeißig, Siegfried 62
Zöfeld, Hans-Ulrich 105

Über den Autor

Norbert F. Pötzl wurde 1948 in Waiblingen bei Stuttgart geboren. Von 1972 bis 2013 arbeitete er als Redakteur beim Nachrichtenmagazin *Spiegel*, unter anderem war er Leiter des Berliner Büros von 1990 bis 1994. Er ist Autor und Herausgeber mehrerer Bücher. Seit dem Mauerfall und der Wiedervereinigung verfasste er schwerpunktmäßig Aufsätze und Monografien zu DDR-Themen, unter anderem *Basar der Spione. Die geheimen Missionen des DDR-Unterhändlers Wolfgang Vogel* (1997), *Erich Honecker. Eine deutsche Biographie* (2002) und *Mission Freiheit. Wolfgang Vogel, Anwalt der deutschdeutschen Geschichte* (2014). Pötzl arbeitet und lebt in Hamburg.

Zum Ausgleich für die entstandene CO_2-Emission bei der Produktion dieses Buches unterstützen wir die Erhaltung und Wiederaufforstung des Kibale-Nationalparks in Uganda. Das Projekt trägt zum Klimaschutz bei, indem die Bäume bei der Fotosynthese Kohlenstoff aus der Luft binden, es schützt die Biodiversität des tropischen Waldes und sichert 260 Arbeitsplätze.

Bibliografische Information der Deutschen Nationalbibliothek
Die Deutsche Nationalbibliothek verzeichnet diese Publikation in
der Deutschen Nationalbibliografie; detaillierte bibliografische
Daten sind im Internet über http://dnb.d-nb.de abrufbar.

Das Werk einschließlich aller seiner Teile ist urheberrechtlich geschützt. Jede Verwertung ist ohne Zustimmung des Verlags unzulässig. Das gilt insbesondere für Vervielfältigungen, Übersetzungen, Mikroverfilmungen und die Einspeicherung und Verarbeitung in elektronischen Systemen.

Der Verlag weist ausdrücklich darauf hin, dass er, sofern dieses Buch externe Links enthält, diese nur bis zum Zeitpunkt der Buchveröffentlichung einsehen konnte. Auf spätere Veränderungen hat der Verlag keinerlei Einfluss. Eine Haftung des Verlags ist daher ausgeschlossen.

2. Auflage 2019
Copyright © 2019 Kursbuch Kulturstiftung gGmbH, Hamburg
kursbuch.edition
Herausgeber: Peter Felixberger, Sven Murmann, Armin Nassehi
Lektorat: Evelin Schultheiß, Kirchwalsede
Druck und Bindung: Steinmeier GmbH & Co. KG, Deiningen
Printed in Germany

ISBN 978-3-96196-065-1

Besuchen Sie uns im Internet: www.kursbuch.online
Ihre Meinung zu diesem Buch interessiert uns!
Zuschriften bitte an kursbuch@kursbuch.online